Endlich frei vom Säbelzahntiger

AF672102

Sabine Hasslbauer

Endlich frei vom Säbelzahntiger

und wie die Maus zum Elefanten wird –

Narzisstischer Missbrauch als eine Form von Gewalt in zwischenmenschlichen Beziehungen und Möglichkeiten, sich daraus zu befreien

löwen-
stern
verlag

Bibliografische Information der Deutschen Nationalbibliothek
Die Deutsche Nationalbibliothek verzeichnet diese Publikation in der Deutschen Nationalbibliografie; detaillierte bibliografische Daten sind im Internet über http://dnb.d-nb.de abrufbar.

Umschlaggestaltung: Renate Wettach unter Verwendung des Designs von Andrea Zäch, basierend auf einer Zeichnung von Carmen Beck
Fotos: Autoren-Portraitbild von Sabine Hasslbauer, Portraitbild der Illustratorin von Carmen Beck
Illustrationen: Zeichnungen von Carmen Beck

ISBN 978-3-945542-59-0 (Print Softcover)
E-ISBN 978-3-945542-60-6 (ePUB)
E-ISBN 978-3-945542-61-3 (Amazon Kindle)

© LöwenStern Verlag Renate Wettach
Frankfurt am Main 2022, 1. Auflage
Druck und Bindung: BoD – Books on Demand, Norderstedt
Alle Rechte vorbehalten. Nachdruck und Verwendung, auch auszugsweise, nur mit ausdrücklicher Genehmigung des LöwenStern Verlags.
Verlag, Redaktion, Herstellung, Design & Layout:
Renate Wettach, LöwenStern Verlag,
Weckerlinstr. 4, 65929 Frankfurt am Main, Deutschland
Telefon: +49 152 34332590
E-Mail: geschaeftsfuehrung@loewenstern-verlag.de
Umsatzsteuer-Identifikationsnummer gemäß
§27a Umsatzsteuergesetz: DE291558368
www.loewenstern-verlag.de

Inhaltsverzeichnis

Vorwort

Du hast nach diesem Buch gegriffen, weil dich wohl das Thema narzisstischer Missbrauch interessiert. Vielleicht erlebst du ihn gerade oder hast ihn sogar schon hinter dir? Gratuliere!

Meine Erfahrung mit „Willi, dem Säbelzahntiger“, mein Wissen und meine Kraft sollen dich nun in Form dieser unterhaltsamen Lektüre zu einem sehr ernsten Thema begleiten, damit du erkennst, was dir da Schlimmes passiert ist, und du dich selbst und das, was geschehen ist, annehmen lernst.

Ich möchte dir helfen, die Angst hinter dir zu lassen, denn du hast es überlebt! Der Säbelzahntiger vor deiner Höhle ist fort und nun ist es an der Zeit, Kraft zu sammeln und in dein Leben zurück zu finden; in deine Kraft und Schönheit, deine Energie und Liebe zu dir selbst.

Mein größter Wunsch ist es, dass du narzisstischen Missbrauch erkennen lernst, bei dir bleibst und zukünftig liebevolle Beziehungen erleben darfst, sei es im privaten oder im beruflichen Umfeld. Du hast es verdient, denn du bist ein wertvoller, liebesfähiger Mensch – sonst wärst du nicht da, wo du jetzt bist! Sonst wärst du niemals zur Beute auserkoren worden.

Je mehr Menschen in Bezug auf narzisstisches Verhalten sensibilisiert sind, desto eher können Manipulation und psychische Gewalt aufgedeckt werden. Die Folgen, die diese Gewalt für die Opfer hat, sind unermesslich leidvoll. Das gilt nicht nur für das Opfer selbst, sondern auch für dessen Familie und Nachkommen. Es geht folglich nicht nur um dich und dein „Tierleben“, sondern auch darum, Verantwortung für das Wohl deines Umfelds, der Gesellschaft und der Folgegenerationen zu übernehmen.

Im beruflichen Umfeld sorgen Narzissten für immensen Schaden, zumeist ohne dafür verantwortlich gemacht zu werden. Nicht selten erhalten sie hohe Abfindungen, nachdem sie Firmen als deren Manager in den Sand gesetzt haben. Sie hinterlassen verbrannte Erde und zermürbte Seelen.

Ich will dir Mut machen, aus der Opferhaltung herauszukommen und auch anderen Mut zu geben hinzusehen, zu entlarven und den Quälereien von Narzissten zu entkommen. Ich wünsche mir, dass du lernst, Säbelzahntiger in die Flucht zu schlagen, damit die Welt in dir und um dich herum wieder schön und ein Ort der Geborgenheit für dich und andere werden darf.

Wenn ich von Narzissten spreche, dann meine ich sowohl männliche als auch weibliche Personen mit dieser psychischen Dysfunktionalität. Beide Geschlechter weisen beinahe die gleichen Verhaltensweisen auf.

Außerdem wende ich das „Du" an, weil ich es für sinnvoll halte, dich bei diesem Thema persönlich anzusprechen. Das „Sie" finde ich distanziert und es erreicht dein Unterbewusstsein nur halb so gut, wie die persönliche Anrede.

Nun wünsche ich dir trotz oder gerade wegen deiner leidvollen Erfahrungen gute Unterhaltung mit Willi und Willine, den Säbelzahntigern. Ich wünsche dir ebenso Erfolg mit deinen Erkenntnissen aus meinem Buch, die dazu beitragen sollen, dass du heil aus den destruktiven Beziehungen mit Klappzahnträgern herausfindest.

Das Buch ist in zwei Teile aufgeteilt.

Teil 1 beschreibt das Leben und Verhalten des Säbelzahntigers aus verschiedensten Perspektiven. Es soll dir helfen, sie in deinem Umfeld ob beruflich oder privat zu identifizieren. Du wirst wahrscheinlich staunen, wie viele Tigerchen du erkennen wirst, die mehr oder weniger ausgeprägt dein Leben negativ beeinflussen. Du wirst sie in der Politik genauso erkennen, wie in der nahen oder fernen Verwandtschaft. Lass dich überraschen! Keine Angst, du wirst nicht plötzlich paranoid – nur aufmerksam und nach der Lektüre dieses Buches um einige Erkenntnisse reicher. Säbelzahntiger beherrschen die Welt und ich finde es an der Zeit, dass sich das ändert!

Teil 2 meines Buches soll dir helfen, mit deinen Erkenntnissen umzugehen. Es ist ja recht und schön, dass du nun auf narzisstisches Verhalten und seine Folgen aufmerksam geworden bist, aber das alles hilft nichts, wenn du keine Ahnung hast, wie du damit zurechtkommen sollst, geschweige denn, aus dem Beutemilieu herauskommen kannst.

Ich teile mit dir meine Erfahrungen. Das ist meiner Meinung nach das fundierteste Wissen, das ich dir anbieten kann.

Du kannst in meine Fußstapfen treten, was die Aufarbeitung narzisstischen Missbrauchs betrifft, aber wenn ein anderer Weg dir als sinnvoller erscheint, dann gehe den. Dein Wohlbefinden ist immer das Wichtigste, und ich habe die Weisheit nicht mit dem Löffel gefressen. Natürlich gibt es etliches an weiterführender Literatur zu dem Thema, von der ich dir einiges im Anhang empfehlen werde.

Nun wünsche ich dir viel Spaß beim Lesen meines Buches und viel mehr noch Erfolg bei der Umsetzung deines Wissens, damit du frei wirst von allen toxischen Beziehungen und Manipulationen, die dir das Leben erschweren.

Deine Sabine Hasslbauer
Ex-Beute und Überlebende eines Säbelzahntigers

Teil 1

Die Idee mit „Willi, dem Säbelzahntiger“

Jedes Mal, wenn ich jetzt heimkomme, egal von woher, ist es ein Moment der tiefen Freude auf mein Zuhause. Es fühlt sich so warm an in meinem Herzen, und ich muss wirklich immer lächeln, wenn ich mein Auto abstelle und mein Nest, meine Höhle betrete, mein Ort der Geborgenheit und des Schutzes.

Das war jahrelang leider nicht so, da dort mein Säbelzahntiger auf mich wartete in Gestalt meines Mannes, eines großen Narzissten vor dem Herrn. Dies erkannte ich jedoch erst im Nachhinein in seinem völligen Ausmaß, nachdem ich ihn vor einem Jahr verlassen hatte. Oder vielleicht sollte ich lieber sagen: Als ich es notgedrungen endlich geschafft hatte, mich in Sicherheit vor seinem Psychoterror zu bringen.

Ich war völlig traumatisiert und wie in Trance damals. Mir war schnell klar, dass das Geschehen der vergangenen Jahre absolut nichts mit Normalität zu tun gehabt hatte, und so begab ich mich auf Forschungsreise. Ja, und da erkannte ich die destruktive Persönlichkeitsstörung meines Mannes und auch die meinige als abhängige Persönlichkeit.

Das war für mich eine sehr bittere Erkenntnis. Vor allem deshalb, weil ich erstens selber seit vielen Jahren Therapeutin bin und zweitens schon öfter das zweifelhafte Vergnügen mit narzisstischen Partnern genießen durfte.

Vor etwa zwanzig Jahren hatte ich nach einem ersten körperlichen und seelischen Totalzusammenbruch schon 300 Stunden auf der Couch einer Psychologin verbracht. Wobei mein damaliger erster Ehemann nur die „light" Version dessen war, was mich in meiner zweiten Ehe beinahe vollends um den Verstand gebracht hätte. Narzissmus war derzeit unter anderem auch ein Thema in der Psychotherapie, aber ich hatte es damals irgendwie nicht wirklich verinnerlicht.

Auch wenn ich manchmal länger brauche, bis ich etwas grundlegend verstanden habe: Wenn der Groschen gefallen ist, dann sitzt es! Ich leide wohl nicht nur unter Altersweitsicht, sondern wohl auch unter einer Art „spätreifer Alterseinsicht". Dennoch: Lieber spät als nie!

Ich habe mich mit meiner ganzen Kraft und der liebevollen Unterstützung meines Familien- und Freundeskreises aus dem Sumpf gezogen. Darauf bin ich wirklich stolz!

Zerbrochen wie ich war habe ich mich wieder zusammengeklebt wie eine kaputte Vase. Genauso wie sie habe ich jetzt einige „Macken" und bin vielleicht nicht mehr ganz so „dicht" in den Augen manch anderer, aber für mich ist es gut so, da nun wenigstens Energie fließt und diese sich nicht mehr in meinem Inneren stauen kann, wo sie mich letztendlich nur krank machen würde.

Die Kraft, die in mir ist, die immer da war, nur in der falschen Schublade steckte, durfte und darf weiterhin wachsen. Das Trauma liegt hinter mir und hat seinen Platz bekommen. Es ist nicht vergessen und mir ein gutes „Post-It" geworden, um mich daran zu erinnern, dass meine Entscheidung, meinen Mann zu verlassen, die richtige war. Die Verletzungen und die Beziehung sind Teil meines Lebens und werden es bleiben.

Es ist mir passiert und vorbei.

Ich habe mich dazu entschieden, dass es mit mir nun nichts mehr tun darf und nur noch eine traurige Geschichte ist in einem Buch, das in meinem Lebensregal steht zwischen all den anderen Romanen, Krimis, Biografien und Fachbüchern. Wenn ich mich mal richtig quälen mag, dann hole ich es raus und versinke eine Runde in Tränen. Da sich meine masochistische Ader jedoch in Grenzen hält, wird das wohl eher selten bis gar nicht der Fall sein.

Mein Wunsch ist es ab jetzt, so viele Menschen wie möglich durch meine private und berufliche Erfahrung dabei zu unterstützen, toxische Verhaltensweisen zu erkennen und eine Exit-Strategie zu entwickeln um sich in Sicherheit zu bringen. Ich möchte dich motivieren, deine Welt wieder schön zu machen und deine Energie in dich, anstatt in eine Wildkatze zu stecken, die dich auffrisst bis fast nichts mehr von dir übrig ist. Die deine Überreste ausspuckt, wenn sie genug hat, und deinen geschundenen Körper und deine gequälte Seele eiskalt zurück lässt.

Da deine Situation vielleicht schon schlimm genug ist, will ich dich nicht noch mit wissenschaftlichen Fachbegriffen zutexten. Die mögen zwar bestimmt intelligent klingen, bringen dich, meiner Erfahrung nach, allerdings nicht so weit, wie der humorvoll distanzierte Blick auf „Willi“, meinen Säbelzahntiger. Vielleicht fällt es dir mit diesem Bild auch leichter, trotz deiner Gefühle der Traurigkeit, Wut und Verzweiflung dein Lächeln wieder zu finden, und deinem persönlichen Tiger bei der nächsten Begegnung in der Vorstellung von deiner persönlichen „Willi-Säbelzahntiger-Karikatur“ die Stirn zu bieten – lächelnd die Zähne gefletscht.

Vor ein paar Wochen, als mich während meines Abendessens plötzlich eine unschöne Erinnerung wieder einmal schwitzend und schwindlig werden ließ, hörte ich meine innere Stimme: „Bine, der Säbelzahntiger ist weg! Er kann dir nichts mehr tun! Du sitzt immer noch verängstigt in deiner Höhle und traust dich nicht raus, obwohl das Vieh schon längst nicht mehr da ist! Du hast es überlebt und jetzt reicht‘s!“

Seitdem habe ich meinen Mann in meinen Erinnerungen durch den Säbelzahntiger ersetzt. Das macht es mir leichter, mit dem Geschehenen umzugehen. Aus meinen Flashbacks sind Lachflashs geworden. Ich habe das Tier liebevoll „Willi“ getauft, da mein Säbelzahntiger, wie bei narzisstischen Individuen allgemein üblich, immer und immer wieder irgendwas will und nie, wirklich niemals, genug hat.

Es ist erschreckend, wie viele Willis es gibt! Sie sind überall. Säbelzahntiger sind noch nicht ausgestorben!

Normalerweise bin ich total tierlieb und schütze die Umwelt, da ich beruflich viel mit Mutter Natur zu tun habe und mich mit ihr gut stellen möchte, aber in Bezug auf humanoide Säbelzahntiger habe ich nichts gegen das Aussterben dieser Art. Vielleicht startest du ja nach Lektüre meines Buches mit mir und vielen anderen deine Karriere als „SZ-Tiger-Buster“ – so eine Art „Ghost-Busters“ für Narzissten – und wir bringen sie in ein schönes Gehege, wo sie mit ihresgleichen bestimmt viel Spaß haben – die „Lustige Welt der Tiere“ Teil zwei!

Hier nun speziell für dich: „Säbelzahntigers Tierleben“ ...

Darf ich vorstellen: Der Säbelzahntiger – Ursprung und Verbreitung

Am Anfang ihres Lebens waren sie alle noch unschuldige kleine Wildkätzchen. Ja, manche hatten vielleicht hirnorganische Fehlanlagen, die sie recht wild werden ließen, aber mit dieser Unterart mag ich mich jetzt nicht beschäftigen. Schließlich gibt es noch genug andere,

die sehr weit verbreitet und wirklich überall zu finden sind. In unserer Zeit sind sie fast schon eine Plage, denn irgendwie bleiben sie unbemerkt und pflanzen sich fort ohne Ende – so zumindest meine subjektive Wahrnehmung, die, wie bei jedem, der sich das Bein gebrochen hat, nur noch Gipshaxen sieht.

Erstmal entwickeln sich diese schnuckeligen Katzenbabys wie sich halt so ein kleines Wesen entwickelt. Es will Schutz, Nahrung, Spielen, Wachsen und Gedeihen. Es will die Aufmerksamkeit der Elterntiere, und zwar um jeden Preis, denn daran hängt das eigene Überleben. Das Kindchenschema mit großen Augen und kindlichem Charme legen manche Tigerchen nicht mehr ab. Das macht sie einfach „unwiderstehlich" – wer's mag.

Eine Besonderheit, die sich nur bei der hier beschriebenen Tigergattung finden lässt, ist die Art und Weise ihrer Zahnung. Während dieses Entwicklungsschritts trennt sich die Spreu vom Weizen, oder besser gesagt der Säbelzahntiger vom Rest des Otto-Normal-Wurfs. Das vom Schicksal „gesegnete" Kleine entwickelt nämlich den sogenannten Klappzahn. Eine immens gefährliche Waffe!

Tigerle zeigt primär nicht jedem seine wahre Natur, und schon gar nicht seine Paradebeißer. Das ist schon ein – wenn auch zweifelhaftes – Privileg für das Gegenüber.

Sobald nämlich das sonst normal und lieb wirkende Kätzchen drohen will, wird der ganz normale Eckzahn zum Säbelzahn ausgefahren. Diese Fresse verbreitet Angst und Schrecken. Damit rechnet ja schließlich bei so einem niedlichen Kätzchen kein Mensch!

Dummerweise passieren bei Stress und mangelnder Achtsamkeit oft mal Pannen mit den Beißern. Die mimische Entgleisung führt nicht selten zu blöden Situationen, in denen der vielleicht sonst so „liebe" Tiger entlarvt wird und die Maske – sein Gesicht – verliert. Dumm gelaufen! Das kann ihn nämlich um seine Beute bringen. Vor allem dann, wenn das Opfer hirntechnisch noch nicht genug verschwurbelt worden ist und glaubt, es hätte sich getäuscht bei dem, was es da gerade gesehen hat und dummerweise an der Seite des geliebten unerkannten Säbelzahntigers bleibt.

Kleiner Tipp: Zahnspange hilft nicht! Wenn dir so ein kleines Geschöpf mal begegnen sollte, dann muss der Zahn gezogen und das Tigerkind gezähmt werden! Da hilft nix! Das Junge ist noch fähig, sich zu verändern. Später geht das nur noch in wenigen Ausnahmefällen ... und das auch eher nicht ... leider.

Als primäre Überlebensstrategie werden die vermeintlich Schwächeren im Wurf von Klappi erstmal ausgebissen oder so manipuliert, dass sie ihre Nahrung teilen oder den heranwachsenden Säbelzahntiger sogar beschützen, damit er ein starkes, vorzeigbares Exemplar wird, auf das die ganze Familie stolz sein kann.

Neben der eigenen Mama wird das ängstliche, mitfühlende Geschwisterchen oft schon zum ersten Beutetierchen des kleinen Klappzahnträgers. Der übt schon mal seine Manipulationstechniken, die im Überlebenskampf des Säbelzahntigers nützlich sind. Dazu gehört beispielsweise: richtig gemein und brutal sein hinter perfekter Unschuldsmine.

Willi und Willine trainieren das hingebungsvoll mit den empathischen, schwächeren Geschwisterbeutetierchen. Sie verletzten sie psychisch oder physisch.

Wenn dies geschehen ist, glaubt dem Schwachen keiner. Im Gegenteil: Dem Unschuldigen wird oft noch die Verantwortung für das Fehlverhalten des Säbelzahnträgers aufs Auge gedrückt, wodurch Klappis Beute völlig hilflos noch mehr leidet. Zufrieden und strahlend – was selten im Leben des Klappzahnträgers vorkommt – wird dem Opfer grinsend der Klappzahn mit einem „Ellabätsch“ nochmal gezeigt, bevor er hinter der Strahlemaske wieder verschwindet, welche anschließend dem begeisterten Publikum präsentiert wird. Es ist ein widerwärtiges, grausames Spiel.

Irgendwann wird von allen akzeptiert, dass das klappzahntragende Geschwisterchen niemals teilt, niemals gibt und stets erhält, was es will. Und es will immer irgendwas! Dazu benutzt es schon früh einige Manipulationstechniken, zu denen immer List und Gewalt gehören.

Schon allein das ständige Herumbrüllen und der Ungehorsam bei absolut jeder Gelegenheit nerven sowohl die Familie als auch die soziale Umgebung. Tigerle ist immer dagegen und wehrt sich mit Zähnen und Klauen gegen einfach alles, womit es sich nicht wohlfühlt; und das ist ziemlich viel! Der Grat des Wohlbefindens bei Säbelzahntigern ist sehr, sehr schmal. Was gestern gut war, ist heute unmöglich. Willi oder Willine wachsen auf diese Art und Weise zu ihrer vollen Pracht heran.

Die Welt wird auf den Nachwuchs vorbereitet, der eine Anspruchshaltung entwickelt, die darauf ausgelegt ist, dass alle Bedürfnisse möglichst noch vor dem eigenen Gedanken daran von der Umwelt erfüllt werden, ohne selbst etwas dafür tun zu müssen. Wenn das nicht geschieht, dann gibt es Klappzahnterror. Klein Willi und Willine dürfen nicht lernen, dass man auch mal Unbequemlichkeiten aushalten kann, ohne daran zu sterben.

Viele überbehütende, liebevolle, ängstliche Mamas unterstützen dies mit aller Kraft. Da wird schon mal Heiligabend am Morgen gefeiert, weil es dem Kleinen nicht zumutbar ist, bis zum Abend des 24.12. zu warten. Ja, das ist für das Kind unerträglich und ergo nicht zumutbar. Wegen des Klappzahnalarms ertragen die Eltern schließlich resignierend ihr quengelndes Kind nicht. Wenn ich als Therapeutin so etwas höre, dann bekomme ich Nackenschmerzen vom Kopfschütteln!

Da frage ich mich nur noch, wo das in Zukunft hinführen soll? Wie sollen aus solchermaßen erzogenen Kindern verantwortungsbewusste Menschen werden?

Es gibt jedoch auch die wirklich traurigen Fälle, die ein Säbelzähnchen hervorbringen.

Manchmal wurde ein zum Säbelzahntiger veranlagtes Kind auch selbst so verletzt durch Misshandlung, Missbrauch und Demütigung, dass es sich darin übt, es allen zu zeigen. Es hat aufgehört zu fühlen, damit es seine Schmerzen betäubt.

Wie schlimm muss es beispielsweise sein, wenn Klein-Willi Papa und Mama immer wieder beeindrucken will und die besten Leckereien von seinen Beutezügen mitbringt und niemals auch nur das kleinste Lob oder die geringste Liebesbezeigung dafür erntet? Das muss so schrecklich sein! Wenn das Getane niemals richtig ist und Willi vielleicht deswegen sogar noch körperliche Gewalt und Seelenpein erfahren muss, dann ist das einfach nur unsagbar schlimm!

Den verlorenen Selbstwert gleicht das Kleine nun aus, indem es den Gebrauch des Klappzahns lernt, um gefährlicher und größer auszusehen als es ist. Das Verhalten wird letztendlich zum Selbstläufer. Was als Seelenschutz gedacht war, wird zum falschen, beschützenden Selbst, dem der kleine Tiger fortan unbewusst sein Leben widmet und glaubt, es sei real. Diese Wesen entwickeln sich dann zu wirklich armen, verlorenen, einsamen Seelen. Das ist so traurig! Es ist jedoch keine Entschuldigung für die Untaten, die sie später auf ihren Beutezügen vollbringen.

Willi braucht Nahrung. Willi braucht narzisstische Zufuhr, damit er überleben kann, damit er sich spürt. Er kann – ob überbehütet, misshandelt oder vernachlässigt – nicht aus sich heraus fühlen und braucht andere, damit er sich wahrnimmt, damit er sich lebendig fühlt. Er braucht den Spiegel der anderen, damit er sich sieht. Ohne Spiegel versinkt er im Nichts.

Dieses Nichts zu erkennen und wieder aus sich heraus mit Liebe und Leben zu füllen, wäre seine Heilung. Die ist jedoch nur, wenn überhaupt, nach großen Krisen möglich. Denn sobald der Säbelzahntiger seine schreckliche Fratze selbst erkennen muss, bringt sie ihn nicht selten um. Depressionen und Suizid kommen beim Säbelzahntiger während dessen Lebenskrisen häufig vor. Das, was er anderen zumutet, hält er mit und bei sich selbst nicht aus. Da holt er sich lieber die nächste Beute und lenkt sich ganz schnell wieder ab, denn wer will schon in die eigene Hölle. In der sind nur die anderen als Beute herzlich willkommen!

Das Dumme daran ist: Willi glaubt an seine Realität als die einzig gute und wahre. Er ist derjenige, der sich über die vielen Geisterfahrer wundert, wenn er doch als einziger auf der Welt in der richtigen Richtung unterwegs ist. Sowas aber auch! Bei so viel hinderlichem Gegenverkehr muss er die Säbelzähne ja ständig mit viel Gebrüll ausfahren und die entgegen Kommenden aus dem Weg räumen. Hauptsache, Willis Weg ist frei!

Das Motto von Säbelzahntigern und ihren weiblichen Artgenossinnen lautet fortan: Was tut die Welt für mich und was muss ich anstellen, damit sie alles für mich tut? Jedes Wesen und jedes Ding ist dazu da, mir zu dienen, solange es für mich von Nutzen ist. Wenn es seinen Dienst getan hat, werfe ich es in den Orkus. Wenn ich eine interessante Beute gefunden habe und sie widersetzt sich meinem Willi-Willinen-Willen, dann breche ich sie mit allen Mitteln, bis ich Macht über sie habe. Ich bin größer als alle anderen ..., weil ich das sein muss ..., damit ihr den Winzling überhaupt sehen könnt. Aber dass ich klein bin, sag ich natürlich nicht als Säbelzahntiger oder -tigerin und ich bin mir dessen auch nicht bewusst.

Wenn es Willi und Willine im Außen gut geht, dann geht es ihnen innen auch gut. Die äußeren Umstände müssen passen und ihnen einen Kick geben, damit Säbelzahnträger sich selber fühlen können.

Mein Mann hat das häufig in dieser Form zum Ausdruck gebracht. Ich konnte das jedoch erst verstehen, als ich mich mit Narzissmus befasst habe. Es verhält sich bei Klappzahnträgern wirklich so!

Säbelzahntiger sind wie Bioroboter, die sich als Logiker bezeichnen, wie Mr. Spock aus Raumschiff Enterprise. Die Älteren unter Euch kennen diese Figur sicherlich noch, die Jüngeren dürfen googeln.

Narzisstische Persönlichkeiten definieren sich über Äußerlichkeiten. Sie müssen Dinge besitzen oder tun, die sie großartig wirken lassen. Dadurch erfahren sie Bewunderung und erhalten somit ihre narzisstische Zufuhr. Der Säbelzahntiger bekommt sein Fressen, durch das er sich zwar aufbaut, aber niemals satt wird.

Manchmal trägt er sein wunderschönes Fell zur Schau und präsentiert sich in aller Arroganz auf dem Laufsteg der Eitelkeiten. Du darfst ihm dann huldigen und dich freuen über die Gnade seiner Bekanntschaft. Er ist schon ein ganz ein Toller! Er hat von allem Ahnung und ganz besonders viel von nichts. Er hat allerdings die Begabung, alles in wundervoll klingende Worte zu verpacken, die jeden erst einmal in eine Art Ehrfurchtstrance versetzen. Wenn der Wortsalat jedoch vorbei ist, dann wacht ein normaler Mensch kopfschüttelnd auf, die Beutetiere bleiben aber leider vernebelt an seinen Lefzen kleben und fühlen sich entweder ganz klein oder selber toll, weil sie solch ein Superexemplar in seinen Dunstkreis aufgenommen hat ... ja, der Nebel halt!

Es gibt da auch noch andere Säbelzahnträger, die ganz besondere Helfer sind. Immer parat, wenn Not am Mann ist. Sie sind die Superheroes und suchen sich Beutetiere, die sie mit ihrer Hilfe und Unterstützung komplett vereinnahmen können. Zeigt das Opfer jedoch ein selbständiges, gesundes Eigenleben, dann wird der Helfer wild, faucht, brüllt und schlägt so lange um sich, bis das Opfer wieder am Boden liegt und seine Hilfe dankbar annehmen, ihn verehren und bewundern muss. Funktioniert die Masche nicht, dann schaut er sich sofort nach neuer Beute um, hält sich aber die alte noch in petto, so lange es geht. Schließlich weiß man ja nie!

Egal welcher Fellträger: Er hält sich seine Beute im Rudel! Jeden Tag ein anderes Leckerli ist wichtig, denn jeden Tag das Gleiche bespielen und vernaschen – das ist bei Katzen nun mal so – ist doch langweilig.

Glaube nie, dass du in Willis Augen einzigartig bist. Du bist und warst es nicht! Du bist nur ein Katzenspielzeug, das er sich nach dem Spielen einverleibt oder halbtot liegen lässt und ihm beim Sterben zuschaut, um sich daran zu erfreuen. Das ist eine schauerliche Vorstellung, aber leider die Wahrheit. Du bist für Säbelzahntiger lediglich ein Objekt, ein Suchtmittel, von dem sie abhängig sind, wie der Alkoholiker vom Alkohol. Vergiss das niemals, wenn du mit ihnen zu tun hast.

Willi ist auch irgendwie farbenblind. Es gibt für ihn nur schwarz oder weiß, nur Polaritäten und nirgendwo eine Mitte.

Oft behauptet er, er ist ein Adler, der seine Freiheit braucht und über allem dahin schwebt. Deine Rolle ist die des Adlerweibchens, das im Nest wartet und da zu sein hat, wenn er Lust verspürt, zum Horst zurückzukehren. Gütigerweise darfst du auch ganz allein Brutpflege betreiben und die Jungen großziehen. Dies ist nämlich unter seiner Würde. Er prahlt höchstens mit dem Nachwuchs, wenn dieser anderen zeigen kann, was für tolle Gene er durch ihn verbreitet hat. Sobald man Willi in seiner Adlervorstellung dezent darauf hinweist, dass er ein Säbelzahntiger ist und diese bekanntlich nicht fliegen können, dann ist er beleidigt und fühlt sich nicht respektiert. Bei all den Narzissten auf dieser Welt wird es in den Lüften bald verdammt eng und ich glaube, Willi wird das Bild eines anderen Flugobjekts imaginieren müssen, damit er sich von den anderen Adlern abhebt. Das wird auf lange Sicht für ihn sicherlich eine mentale Herausforderung darstellen!

Falls du von einem Mann hörst, der sich als Adler bezeichnet, dann hast du wahrscheinlich einen Säbelzahntiger an Land gezogen! Vorsicht: Gib ihn und dich frei, damit er in Ruhe weiter schweben kann!

Ich habe dir Willi nun ein wenig beschrieben. Vielleicht fallen dir schon ein paar Dinge auf, die dir bekannt vorkommen. Solltest du noch ganz am Anfang einer Beziehung mit einem Säbelzahntiger stehen, dann nimm beim kleinsten bekannten Anzeichen jetzt bitte deine Füße in die Hand und mach dich vom Acker! Später kann es schwierig werden, besonders, wenn du dich im nächsten Kapitel wiedererkennst.

Warum du als Beute in Frage kommst

Zuerst möchte ich dir sagen: Wenn du nicht so ein liebevoller, empathischer und toller Mensch wärst, dann würdest du dies hier nicht lesen!

Für einen Säbelzahntiger macht dich genau das interessant, denn du bist und hast alles, was er nicht hat und von dir haben will. Er will dich, weil er deine Liebe, dein Mitgefühl, deine Schönheit braucht, damit er seine innere Leere füllen kann: und du kannst das perfekt!

Du hast etwas zu geben.

Du wirst bis zum bitteren Ende geben, bis nichts mehr von dir übrig ist und du selber genauso leer bist, wie er. Lediglich dein Zustand wird beim großen Finale ein anderer sein. Dann wird er recht locker zur nächsten Beute weiterziehen, während du mit klaffendem, blutendem Herzen und nicht selten schwer traumatisiert zurückbleibst.

Warum bist du so selbstvergessen geworden? Wann hast du dich verlassen? Was hast du als Kind gelernt in Bezug auf Beziehung, Schutz, Geborgenheit und Liebe?

Es gibt dazu in deinem Lebenslauf verschiedene passende Geschichten, an die du dich vielleicht erinnerst und die du dir anschauen kannst. Erkenntnis ist notwendig, damit es dir möglich ist, Entscheidungen zu treffen und deine Zukunft für dich besser zu gestalten.

Wichtig ist zu wissen, dass jeder zu jedem Zeitpunkt – auch der Säbelzahntiger – immer nach seiner besten Option handelt oder gehandelt hat.

Kein Säbelzahntiger steht morgens auf und fragt sich, wen er heute quälen soll, gleichgültig ob Säbelzahnpapa, Normalmama oder umgekehrt und wie auch immer: Die Vergangenheit ist geschehen, vorbei! Sie dient dir zum jetzigen Zeitpunkt lediglich zur Erkenntnisfindung, um Entscheidungen zu treffen, damit du deinen Allerwertesten auf die Füße bekommst und in die Zukunft bewegen lernst.

Mir ist klar, dass das nicht ohne Sitzgelegenheiten geht, auf denen du dich ausruhen, tief durchatmen und wieder weitergehen kannst, während du lernst, ohne die Sucht nach Willi zu leben, und wie schön dies sein kann. Wie viel Kraft du plötzlich hast, weil du sie nicht mehr nur an einen Säbelzahntiger allein vergeudest, sondern zuerst in dich hinein und anschließend nach außen lenken lernst! Das ist wie nach einer schweren Krankheit. Hat man sie überstanden, geht es einem viel besser und bei Kindern wie Erwachsenen kommt nach der Rekonvaleszenz ein riesiger Entwicklungsschub. Das gilt auch für dich!

Du brauchst nichts und niemanden zu entschuldigen. Verzeihen heißt lediglich, dass das Geschehene sein darf, dass du zwar nicht damit einverstanden, auch wütend und traurig bist, dass du jedoch akzeptiert hast, was dir passiert ist, und die Entscheidung triffst, dass das Vergangene in Zukunft keine negativen Auswirkungen mehr auf deine Seele haben darf. Irgendwann nach der Wundheilung wird dich deine Opferhaltung eh selber so stark nerven, dass der Schritt dir sicher leicht fallen wird. Ganz bestimmt!

Übernimm ab sofort die radikale Verantwortung dafür, dich zu lieben und dich zu beschützen, sonst tut es nämlich keiner! Ich kann dir versprechen, das Gefühl der Freiheit und Unabhängigkeit, das du erleben wirst, ist besser als jeder Kick, den du bisher hattest. 100 %! Nur Mut!

Häufig haben heranwachsende Williopfer die Erfahrung in der Kindheit gemacht, nicht bedingungslos von den Eltern oder zumindest von einem Elternteil angenommen zu sein. Meist handelte es sich bei letzterem sogar selbst um einen Säbelzahntiger. In dieser Konstellation sind die Eltern sehr stark miteinander beschäftigt, weil der Wildkatzenelternteil jede Aufmerksamkeit auf sich zieht, sofern der Säbelzahnträger überhaupt daheim präsent ist und nicht beruflich oder anderweitig durch die Gegend streunt.

Das Kind braucht beide Eltern oder immerhin treue Bezugspersonen. Es entwickelt Strategien, um von anderen anerkannt und gesehen zu werden. Wie im letzten Kapitel beschrieben, sind das entweder die des Tigers, oder eben die deinen.

Kinder sind emotionale Seismographen. Sie merken recht schnell, wenn etwas in der Energie der Familie nicht stimmt. Bereits im Mutterleib bekommt der Fötus wie in einer dunklen Kammer alles mit, was sich draußen abspielt und die Mama bewegt. Er kann noch nicht reagieren und nimmt einfach nur auf, was bei ihm ankommt. Nach der Geburt zeigen sich beim Kind unerklärliche Ängste, Verhaltensweisen oder Krankheitssymptome, weil vorgeburtlich ein Programm erlernt wurde, das Kind die Gefühle der Mama unbewusst übernommen hat und diese später dann einfach auslebt.

In der Praxis ist die Schwangerschaftsanamnese bei ganzheitlich arbeitenden Therapeuten deswegen sehr wichtig. Als Homöopathin kann ich bereits hier und damit auch transgenerational Einfluss nehmen und nicht nur für die Heilung des Kindes, sondern gleichzeitig des ganzen Familiensystems sorgen. Das ist jedes Mal wieder wie ein Wunder und mir eine große Freude, wenn auf solche Art und Weise Gutes geschehen darf.

Kinder merken, wenn die Eltern Stress haben und versuchen diesen vor ihnen zu verheimlichen. Die Geborgenheit, die das Kind braucht, fehlt und es wird zutiefst verunsichert. Schließlich ist es ja völlig abhängig, und ein Verlust des Nests ist lebensbedrohlich. Das führt dazu, dass das Kleine eigene Überlebensstrategien entwickelt und anfängt, sich entweder viel zu früh auf sich selbst zu verlassen oder im Gegensatz zu klammern. Da sind die morgendlichen Tränen im Kindergarten nur eine Kleinigkeit! Es traut sich nicht allein zu schlafen, kommt jede Nacht und stört den Schlaf der Eltern, was diese nervt. Ein Teufelskreis beginnt. Frust, Angst und das Gefühl von Ablehnung werden beim Kleinkind immer größer.

Kennst du das?

Warst du vielleicht total angepasst und hast deine Bedürfnisse völlig zurückgenommen?

Ein braves Kind wird ja von allen gemocht und findet, wenn schon nicht bei den Eltern, so doch bei lieben Großeltern und Verwandten liebevolle Nähe und Schutz. Mit diesem Verhalten geht es auch möglicher körperlicher oder seelischer Gewalt durch die Eltern aus dem Weg. Von Verwandten, Großeltern oder sonstigen fremden Bezugspersonen großgezogen zu werden, anstatt von den Eltern, ist für ein gesundes Heranwachsen nicht so förderlich, wie von den eigenen liebevollen, authentischen Eltern, die einem Kind durch eigenes Vertrauen ins Leben ebensolches mit auf den Weg geben.

In einem von Lieblosigkeit, Gewalt und Missachtung geprägten Umfeld kann ein Mensch weder eine angemessene Egostruktur noch eine vernünftige Konfliktkompetenz entwickeln. Das gilt auch für die Immunabwehr. In meine Praxis kommen dann Kinder mit autoimmunologischen Erkrankungen, Allergien oder – wie ich es nenne – „Wachstumsburnout". Die Mäuse sind einfach fix und fertig, schlafen nicht und sind ständig krank. Ich höre dann nicht selten Sprüche wie: „Mein Kind funktioniert nicht richtig!" Das sagt dann mehr über die Eltern als über das Kind aus. Arme Maus!

Doch, das Kind „funktioniert“ hervorragend, nur die Eltern sehen da was falsch.

Wichtig und beruhigend ist jedoch die Tatsache: es gibt auch die anderen Eltern und das ist in meiner Praxis, Gott sei Dank, die Mehrzahl. Das sind wirklich tolle Eltern, die sich Sorgen machen und einfach nicht gelernt haben, wie man mit Gesundheit und Krankheit richtig umgeht. Es macht unglaublich Spaß, mit diesen Familien zu arbeiten, weil es alle fördert und in ihr Potenzial bringt, das sie dann auch entfalten können; die Eltern genauso wie die Kinder. Passiert Leiden aus Unbewusstheit und wird die Ursache erkannt und erlöst, dann ist das wirklich für jeden sehr bewegend. Das sind dann Momente der Heilung, die mir mein Warum im Leben geben und jeden Stress vergessen lassen! Wobei ich merke, dass Kinder viel schneller begreifen als wir Erwachsenen und das oft richtig trocken rüber bringen. Mir als Homöopathin beschreiben sie dann in Gegenwart der fragend dreinblickenden Eltern recht deutlich ihre Symptome und damit gleichzeitig das Mittel, das für ihre Gesundung gut ist und ihnen letztendlich wirklich weiter hilft. Würden wir alle unserer Intuition und unserer Lebenskraft mehr Vertrauen schenken und aufhören sie bei der Arbeit zu stören, dann gäbe es viel weniger Leid und mehr Frieden auf dieser Welt!

Ich erlebe es oft in meiner homöopathischen Praxis und finde es unglaublich, welche Überforderung die Kinder auf sich nehmen, um „unsichtbar“ zu werden. Die Eltern halten das für selbstverständlich und lassen ihre Kinder viel zu früh viel zu lange allein, um ihre eigenen Bedürfnisse zu befriedigen. Sie muten den Kleinen Verantwortung zu, die altersentsprechend absolut unangemessen ist. Säbelzahneltern müssen beispielsweise gemeinsam abends ins Fitness-Center oder zum Essen gehen. Das Vierjährige kann sich selber versorgen und ins Bett wandern, denn es macht das ja schon so toll. Wenn ich so was höre, könnte ich platzen.

Hauptsache „wir“ machen nach außen hin eine gute Figur. Die Fassade polieren, damit alles für andere glitzert, ist wichtiger als der Schutz des Individuums in der Familie. Weil das Kind ja schon alles so toll macht, wird das Verhalten zum Selbstläufer. Die Kinder machen weiterhin alles so toll, perfekt, gut und hören niemals damit auf, bis sie eines Tages, oft erst als Erwachsene, unter ihrer tollen Last zusammenbrechen.

Als Erwachsener kann sich jeder bei diesen Menschen darauf verlassen, dass sie privat und beruflich alles geben. Sie sind ständig am Lernen, um gut genug zu sein. Sie haben Antennen entwickelt und verfeinert, die jede kleinste Gefahr erkennen und sie warnen, damit sie sich in Sicherheit bringen können. Sie brauchen Kontrolle, um zu überleben und nach außen hin wirken sie selbstbewusst. Im Herzen sind sie ängstlich und sehnen sich nach Halt. Um diesen und irgendeine Form der Nähe zu bekommen, tun sie beinahe alles.

Empathisch – wie sie sind – fühlen sie die Not und Ängste anderer Menschen und eben auch die innere Leere der Säbelzahntiger, die sie füllen möchten, damit Klappis lieben lernen. Wenn auch du so denkst, so ist dies leider deine Größenfantasie, mein liebes Beutetier! Der gut gemeinte „Liebeslehrplan“ wird in die Hose gehen! Willi wird es niemals lernen. Weder durch dich noch durch irgendjemand anderen. Traurig, aber wahr! Spar dir also die Mühe besser!

Während Willis Motto lautet: „Was kann die Welt für mich tun“, so mag es deines sein: „Was kann ich für die Welt tun“.

Dagegen ist primär nichts einzuwenden. Leider sind beide Mottos Folge einer großen Bedürftigkeit. Du handelst nicht aus der Fülle heraus, sondern aufgrund des Verlangens nach Liebe und Anerkennung durch andere, da du nie gelernt hast, dass du alles bereits in dir trägst, dass du nichts leisten brauchst, um liebenswert zu sein. Du bist es, weil du bist. Ganz einfach!

Immerhin hast du im Gegensatz zum Säbelzahntiger den großen Vorteil, belehrbar und lernfähig zu sein. Du kannst dich ändern, wenn du lernst, Verantwortung für dich zu übernehmen, und anfängst, dich selbst zu lieben, dir all das selbst zu geben, was du anderen großzügig an Gutem schenkst.

Willi kann das leider nicht, und er wird es auch nie können, denn in seiner Welt ist er der Größte. Ändern müssen sich die anderen! Du hast also einen enormen innerseelischen „Heimvorteil".

Erkennst du die Fülle in dir und lebst sie, bist du frei und niemals mehr Beute für Willi oder seinesgleichen.

Mir ist völlig klar, dass das kein leichter Weg ist. Du darfst damit beginnen, dir selbst die Erlaubnis zu geben für Verhaltensweisen, die du bei anderen bisher vielleicht häufig als total egoistisch bewertet hast. Das fühlt sich erst einmal richtig unbequem an – aber das ändert sich nach und nach. Wirst sehen!

Hör' bitte ab sofort damit auf, in Willis Tretern zu laufen! Das hat keinen Sinn! Deine Schuhe sind gut und auch, wenn du erst einmal emotionale schmerzhafte Blasen hast, weil du Marke Eigenbau nicht mehr gewohnt bist, so sind es deine wundervollen Schuhe, die dir absolut gut stehen und dich bequem in deine Zukunft tragen, in der deine mitfühlende, liebe Art viel mehr und im richtigen Kontext zum Tragen kommen wird.

Verbessere lieber die Welt aller, als nur die vom Säbelzahntiger! Ich verspreche dir, das macht mehr Spaß! Die Welt braucht Menschen wie dich ganz dringend, denn an Liebe mangelt es an allen Ecken und Enden! Du bist und bleibst wahrscheinlich immer ein Geber, aber wenn du lernst, Grenzen zu setzen, dir deine eigenen Bedürfnisse zu erfüllen – keine Angst, die sind wahrscheinlich eh vergleichsweise bescheiden – dann ziehst du nur noch Menschen in dein Leben, die dich tragen. Energieräuber und Säbelzahntiger haben auf diese Weise alsbald keine Chance mehr, in deinem Leben in Erscheinung zu treten, und das ist gut so!

Das waren nun meine Gedanken zum Thema Beutewerdung.

Damit du leichter zu dir und aus der Säbelzahntigermisere herausfindest, werde ich dir in Teil 2 des Buches einige Tipps geben.

Nun jedoch kehre ich wieder zum Säbelzahntiger-Watching zurück.

Die Pirsch des Säbelzahntigers und dein Trip in den Siebten Himmel

Säbelzahntiger sind grundsätzlich hungrige Wesen. Nach der Beute ist vor der Beute. Somit sind sie ständig auf der Pirsch.

Dabei geht es nicht nur um dich als sein nächstes Partnerschaftsopfer, sondern auch um alles, was ihm in seinen wachsamen Tigeraugen als Quelle narzisstischer Zufuhr erscheint. Dies können materielle Dinge, mit denen er protzen kann, genauso sein wie Menschen, die sich davon beeindrucken lassen, oder die er für seine Zwecke manipuliert und missbraucht.

Er liebt die getane Arbeit nach dem TEAM-Motto: Toll, ein anderer macht's! Emotional entwicklungstechnisch bleibt Willi ja bekanntlich bei drei bis fünf Jahren stehen. Als Kind ist das die berühmt berüchtigte Trotzphase und als Erwachsener der gewaltbereite Choleriker.

Bekommt Willi nicht das, was er will, dann schmollt oder brüllt er. Er ist ein wahrer Meister in aktiver oder passiver Aggressivität. Kleine Tigerkinder hauen dann die anderen oder hauen einfach ab.

Hinter den Säbelzähnen verbirgt sich eine große Feigheit. Das ändert sich leider in ihrem weiteren Leben nicht. Sie bleiben ein kleines, kleinmütiges Kind. Dies hat manchmal auch seinen Reiz und macht sie äußerst charmant. Aber Vorsicht: Wenn du darauf anspringst, dann „g'hörst der Katz"!

Wenn Säbelzahnträger etwas haben wollen, dann ist ihnen jede List recht. Sie schauen, was sie tun müssen, damit der andere ihnen zu Willen ist und setzen das auch um.

Egal ob in der Arbeit oder im Privatleben: Willi hört gut zu und wirkt damit total aufmerksam. Er ist es auch in dem Moment. Das hat aber mit dir als Mensch nichts zu tun, sondern er sammelt nur Informationen. Es sind Daten für den Bioroboter, mehr nicht!

Als Beute ist das der Moment, wo du vielleicht denkst: „Toll, da interessiert sich jemand für das, was ich zu sagen habe. Endlich jemand, der mir zuhört!" Da geht dir das Herz auf und schwupp, liebe Beute, gehst du in eine Art von Starre, die sich ungemein gut für dich anfühlt.

Willi gibt dir auch wundervolle Antworten, indem er dich bestätigt. „Ja, genau das denke ich auch!" oder „Ich finde die Ideen toll!" Er lobt und bewundert dich, und wenn du gegen irgendetwas bist, dann ist er das auch. Dabei interessiert ihn sein Geschwätz von vor ein paar Minuten schon nicht mehr, und er dreht ganz galant sein Fähnchen im Wind, dass einem Nicht-Beutetier vom Zuhören schwindlig wird. Du als bescheidener, meist nicht mit viel Selbstbewusstsein gesegneter Mensch fühlst dich in dieser Spiegelung einfach nur gesehen und anerkannt. Dein hormonelles Belohnungssystem schlägt an und du läufst nun bereits Gefahr, dem Säbelzahntiger ins Maul zu rennen.

Du musst nämlich wissen: Ein Säbelzahntiger rennt niemals hinter seiner Beute her. Das ist ihm zu würdelos und anstrengend. Willi versetzt sein Opfer in Duldungsstarre, bevor er anfängt, an ihm herum zu knabbern und es zu bespielen.

Solltest du beruflich auf ein Tigerchen treffen, dann bist du durch seine Schmeicheleinheiten ziemlich schnell bereit, seine Arbeiten zu übernehmen oder sogar seine Verantwortung, für die du nicht bezahlt wirst. In deiner Gutmütigkeit lässt du dich ausnutzen und fühlst dich anfangs sogar noch aufgrund deiner Belohnungshormone wirklich gut dabei.

Willi kann ja schließlich nicht nur schnurren, sondern auch hervorragend jammern und dich bei deinem Helfersyndrom packen. Für dich als empathisch veranlagtes Wesen ist es nur natürlich, andere zu unterstützen. Das machst du instinktiv, denn das ist ja etwas, was du wahrscheinlich schon als Kind gelernt hast: Leiden beim anderen erkennen und etwas dagegen unternehmen.

Wenn in der Arbeit mal was nicht funktioniert, dann bist es natürlich du gewesen, denn der Säbelzahniger macht ja niemals, wirklich niemals, auch nur irgendetwas falsch!

Viele Opfer finden sich nach solchen Situationen im schlimmsten Mobbingsumpf wieder und enden grausam zugerichtet, körperlich und seelisch krank im materiellen Ruin auf der Straße. Das ist wirklich dramatisch!

Falls Willi nach einer Partnerin oder Willine nach einem Partner Ausschau halten, dann geht das genauso wie im beruflichen Bereich.

Zuerst wird die Lage gepeilt und sich auf die Lauer gelegt. Die alte Beute lebt entweder noch, hat als Katzenspielzeug ausgedient und ist gerade mal beiseite gelegt oder er verdaut sie gerade als das zuletzt verspeiste Häppchen.

Weil man mit vollem Bauch bekanntlich dazu neigt, sich nicht gut bewegen zu können, pirscht Willi gerne anfangs im Internet. Mit Maus und Tastatur braucht er sich nicht zu rühren und kann sich in aller Seelenruhe umschauen. Facebook, Instagram und diverse

Plattformen bieten ja Beutetiere zur Genüge „al gusto". Sein virtuelles Profil entspricht so gut wie nie der Realität, oder besser gesagt: Es entspricht seiner wahrgenommenen eigenen Realität, und die ist bekanntlich verzerrt.

Hat er etwas Interessantes entdeckt, dann geht es mit dem Mailspiel los.

Natürlich nimmt jeder nur Kontakt auf zu jemandem, den er attraktiv findet. Die Art wie ein Säbelzahntiger dies macht, ist jedoch irgendwie anders. Er schafft es durch seine Wortgewandtheit und seinen Schreibstil, dir das Gefühl zu geben, du würdest ihn schon lange kennen. Dadurch entsteht das Empfinden von Seelenverwandtschaft und bereits via Internet eine große Nähe. Er oder sie wirken offen und teilen mit dir Geheimnisse oder ganz besondere Dinge, die noch nie jemandem vor dir offenbart wurden, weil du so vertrauenswürdig bist, so toll, so lieb, so achtsam, so nah, so bla bla bla ... schmelz ...

Wärst du nicht so ein emotionaler Mensch, würdest du Verdacht schöpfen. Da du jedoch gefühlvoll bist, und er vielleicht auch schon das Jammermaunzen anfängt, hörst du nicht die Bauchstimme, die dir laut aus deinem Innersten ein NEEEEIIIIIN!!! zuruft. Das kann zu einem der ersten Momente werden, wo du anfängst, dich selbst zu verlassen. Deine Intuition, dein innerer Schutzgeist, wird geflissentlich überhört, und die Stimme wird immer leiser und leiser, bis du sie letztendlich gar nicht mehr wahrnimmst oder wahrnehmen willst. Es ist schließlich allein schon mit Tigerles Mails einfach zu schön, um wahr zu sein!

Recht schnell kommt von Willis Seite her der Wunsch, dich persönlich kennenlernen zu wollen.

Jetzt gibt es zwei Varianten:

Entweder er hat schon genug von dir und will nur im Internet sein Beutespielchen machen, dann vereinbart er ein Date, zu dem er nicht erscheint und nach ein paar fadenscheinigen Mails den Kontakt abbricht. Du hast keine Ahnung, warum, wieso und weshalb.

Das ist für dich schon mal enttäuschend, weil er doch schon so nah war. Ich traue mich wetten, dass du dich fragst, was du falsch gemacht haben könntest und ob es an dir lag. Ich kann dich beruhigen: Du hast nichts falsch gemacht und es lag nicht an dir! Er war eine Täuschung, weil er nur spielen wollte, und nun ist er zur Ent-Täuschung geworden. Sei froh, dass es nicht angefangen hat, mehr zu werden! Deine innere Stimme kann sich jetzt in Frieden zurücklehnen und sich liebevoll um ihre Heiserkeit vom vielen Schreien kümmern.

Oder, die zweite Variante: Er trifft sich mit dir.

Vielleicht ist Willi optisch gar nicht so toll und das Foto im Profil ein Fake gewesen.

Achtung, deine innere Stimme braucht von jetzt an Hustenbonbons!

Da du nämlich so ein freundlicher Mensch bist, der dem anderen immer eine Chance gibt und in jedem das Gute sieht, gehst du nun eben nicht weg. Weil er dich bereits vernebelt hat durch seinen Charme und sein Schnurren, wird es leider nicht das letzte Date sein.

Dass die Person nicht so ist, wie sie sich gegeben hat in all den Schreiben, das übersiehst du geflissentlich, da du dich fortan auf die Suche nach Willis inneren Werten begibst. Nur mit diesen sind solche wunderbaren Mails für dich erklärbar.

Leider wirst du diese Werte niemals finden! Er macht nur nach und imitiert Verhalten, von dem er meint, dass es gut beim anderen ankommt. Es ist nie wirklich und von Herzen echt. Er hat sein ganz eigenes Wertesystem, und das ist hauptsächlich die Gier nach Befriedigung seiner Bedürfnisse in absolut jeder Hinsicht. Wenn er dich auserkoren hat, dann hast du diese in vollem Umfang zu erfüllen. Allein in dieser Anfangsphase weißt du das nicht, und erst im Laufe der Zeit wird es dir immer mehr dämmern.

Wie ein Drogendealer seine Kunden häufig erst einmal durch kleine Kicks abhängig macht, so versteht es Willi im sogenannten „Lovebombing" dich für sich zu vereinnahmen.

Wichtig: Es ist seine gut gemeinte Realität! Die ist für ihn genauso wahr, wie es deine Realität für dich ist! Willi plant das nicht, es ist sein Verhalten. Er fühlt sich auch total glücklich in dieser ersten Zeit, weil du ihn dazu bringst, etwas zu fühlen, auch wenn es nur von kurzer Dauer ist.

Wenn Tigerle merkt, dass er in dir ein williges Opfer hat, dann wird es erst einmal das Paradies auf Erden für dich. Er beschenkt dich mit allem, wovon er durch die Gespräche mit dir in Erfahrung gebracht hat, dass du es magst. Er geht mit dir in Filme, auf Konzerte, Partys oder Veranstaltungen, zu denen er normalerweise niemals gehen würde.

Nur zur Info: Später darfst du all das wieder alleine machen! Er wird dir großzügig die Erlaubnis dafür geben, die du in irgendeiner Form mit Schuldgefühlen für die Tatsache bezahlen wirst, dass du einen schönen Abend ohne ihn hattest.

Willi bombardiert dich anfangs nicht nur mit Love sondern auch mit Mails, Textnachrichten auf allen möglichen Kanälen und Anrufen zu jeder Tages- und Nachtzeit.

Der Säbelzahntiger macht sich immer breiter in deinem Leben, bis sonst nichts und niemand mehr Platz hat. Dein Bekanntenkreis schrumpft, denn du hast keine Zeit mehr und bist nur noch blockiert durch deinen Liebestiger.

Das alles ist in einer Verliebtheitsphase über eine gewisse Zeit hinweg normal. Leider hört das jedoch mit Willi niemals mehr auf. Der kleine, aber feine Unterschied zwischen Beute- und Otto-Normal-Leben.

Was erst so wundervoll begann, verwandelt sich später eher in Gespräche mit deinen verbliebenen lieben Freundinnen und Freunden über die Leiden in deiner Beziehung mit Willi. Zuerst freuen sie sich mit dir und danach schauen sie hilflos zu, wie du immer weniger du selbst bist und fast nichts mehr von dem Menschen übrig ist, den sie kennen und lieben gelernt haben. Das ist wirklich traurig! Wenn du diese lieben Menschen als Begleiter haben solltest, die sich dein Leiden immer wieder antun und trotzdem bei dir bleiben, dann weißt du, was wirkliche Freunde sind und wer dich wirklich liebt. Wirst sehen, sie werden hinter dir stehen, wenn du dich trennst und ein Quell für deinen Mut sein. Sei dankbar für diese Engel, denn das Universum meint es besonders gut mit dir.

Schon während des Lovebombings gibt es Momente, in denen du den Säbelzahn aufblitzen siehst, aber das willst du zu diesem Zeitpunkt nicht wahr haben.

So sitzt du beispielsweise mit deinem wunderbaren Säbelzahntiger beim Essen in einem Restaurant. Alles ist fein, nur er hat eine Kleinigkeit auszusetzen und geht die Bedienung völlig unangemessen und aggressiv an. Jetzt wirst du den Klappzahn zum ersten Mal im Einsatz sehen und du wirst erschrecken! Das kann nicht dein Willi sein! ... Doch, die Fratze mit dem Säbelzahn ist leider echt!

Willi transmutiert genauso plötzlich in den Säbelzahntiger wie er sich in dein liebes Kätzchen zurück verwandelt. Du bist jetzt wahrscheinlich einfach nur schockiert. Leider wirst du diesen Vorfall entschuldigen und ihm vielleicht noch Recht geben. Eventuell bist du sogar ein wenig neidisch auf seine Reaktion, weil du dir das nicht trauen würdest. Schließlich bist du ein freundlicher Mensch, der meistens nachgibt und von anderen leicht über den Tisch gezogen wird. Ja, es wäre schön, wenn du das für später als Lektion nehmen würdest, um mehr Selbstbewusstsein an den Tag zu legen und beispielsweise für eine kalte Suppe – um beim Restaurantbesuch zu bleiben – nicht anstandslos Geld hinzulegen, sondern dich deswegen zu beschweren. Das gilt natürlich auch für andere Situationen – ob in der Arbeit oder privat.

In dieser wahnsinnig – und es ist wirklich Wahn, was mit deinen Sinnen passiert! – schönen Anfangsphase wirst du geflissentlich über solche Entgleisungen Willis hinwegsehen und die Situation herunter spielen. Du bist ja schließlich im siebten Himmel und da holt dich momentan so schnell nichts auf Mutter Erde zurück. Dein Körper ist im höchsten Grad mit Pheromonen und Endorphinen aufgefüllt, so dass jeder Drogentrip ein kläglicher Abklatsch wäre von dem, was du gerade fühlst.

Dein Belohnungs- und Betriebssystem bedient fortan der Dealer deines Vertrauens. Willis oder Willines Narzissmusvirenprogramm setzt sich nun auf der Hardware zwischen deinen Ohren fest und ist aktiv. Durch bestimmte Passwörter wird es später dazu gebraucht, um dich zu manipulieren und zu depersonalisieren. Deine Persönlichkeit ist nämlich ab jetzt nicht mehr gefragt, sondern nur diejenigen deiner Skills, die dein Säbelzahntiger für sich als nützlich erachtet. Je weniger Eigenleben du hast, desto besser!

Die ersten Tage, Monate und vielleicht sogar das erste Jahr ist es für dich zu schön, um wahr zu sein.

Für deine Zukunft gilt: Bitte bringe dich sofort in Sicherheit und auf Abstand, wenn du wieder auf so viel Seelenverwandtschaft und Seligkeit triffst! Weniger ist zwar langweiliger, aber zum Gelingen einer dauerhaften, tiefen Beziehung definitiv mehr.

Stille, verdeckte Säbelzähnchen, die ja eher helfend unterwegs sind, lassen sich in der Anfangsphase eher bitten und von dir erobern. Sie lovebomben zwar auch, aber nicht so arg, wie die meisten anderen Artgenossen. Du wirst mit ihnen mehr philosophische Gespräche haben und sie gleich von Anfang an mit anderen teilen dürfen, denen sie sich, ebenso wie dir, irgendwie verpflichtet fühlen. Ein Willi aus dieser Truppe hält dich als Beute eher im Geheimen. Die Beziehung lebt davon, dass du jemand zu sein scheinst, der ihn braucht. Es hat etwas „Schwammiges" und leider nur anscheinend „Tiefes", was dir da ein vermeintliches Nest bietet.

Für diese Willisorte verlierst du sofort deinen Beutestatus, wenn du Verbindlichkeit wünschst und ein Auftreten als Paar in der Öffentlichkeit.

Oft magst du vielleicht in dieser Konstellation das Gefühl haben, als schäme sich Willi deinetwegen. Er findet häufig Ausreden wie beispielsweise, dass er seiner Ex nicht zumuten will, euch beide zusammen zu sehen – er ist ja so unendlich rücksichtsvoll und freundlich! – oder dass er irgendwie nicht frei ist für dich – ja, du wirst wohl nicht das einzige Beutetierchen sein. ...

Da du ein verständnisvoller Mensch bist, tritt dein kleines Egolein in den Hintergrund, denn es soll ja schließlich allen Menschen gut gehen. Dass du zu dieser großen Truppe dazugehörst, vergisst du geflissentlich, denn irgendwann hast du womöglich gelernt, dass du nur dann ein liebevoller, guter Mensch bist, wenn du bedingungslos dem Wohle anderer dienst. Das ist in dieser Form schlichter Blödsinn und falsch verstandene, spirituelle Fehldeutung von Liebe und Mitgefühl.

Bitte fang an darüber nachzudenken, wie du wirklich lieben und geliebt werden solltest, um glücklich zu werden, dein Ego kennen zu lernen und es da sein zu lassen. Es dient dir und gehört zu dir. Es wird nur dadurch negativ, wenn du es als solches wertest. Bitte fange an, gut für dich zu sorgen und dich zu lieben. Damit trägst du das Beste bei, um die Welt in dir selbst und um dich herum schöner werden zu lassen. Denk daran: Du hast das Potenzial dazu, sonst kämst du als Beute nicht in Frage! Manchmal braucht es eben auch die Säbelzahntiger, damit wir uns und unsere Fähigkeiten in jeder Hinsicht besser kennenlernen können. Entdecke die Möglichkeiten!

Echt tierischer Sex ...?

Es wird gerade am Anfang deiner Beziehung zum Säbelzahntiger bezüglich Sex eventuell eine Seite an dir berührt, die für dich eher neu sein kann. Bei offenen Narzissten ist der Sex leidenschaftlich und triebhaft, was natürlich den siebten Himmel mit noch mehr rosa Farbe und Geigen schmückt.

Es mag jedoch zuweilen vorkommen, dass der kleine Bub – denn emotional ist Willi irgendwo zwischen drei und fünf Jahre alt – impotent ist und unter erektiler Schwäche leidet. In dem Fall bist natürlich du daran schuld, weil du ihn mit deiner Liebe und deinen Reizen überforderst. Ja, du wirst durch solche Exemplare von Säbelzahntigern erfahren, was du noch nie über dich gewusst hast!

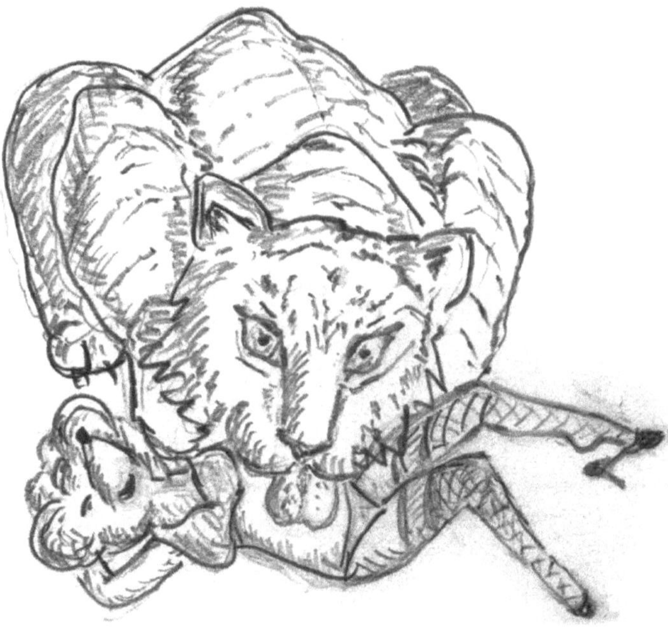

Wahrscheinlich erweckt diese Aussage deinen Helfermodus und du wirst alles tun, damit du seine Impotenz heilst. Sei sicher, es ist sein mangelndes Selbstbewusstsein, seine mangelnde Selbstliebe und die absolute Unlust, etwas an sich zu arbeiten, geschweige denn zu verändern, was normalerweise der Fall sein würde, wäre dein Geliebter kein Klappi. Denn Klappe hat er zuweilen eine ganz besondere, aber im Hoserl schaut es leider anders aus. Seine sexuelle Schwäche hat mit dir nichts, aber auch gar nichts zu tun. Schau auf deine Grenzen und deine Bedürfnisse. Gib ihm die Verantwortung für seine Sexualität zurück. Du bist gut, so wie du bist und deine sexuellen Wünsche haben genauso Daseinsberechtigung wie Tigerles! Lass dich von ihm diesbezüglich nicht demütigen und tu es umgekehrt auch nicht. Das wäre für keinen von euch beiden hilfreich und im Grunde meiner Meinung nach würdelos. Das ist eher so seine Spielart, mit Beutetieren umzugehen.

Willis und Willines Hypersexualität ist auffällig. Das mag einerseits aufregend sein, andererseits birgt es die Gefahr von Übergriffigkeit und Missbrauch.

Natürlich mag der Sex in der Anfangszeit jeder Beziehung einfach nur hammermäßig lustvoll sein. Um uns zu vervielfältigen und unsere Gene in Umlauf zu bringen, ist die Freude am Sex mit einem vermeintlich tollen Exemplar eine der besten Ideen, die Mutter Natur uns mitgegeben hat.

Normalerweise wird durch Intimität Oxytocin produziert. Dieses Hormon sorgt für Bindung zum anderen und für das Gefühl von liebevoller Nähe. Es sichert die Versorgung der Familie, weil der Mammutjäger das erlegte Tier wieder zu Muttern bringt und nicht damit durch die große weite Welt läuft und einfach nur damit herumprahlt. Beutetiere stellen dieses Hormon eher im Überfluss her, während der Säbelzahntiger diesbezüglich ein absolutes hormonelles Fehlmanagement hat. Er kann nur wenig bis gar keine Bindungshormone bilden. Du fühlst dich ihm anfangs nach dem Sex vielleicht total nah und dennoch wirst du bald eine seltsame Distanz bemerken, die dich eher an eine Art Einsamkeit erinnert in den Armen des Menschen, in den du dich verliebt hast. Du sehnst dich natürlich nach dieser anfänglichen Nähe. Das ist total normal und unter anderen Beziehungsumständen wirst du sie sicherlich auch bekommen. Jetzt ist es jedoch so, dass du manipulierbar wirst und das Spiel mit Tigerle beginnt, bei dem du nicht selten an und über deine Grenzen hinaus kommen wirst. Willi bemerkt die Macht, die er mehr und mehr bekommt und wird sie gnadenlos ausspielen.

Sex mit Säbelzahntigern hat niemals etwas mit hingebungsvoller Liebe zu tun. Natürlich muss das auch mit liebesfähigen Partnern oder Partnerinnen nicht immer der Fall sein, aber für Willis und Willinen ist Sex nur Triebbefriedigung auf möglichst geile Weise. Du erfüllst lediglich Parameter, die er oder sie als erregend empfindet. Als Mensch verschwindest du hinter deinem für ihn ansprechenden optischen Reizschema. Dafür will er dich: als Beute, als Objekt der Begierde, niemals als geliebtes Wesen. Das ist wahrscheinlich anders als umgekehrt und du tust dich schwer, dir seine Sicht vorstellen zu können.

Für Säbelzahntiger ist Sex nur Lustspiel und sonst nichts. Nur über die Erregung spüren sie sich selbst und nur darum geht es: um Willi, um Willi und nochmal um Willi. Bei Willine ist das leider auch nicht anders.

Sie wollen nach ihren Regeln spielen, und um deinen Liebsten nicht zu vergraulen, spielst du mit und wirst wahrscheinlich irgendwann über deine Grenzen gehen.

Anfänglich werden deine körperlichen Reize noch gelobt und genügen. Willi und Willine finden Spaß am neuen Spielzeug und probieren alles aus. Wie das jedoch bei kleinen Kindern so vorkommt: Ist das Spielzeug genug bespielt, dann wird es in die Ecke geworfen und nach einem neuen gesucht. Das kann subtil geschehen oder sehr direkt.

So verschwinden Zärtlichkeiten oder intime Küsse heimlich, still und leise. Willi hat dich ja schon erlegt und da halten solche Nebensächlichkeiten nur auf. Auch deine lieb gewonnenen Kuscheleinheiten sterben aus – was mit dem Säbelzahntiger an sich schon vor zigtausenden von Jahren hätte geschehen sollen – und wenn du Willi darauf ansprichst, erhältst du keine wirklich befriedigende Antwort.

Auch hier wächst die Wahrscheinlichkeit, dass du dich einmal mehr fragst, was du wohl falsch gemacht haben könntest, dass es so gekommen ist. Alles gut, liebes Beutetierlein! Deine Parameter sind anders als seine Parameter. Er hat dich in seinem Bann, und so, wie er es macht, ist das für ihn ausreichend. Du hast damit nichts zu tun – rein menschlich. Das ist wirklich traurig, aber leider Tatsache.

Langsam kommen seltsame Bemerkungen über deine sonst so schönen Reize. „Deine geilen Titten" wären plötzlich in Körbchengröße D – F viel schöner, weil er das jetzt braucht, um sexuell erregt zu werden. Säbelzahntiger brauchen Stimulation durch ein interessantes Äußeres. Der Mensch dahinter – den braucht es nicht mehr.

Deine sonst so schönen weiblichen Hüften führen wegen Zellulite plötzlich zum „Standversagen" oder dein Bauch ist plötzlich so übergroß, dass er stört. Falls du ihn jedoch auf seinen Knödelfriedhof ansprichst ... Oh, mein Gott! ... Das ist ja ganz etwas anderes! Du hast keinen Anspruch auf Schönheit zu haben. Das würde ihn wiederum überfordern und dann ... IMPOTENZALARM! Bevor das geschieht, zieht er sich lieber zurück und studiert einschlägige Literatur oder nimmt Videonachhilfe! Es kann natürlich auch sein, dass er auf ein anderes Exemplar aus seinem Beuteharem ausweicht. Du bist selten der oder die einzige in seiner fraglichen Gunst.

Wird es Willi zu langweilig, stellt er Bedingungen an dich. Er will dann Experimente machen und mit dir auf viele andere Weisen spielen. Wenn es für dich ok ist, dann ist das ja auch in Ordnung, ansonsten kann es zu einer richtigen Last auf deinen Schultern werden.

Er kann nur noch erregt werden, wenn du mit ihm in einen Swinger Club gehst, einem flotten Dreier zustimmst, vielleicht Reizwäsche zum gemeinsam angesehenen Porno trägst, mal ein wenig Sado-Maso ausprobierst und vieles andere in der Richtung mehr. Wenn du das ablehnst, dann wirst du als prüde und frigide hingestellt. Da du dies nicht sein und auch deinen Geliebten nicht verlieren willst, gehst du erst einmal gerne an die für dich aushaltbaren Grenzen und findest es eventuell sogar lustvoll. Du merkst, dass es ihm gefällt und der Haussegen hängt wieder gerade. Alles ist in deinen Augen nun fein ... na ja ...!

Sollte dich das an einen bekannten Kinofilm[1] erinnern, falls du ihn wie so viele andere auch gesehen haben magst, dann weißt du, was ich meine und welcher Gattung der Hauptdarsteller Mr. Grey angehört ... ja, so funktioniert Tigers Welt und auch die der Säbelzahntigerladies.

Der faule Friede geht nur eine Zeitlang gut. Du denkst vielleicht: „Ja, ich könnte bis zu einem gewissen Maß mitgehen, und er ist zufrieden! Ich habe mich getraut, was Neues auszuprobieren und bin stolz auf mich!“ Das ist erstmal auch ok. Du wiegst dich in vermeintlicher Sicherheit.

Willi will aber mehr und kommt wieder mit den ollen Kamellen. Deine Grenzen werden nicht respektiert, und gerade dein Nein zu verschiedenen Praktiken wird wieder angegraben. Es ist schier zum Verzweifeln für dich. Einerseits fühlst du dich schuldig, dass wohl wegen deiner „Prüderie“ eure Beziehung leidet, andererseits merkst du, dass deine innere Stimme einmal wieder ziemlich laut NEEEEIIIIN schreit. Du gibst ihr Hustenbonbons aus deinem alten Bestand, denn da war ja bereits was am Anfang deiner Beziehung und da bist du schon mal völlig taub drüber weg gegangen ... do you remember? ...

1 Gemeint ist der Film „Fifty Shades of Grey“ (2015) nach dem ersten Teil der Roman-Trilogie der britischen Autorin E.L. James.

Wenn nicht, dann ist es nicht schlimm! Sie wird noch öfter laut rufen, wenn sie sich von ihren Stimmbandlähmungen erholt hat.

Für Säbelzähnchen kommt in der Zeit deiner seelischen Instabilität die Gelegenheit, dir eine Art Entscheidungsnachhilfe zu geben, indem er eine Situation schafft, in der du von ihm missbraucht wirst, weil er dich listig in genau die Situation lotst, die du zuvor absolut abgelehnt hast.

Das ist für Opfer von Narzissten eines der ersten Traumen, die sie mit ihrem Säbelzahntiger erleben. Er hat durch die Überraschung seinen Spaß, weil er bekommt, was er will und er das Gefühl von Macht und Kontrolle über dich in vollen Zügen genießt. Das ist pervers und fällt unter absolutes No Go!

Du magst dich niemandem anvertrauen, weil du dich schämst und leidest still vor dich hin. Er tut natürlich so, als sei nichts gewesen, denn du hast ja sicherlich auch deinen Spaß gehabt. Er bekommt dein Leid nicht mit.

Liebes Beutetierlein: Willi und Willine haben keine Antennen für andere. Sie sind eiskalt und stringent bedürfnisorientiert. Du bist nur Objekt und niemals ein fühlendes, eigenständiges Subjekt. Wenn dir so etwas passiert mit deinem Säbelzahntiger, und sei es noch so subtil, dann sag endlich Ja zu dir und nimm die Füße in die Hand! Das ist Missbrauch, und wenn es die Grenzen deiner Scham übertritt, darfst du dir das nicht weiter antun lassen. Geh, geh und nochmals GEH! Wenn du nicht aufpasst, vergrößert sich die Gefahr der Vergewaltigung. Tiger kennen kein Erbarmen!

Schütze dich, zeige im Falle des sexuellen Missbrauchs das Verbrechen an und suche Hilfe von außen. Pack deinen Nachwuchs, falls vorhanden, und verlasse das Säbelzahnmonster! Bitte! Tu es für dich. Hab den Mut, denn es wird nicht besser, es wird nicht erfüllter und glücklicher schon gleich gar nicht.

Du hast wundervollen, lustvollen Sex verdient in Respekt vor dir und deiner Würde als Mensch. Du darfst in einer liebevollen Beziehung „Liebe machen“. Das macht Freude und erfüllt mehr, als nur den oder die Pornodarsteller:in mimen zu müssen, damit der andere auf seine Kosten kommt. Das ist eiskalt und hat mit Liebe nichts zu tun!

Erkennst du erst im Nachhinein, dass dir das passiert ist und du immer noch in dieser Beziehung ausharrst, weil du glaubst, deinen Säbelzahntiger immer noch zu lieben und ohne ihn nicht leben zu können, dann ist es an der Zeit, über den Cut nachzudenken. Du darfst dich fragen, wer dir erzählt hat, dass deine Grenzen nichts gelten und lernen, sie zu erkennen und zu wahren. Niemand kann deine Limits setzen. Das musst du selbst tun. Jetzt ist es an der Zeit, genau das zu lernen. Willi ist Meister darin. Da darfst du sogar mal was von ihm übernehmen, und vielleicht ist es genau seine Aufgabe in deinem Leben. Denk darüber nach! Völlig wertfrei! Verteufle dich nicht, weil du deinen Raum nicht wahren konntest. Es ist vorbei, und du kannst es ab sofort anders machen. Tu‘s einfach! Es lohnt sich, da es dich dir und deiner Selbstliebe näher bringt. Das ist für dich enorm wichtig, damit deine Zukunft frei bleibt von jeglichem Säbelzahntiger oder einem Vieh, das nur annähernd danach riecht!

Wildkatzen – sie wollen nur spielen ... nach ihren Regeln!

Stelle Dir bitte einmal folgende Situation vor:

Eine Mama sitzt auf einem Bänkchen neben einem Spielplatz. Dort spielt ihr Kind. Es ist etwa vier Jahre alt. Manchmal kommt es zu Mama und will etwas zu trinken oder zu essen. Vielleicht will es nur ein Bussi abholen oder für irgendwas gelobt werden – auch wenn es vielleicht gar nicht so lobenswert ist, aber das weiß es nicht und wird von Otto-Normal-Mama stets mit herzlicher Zuwendung bedacht.

Das Kind entscheidet, wen es mitspielen lassen will und wen nicht. Da wird schon mal gekloppt und geheult, jedoch auch gelacht und Blödsinn gemacht. Alles ist gut für das Kind, bis Mama sagt: „Wir gehen jetzt nach Hause!" Zu diesem Zeitpunkt kommt nicht selten ein unüberhörbares Nein, manchmal auch ein gekonntes Auf-den-Boden-Werfen, Treten, Schlagen und Brüllen, bis die Mama weich wird, weil sie Frieden will, und dass andere nicht denken, sie wäre eine Rabenmutter, die ihr Kind misshandelt.

Falls das Kleine erfolgreich ist, darf es noch ein wenig spielen und Mama ist wieder die Liebste, Beste, und zwar so lange, bis sie wieder zum Aufbruch bläst. Dann wiederholt sich das ganze Szenario. Meist setzt sich jetzt allerdings die Mama durch und es geht ab nach Hause. Dem Kind muss nun dazu irgendwas schmackhaft gemacht werden, damit es sich lohnt, den Spielplatz zu verlassen. Es wird auf alle Fälle für etwas normalerweise Selbstverständliches – nämlich der Mama folgen – belohnt. Daran kann Kind sich gewöhnen und fordert es immer wieder ein. Auch noch mit 40, 60 oder 80 Jahren, wenn es sich um einen Säbelzahntiger handelt, der durch solche oder ähnliche Situationen geprägt wird.

Der Klappzahn wird durch derartige Ereignisse in aller Regelmäßigkeit gekonnt im Handling trainiert und rigoros eingesetzt, bis es für Willi ebenso selbstverständlich ist wie Kauen oder Radfahren. Leider wird der Einsatz seines Beißorgans irgendwann gleichermaßen selbstverständlich für das Umfeld, welches resigniert und ihn einfach machen lässt. Der Raum des Säbelzahntigers ist so groß wie das Universum. Er anerkennt keinerlei Grenzen bei anderen. Seine eigenen sind jedoch sehr, sehr eng und unglaublich variabel. Du wirst sie niemals wirklich kennen, also versuche es erst gar nicht und konzentriere dich auf deine eigenen. Zeige sie ihm immer wieder auf und halte sie konsequent aufrecht. Ich kann mir vorstellen, dass es dir als mitfühlender Mensch schwer fällt. Im Umgang mit Säbelzahntigern ist es jedoch überlebenswichtig.

Die obige Szene mag banal sein. Du darfst sie jetzt allerdings auf deine Situation übertragen.

Egal ob privat oder beruflich: Du bist als Beute immer der Elternteil, der am Rande des Spielplatzes seines Tigers steht und ihm beim Spielen zuschauen darf. Willi entscheidet über Nähe und Distanz, denn er kommt und geht, wann er will. Willi kommt nur zu dir, wenn er irgendwas hat, wofür er gelobt werden will, nach dem Motto: „Schau, was ich Tolles gemacht habe!" ... und wenn es noch so klein sein mag. Du darfst ihm die Goldmedaille fürs Müllrunterbringen überreichen, oder den Nobelpreis fürs Klodeckelrunterklappen. Willi will für alles – und wirklich alles – volle Aufmerksamkeit und überzogene Wertschätzung.

Sobald du mit einem eigenen Bedürfnis kommst und ihn vom Spielen ablenkst, gibt es Zoff! Du hast kein Recht darauf, irgendeine Kleinigkeit für dich zu verlangen. Das geht gar nicht für Säbelzähne. Das grenzt an Majestätsbeleidigung. Da könnte ja jeder daher kommen und Willi von Willi ablenken. Es ist für ihn ein eindeutiges Signal dafür, die Klappzähne auszufahren, seine Tigerfresse zu zeigen und heftig zu brüllen!

Da du als Beute wahrscheinlich ein toleranter Mensch bist, der auch mal verzichten kann oder sich denkt: „Na, wenn er das braucht, dann bricht mir kein Zacken aus der Krone", gibst du nach. Das tust du so lange, bis nur noch ein Schatten deiner selbst am Rand des Spielplatzes steht, irgendwann völlig unsichtbar. Du hast alles gegeben und darfst nun beobachten, wie Willi zu einer anderen „Mama" läuft oder sich einem Spielzeug zuwendet, das ihn dich absolut vergessen lässt. Kennst du dieses grausame Schauspiel? Das macht sehr einsam, stimmt's?

Noch dazu hast du ja mit Willi Spielregeln vereinbart – oder besser gesagt, er hat dir die seinigen aufs Auge gedrückt – an die du dich hältst. Bei Säbelzahntigern haben Regeln die Haltbarkeit einer Seifenblase. Was gestern vereinbart wurde, ist heute längstens wieder vergessen, und du hast dir das nur eingebildet, denn die Regel, die ausschließlich für Tigerles Wohlbefinden galt, hast du missverstanden, weil du ja dumm bist und ihm nie zuhörst, ihn nie respektierst ... du Böse, du! Dafür wirst du auch bestraft mit Bocken und Schweigen. Das macht dich dann noch weicher und destabilisiert dich immer mehr.

Willi und Willine handeln „al gusto". Du kommst nur als Energietankstelle für narzisstische Zufuhr vor. Ja, das ist sehr traurig, aber es ist so.

Im Berufsleben zeigt sich das gleiche Szenario. Du kannst das auf jeden Säbelzahntiger übertragen, denn das Verhalten gehört zum sogenannten „Narzisstischen Zyklus“ dazu, wie der Ausschlag zu Masern.

Ich möchte dich jetzt daran erinnern: Narzissmus ist eine Persönlichkeitsstörung, die dem Umfeld und nicht dem Säbelzahntiger oder seinen weiblichen Artgenossinnen selbst schadet. Klappzahnträger brauchen andere Menschen, um ihre Droge, die narzisstische Zufuhr, zu ergattern, wie der Alkoholiker seinen Alkohol. Der Unterschied besteht darin, dass der Alkohol mehr den Säufer vergiftet und weniger den anderen Menschen um ihn herum.

Willis und Willines kindliches Gemüt hat einen enormen Spieltrieb. Es muss Spaß machen und immer einen Kick geben, damit Tigerchen sich spüren.

Ist da einmal ein Spielzeug entdeckt, das ihm sehr gut gefällt, dann behält er es bei, da er denkt, ohne es geht die Welt unter und er muss sterben.

In seiner Rigidität bleibt er schädlichen Verhaltensmustern treu und rationalisiert sie bzw. stellt seine eigenen Regeln dazu auf, um seine Suchten als normal zu rechtfertigen, weil „das schließlich jeder macht“ – du kennst zwar keinen, aber wenn er meint ...

Wildkatzen brauchen daher oft außergewöhnliche oder gefährliche Spielzeuge wie Fallschirmspringen, Bungee-Jumping oder ähnliches und eben auch Drogen wie Speed, Extasy etc. Das macht ihnen Spaß, bringt Bewunderung im erst genannten und ein kurzes High im Rausch bei letzterem. Nur auf diese Weise können sie Freude oder zumindest etwas Ähnliches empfinden.

Säbelzahntiger haben nur ein eingeschränktes emotionales Repertoire. Sie kennen lediglich Neid, Wut, Missgunst, Angriff, Zerstörung und Kälte. Wer bei ihnen Mitgefühl sucht, wird niemals fündig werden.

Sie kennen es schlichtweg nicht, aber sie können es gut schauspielern, wenn es ihnen zur Bedürfnisbefriedigung dienlich erscheint.

Solltest du deine Bedenken äußern, weil du dir um deinen geliebten Menschen Sorgen machst, Angst hast, ihn im gefährlichen Spiel zu verlieren, weil er sich verletzen oder vergiften und krank werden könnte, oder solltest du nicht mitspielen wollen, dann brüllt Klein-Willi und fährt die Säbelzähne aus. Nicht selten wird er zubeißen und dich sehr verletzen.

Merkst du, was hier abläuft? Willst du das für dich wirklich?

Falls du noch in der Beziehung zu einem Säbelzahntiger bist, dann erkenne von jetzt an, wer vor dir steht. Setze ihm die Maske des kleinen Tigers auf, und sieh das Kleinkind, das da zornig brüllt! Setze von jetzt an sofort Grenzen! Verlasse den Spielplatz und lasse Willi oder Willine brüllen oder schweigen, sich auf den Kopf stellen und mit den Füßen wackeln! Geh einfach! Das hat alles nichts mit dir zu tun, und es ist Zeit, diese Tatsache zu realisieren.

Wenn du nachgibst, dann kommt deine Tiger-Droge wieder zu dir zurück, und du hast selbst als ebenso von ihm abhängige Persönlichkeit einen kurzfristigen Kick, weil du denkst, dass nun alles wieder gut ist.

Nein, es ist und wird nicht gut!

Es geht so lange weiter, so lange du noch mitspielst. Du darfst bitte aufhören, damit du nicht noch weiter in eine nicht endende Abwärtsspirale gelangst, aus der du immer schwerer herauskommst.

In deinem Hirn werden bei jedem „Wieder-gut-sein“ die gleichen Hormone ausgeschüttet, wie beim Drogenkonsum. Deine Abhängigkeit wird immer größer. Ja, der Entzug ist schwer und nur mit Distanz und

Grenzen setzen bezüglich deines Säbelzahntigers zu überstehen, damit sich die Hormone abbauen können.

Ich kann dir versprechen: du wirst es viel leichter schaffen, wenn dir bewusst wird, was in deiner Beziehung abläuft. Aus diesem Bewusstsein kannst du leichter den Exit starten, denn kein halbwegs vernünftiger Mensch würde dieses Spiel weiterhin mitspielen.

Deine Empathie hat deine Vernunft weichgespült. Du kannst nicht verstehen, dass es Menschen gibt, die so ticken. Leider ja, liebes Beutelein, es gibt sie, und du kannst noch so sehr mitspielen, du wirst nie mehr den Willi oder die Willine als Gewinn sehen, die du anfangs kennengelernt hast. Das war die Pirsch und da wurde alles getan, um dich auf den Spielplatz zu holen. All die Freundlichkeit, die Zärtlichkeit, die tollen Gespräche und und und ... all das war Fake!

Dein Bemühen um das Glück des anderen und mit dem anderen hat einen hohen Preis: deine Selbstaufgabe, deine Depersonalisation. Irgendwann wirst du dich selber nicht mehr wiedererkennen.

Bitte hör auf damit! Du hast deine Würde und darfst genauso geschätzt werden, wie jeder andere Mensch auch. Allein du selbst bist es, der einmal mehr „ ja“ zu sich sagen darf, indem er „nein“ zum Säbelzahntiger sagt. Auch du hast das Recht darauf, dass dein Gegenüber deine Spielregeln akzeptiert und mitspielt, damit es dir und euch beiden gut geht. Sollten Regeln sich als unbrauchbar herausstellen, werden sie von beiden im gegenseitigen Wohlwollen verändert. Das hat dann etwas mit Liebe und gegenseitigem Respekt zu tun. Das kannst du jedoch nur in dein Leben holen, wenn du Säbelzahntiger gehen lässt.

Falls dich die Erkenntnis traurig oder wütend stimmt, dann lass das zu und gib dem Gefühl den gebührenden Raum, denn was geschieht und geschehen ist, ist unendlich traurig und du darfst wütend sein.

Erstens, weil deine Einsamkeit traurig ist wie gleichfalls die Tatsache, nur Objekt zu sein. Zweitens, weil Willi so mit dir umgeht und du so mit dir umgehen lässt.

Oft sind das Gefühle, die du in deinen Beziehungen ständig unterdrückst und vor denen du wegläufst, weil du sie schon als Kind nicht mochtest und so dein übermäßig empathisches Handeln als Überlebensstrategie entwickelt hast. Du hast überlebt. Du wirst diese negativen Gefühle aushalten, denn sie sind weniger gefährlich, als weiter im Umfeld eines Säbelzahntigers zu leben.

Triff deine Entscheidung und berücksichtige dein Wohl und das Wohl deiner Kinder, falls du welche haben solltest! Es wird niemals anders werden, wenn du nichts änderst. Ein Säbelzahntiger bleibt ein Säbelzahntiger, dessen scharfe Zähne tiefe Wunden reißen. Wie lange darf er dich noch quälen? Für ihn oder sie ist es Spiel – unbewusst, natürlich – für dich ist es Trauma und Leiden auf hohem Niveau!

Wie Willi bekommt, was er will – deine „Verwillung“ … Verwirrung

Für mich persönlich war es sehr ernüchternd, als ich nach der Trennung von meinem Partner feststellen durfte, dass sein Verhalten immer bestimmten stereotypen Mustern gefolgt war und es auch aus der Distanz immer noch unverändert genauso weiter geht. Es ist unglaublich und doch wahr. Durch meine berufliche Arbeit mit meinen Patienten und das Beschäftigen mit einschlägiger Literatur zum Thema Narzissmus war es mir manchmal ein Trost, dass ich nicht alleine da stand mit meiner Erfahrung.

Vielleicht kommt dir das Phänomen bei dir selbst bekannt vor, dass man in Beziehungen mit Säbelzahntigern oft nicht mehr weiß, ob man jetzt noch zwischen den Ohren richtig funktioniert oder nicht, dass man einfach vergessen hat, wer man ist, was man noch als richtig oder falsch empfindet. Das Leben fühlt sich dumpf an und – ich kann das von mir sagen – es dreht sich nur noch um den Säbelzahntiger. Gedanken an andere Dinge haben überhaupt keinen Platz mehr, und sogar das Arbeiten fällt immer schwerer.

Ich bin sehr froh, dass ich meine Berufung gefunden habe. Wenn ich in die Arbeit gefahren bin, konnte ich meinen Tiger meistens gut daheim lassen und mich auf die Patienten konzentrieren – zumindest so lange, wie er mir nicht durch seine vielen täglichen Mails zu verstehen gegeben hat, an was ich denken soll und über welche Tagesordnungspunkte er mit mir am Abend in der Zeit zwischen 20:30 Uhr und 21 Uhr reden will. Wobei zu sagen ist, dass ich um 20:30 Uhr frühestens zu Hause eingetroffen bin, und mein Zähnchen sich ab 21 Uhr nicht mehr gesprächsbereit fühlte.

Erinnerst du dich an die Situation auf dem Spielplatz im letzten Kapitel? Der Tiger bestimmt das Spiel und die Regeln! Er will, dass du devot deine Rolle als Randfigur erfüllst und basta!

Säbelzahntiger brauchen ihre Zufuhr und haben, um diese zu bekommen ganz bestimmte Hilfsmittel. Dazu gehören nicht nur die Klappzähne zur Abschreckung und zum Zubeißen, sondern auch Kommunikationstechniken, die dazu dienen, das Gegenüber so lange weich zu klopfen, bis es nachgibt und Willi zu Willen ist.

In der Werbepsychologie oder bei Foltermethoden – ja, du hast dich nicht verlesen – müssen Techniken vom Anwender gelernt werden, die ein Säbelzahntiger einfach so aus dem Effeff beherrscht.

Wichtig ist es für Klappzahnträger, die eigene innere Leere, den vermeintlichen Selbstwertmangel, das fehlende Selbstbewusstsein nach außen hin auszugleichen oder schlichtweg ihre Größenphantasie zu demonstrieren. Für vieles, was er oder sie dazu braucht, gibt es „mein Haus“, „mein Auto“, „meine Leistung“, „mein Konto“, „mein Pferd“, „mein Luxusleben“ und davon vieles mehr, was Tiger sich mehr oder weniger ohne fremde Hilfe aneignen können. Blöd, wenn es keine Sau interessiert! Da bleibt der Angeber ziemlich einsam mit seinem Gerümpel und ärgert sich, weil ja alle Menschen doof sind und nicht erkennen, wie toll er ist. Meist bläst sich Tigerle dann immer mehr auf, bis er platzt und in tiefe Depression bzw. ins Loch seiner inneren Leere fällt, weil er merkt, dass er nicht ankommt, dass keiner ihn mag, am allerwenigsten er sich selber ... armer schwarzer Säbelzahnkater!

Wenn Willi oder Willine jedoch eine andere Person brauchen, um sich aufzuhübschen und sich mit deren Liebe füttern zu lassen, dann kann er in der Pirschphase richtig toll kommunizieren. Sobald er sich jedoch seiner Beute sicher fühlt, weht ein anderer Wind.

Um dich an ihn oder sie zu binden, braucht es ein Spiel von Nähe und Distanz, von ständiger Polarisierung, Kontrolle und Macht. Dieses Spiel beherrschen Säbelzahntiger perfekt.

Stelle dir vor, es ist für den Moment in deiner Beziehung alles in Ordnung. Dein Gegenüber hat, was es braucht, und fängt bereits an, sich damit zu langweilen.

Leider haben „in-Ordnung"-Phasen eine kurze Halbwertszeit in solch toxischen Beziehungen.

Wie aus dem Nichts, und du hast wirklich absolut keine Ahnung warum, verstummt dein Tiger. In deiner Besorgnis fragst du nach dem Grund. Keine Antwort. Vielleicht ein „Nichts, was soll denn sein?" Wieder Schweigen.

Deine Empathie und deine Fürsorge werden jetzt mit ihrem Warm-up anfangen. Später gesellen sich dann noch schlechtes Gewissen und Schuldgefühl dazu. Du magst dich fragen, was denn nun schon wieder sei, was jetzt schon mal wieder nicht passt oder ob du vielleicht in ein Fettnäpfchen getreten bist, von dessen Existenz du noch nicht wusstest. Diese tauchen im Leben des Säbelzahntigers ad hoc als Ölwannen auf, in denen du oft zu ertrinken drohst. Das ist jedoch genau das, wovor du Angst hast: diese permanente Unsicherheit im Leben mit Säbelzahntigern, dieses Nicht-Wissen, woran man ist.

Je länger dieses „Nichts" dauert, umso mürber wirst du. Schließlich kommt dann nach wiederholter Nachfrage, eine Antwort, die meistens zu starker Faltenbildung auf deiner Stirn führt. Anti-Aging schaut anders aus!

Es kommt ein Jammermaunzen, weil Tigerle sich durch die Welt, dich oder beides ungerecht behandelt oder nicht wertgeschätzt fühlt. Weil du irgendwas gesagt, getan oder unterlassen hast, was wohl vielen anderen am Allerwertesten vorbei spazieren würde, für ihn aber absolut übergriffig, unerträglich, grenzenlos schlimm – schlicht hochdramatisch ist.

Dir kann aber auch die schreckliche Fresse des Säbelzahntigers mit ausgefahrenen Klappzähnen, lautem Fauchen und Gebrüll oder sogar Umsichschlagen, wie aus dem Nichts begegnen. Das ist schrecklich und hochtraumatisch, besonders, wenn es Kinder trifft. Dafür gibt es oft nicht einmal einen wirklichen Grund, außer Säbelzahntigers schlechte Laune. Das ist wirklich dramatisch und würde normalerweise ein sofortiges Verlassen der Beziehung erfordern. Allein die Schockstarre hält die Beute davon ab.

Das Warm-up ist damit beendet, deine Gefühlstruppe kommt in die Trainingsphase. Wärst du im Fitnessstudio, würdest du im Laufe der Zeit bei diesen Trainingseinheiten und dem hohen, fast leistungssportlichen Niveau einen absoluten Luxusbody bekommen. Hier jedoch bleibt leider nur deine leere Hülle übrig: gequält und verletzt! Das ist wirklich schlimm!

Beim Jammermaunzen wendest du dich völlig deinem Drama-King oder deiner Drama-Queen zu und versuchst zu verstehen, was es denn nun braucht, um den Zacken wieder in die Krone zu setzen. Keine Lösung ist zufriedenstellend – wäre ja auch noch schöner, wenn das klappen würde! Es macht Katzen viel mehr Spaß, der Beute bei ihrer Qual zuzusehen.

Falls du dich irgendwann auch noch für ein unachtsames Fehlverhalten und die Spritzer aus der Ölwanne, die deinen Pelzträger bei deiner Bauchlandung darin auch nur annähernd getroffen haben könnten, entschuldigst, dann wird diese Entschuldigung von ihrer

Majestät nur unter strengen Bußauflagen, – wenn überhaupt – angenommen.

Ist eine Lösung in Sicht, die der Situation objektiv betrachtet zu einem hohen Prozentsatz nicht angemessen ist, dann freut sich Tigerle und deine Emotionscrew kommt erschöpft ins Cool-Down. Nach solchen Ereignissen fühlst du dich auf der einen Seite erleichtert, weil wieder Harmonie eingekehrt ist, auf der anderen Seite völlig erschöpft. Willi hat seine narzisstische Zufuhr bekommen und diese entspricht energetisch gesehen der Energie, die du gerade abgegeben hast, die dir gerade fehlt. Jetzt muss eine Entspannungsphase her und du wirst wahrscheinlich erst einmal die teuer erkaufte Ruhe genießen.

Silent Treatment, also diese Schweigebehandlung, wird als Foltermaßnahme eingesetzt, um Häftlinge mürbe zu machen. Was im Straflager funktioniert, hat der Säbelzahntiger einfach so im Portfolio.

Es kann Stunden, Tage und Wochen dauern. Besonders nach Kleinigkeiten, durch die sich Willi oder Willine gekränkt fühlen – und sie fühlen sich bei jeder kleinsten Gelegenheit gekränkt – kann dich das wirklich enorm destabilisieren.

Bitte pass auf dich auf und erkenne, dass jeder Mensch selbst für sich verantwortlich ist! Eine von Empathie geprägte Persönlichkeit äußert seine Bedürfnisse direkt und spielt nicht die beleidigte Leberwurst. Das ist Kindergarten und entspricht absolut nicht dem Verhalten eines reifen Menschen.

Wenn dir das begegnet, dann zeige, dass du das „Nichts“ ernst nimmst. Wenn nichts ist, dann ist ja gut und Tigerle darf alleine weiter schweigen und ins Leere laufen.

Ja, deine Emotionstruppe darf jetzt ein neues Trainingsziel bekommen: Selbstführung, Selbstliebe, Selbstverteidigung! Grenzen setzen und einhalten, die Situation verlassen und anfangen, sich gut um sich selbst zu kümmern. Ich weiß, wie schwer das ist, und du wirst es die ersten Male kaum aushalten können mit deinem schlechten Gewissen. Sei dir aber bewusst: Es geht nicht um dich als Mensch! Deine Aufgabe ist es, Energie zu spenden, damit Willi zufrieden ist. Säbelzahntiger werden sich nicht ändern, egal was du tust, egal wie sehr du dich anpassen wirst. Beschütze dich vor diesem Energieraub und sorge gut für dich! Schau, was du brauchst, damit du dich wohl fühlst!

Solltest du das tun, dann darfst du entweder mit passiver oder aktiver Aggression von Seiten deines vom Entzug geplagten Säbelzahntigers rechnen. Vorsicht, Klappzahnalarm!

Er lässt es sich nämlich nicht so einfach gefallen, dass du dich anders verhältst, als er das von seinem Beutetier erwartet.

Wenn du dein neues Trainingsprogramm startest, dann wirst du sehen, dass du nach einiger Zeit viel mehr Kraft bekommst, diese enorm anstrengenden Situationen auszuhalten. Du wirst lernen, dass die Distanz zu Willi oder Willine es dir ermöglicht, einen Blick auf das Geschehen zu werfen und die Gesetzmäßigkeit, die darin liegt, zu erkennen, um daraus deine Konsequenzen zu ziehen.

Nun komme ich zu einer weiteren Kommunikationsform bei Klappzahnträgern: der sogenannte Wortsalat. Diesen zu kredenzen beherrschen meiner Erfahrung nach mehr die Säbelzahntigerinnen.

Vielleicht hast du das schon mal erlebt: du telefonierst mit jemandem und der redet ohne Punkt und Komma. Es kommt nicht ein einziges Mal zu der Frage nach deinem Befinden, und wenn, dann hast du gar nicht annähernd die Möglichkeit zu antworten. Du darfst zwar mal einatmen, aber nix weiter ... Es mutet manchmal so an, als ob der

Gesprächspartner gar nicht registrieren würde, wenn du am anderen Ende der Leitung tot umfallen würdest. Weil du ein höflicher Mensch bist und es sich oft um Mamas oder Freundinnen handelt, bleibst du in der Leitung. Vielleicht legst du auch mal den Hörer weg und machst was anderes – gehst aufs Klo oder checkst deine Mails. Es wird am anderen Ende geredet und teilweise erzählt von Menschen, die du gar nicht kennst, die nichts mit dir zu tun haben, und das dreimal hintereinander.

Wenn es darum geht, dass Willine oder Willi Probleme haben, die sie oder er telefonisch oder in Anwesenheit mit dir besprechen wollen, dann kannst du schon mal einen Vorschlag machen oder Lösungen aufzeigen. Diese werden dann mit „Ja aber“ oder irgendwie so beantwortet, dass Tigerles Gedankenkreis ja nicht unterbrochen wird. Du dienst einfach nur als Klagemauer, Diktiergerät oder so was Ähnliches. Falls dich das Gefühl beschleicht, gar nicht wirklich für den anderen „sichtbar“ zu sein, dann ist das wohl richtig, denn es handelt sich eher um eine Art Selbstgespräch Klappis in deiner Anwesenheit.

Ab und zu kennst du dich bei dem Gesagten nicht mehr aus, weil es so verwirrt klingt, weil so viele Worte gesagt werden ohne jeglichen Inhalt. Während ich das gerade schreibe, fällt mir auf, dass dies oft in der Politik vorkommt ... ok ... Sind da auch Säbelzahntiger am Werk? ... Hmmm?

Solltest du eine Meinung äußern, dann wird erst zugestimmt und dann wieder nicht und ... merkst du was? Wenn du das jetzt liest und es begegnet dir ähnlich im realen Leben, dann registrierst du, dass mein Geschreibsel jetzt ebenfalls auf dem besten Weg ist, zum Wortsalat zu werden. Es ist wirklich schwierig, diese Form der Kommunikation zu beschreiben, aber ich denke, du hast meine Botschaft verstanden, denn bei Säbelzähnen – egal ob privat oder beruflich – kommt das nun einmal so oder ähnlich vor.

Was du dabei oder danach fühlen kannst, ist das Ventil, welches jemand wohl irgendwo an dir geöffnet hat und aus dem jetzt deine Energie herausfließt, wie Luft aus einem Gummiboot, das aus unerfindlichen Gründen ein Loch bekommen hat. Nach solchen Gesprächen bist du fertig. Da braucht es nichts mehr.

Bei echten Freunden oder empathischen Partnern kann eine ähnliche Kommunikationsweise sicherlich auch vorkommen, aber es ist bestimmt nicht die Regel. Außerdem gehst du nicht so kaputt aus der Situation. Du wurdest nicht als Klagemauer missbraucht oder als Diktiergerät. Dein Gegenüber hat dich immer noch registriert, allein schon durch Blickkontakt oder durch seine Körpersprache. Dein Tiger schaut dich nicht an und sitzt wahrscheinlich die ganze Zeit mit verschränkten Armen vor dir.

Wortsalat darfst du beenden, indem du erkennst, dass deine Mühe um Lösung sinnlos ist. Spare dir die Energie und auch die Zeit. Wende dich etwas Schönerem zu, auch wenn es bedeutet, dass Tigerle mit den Klappzähnen knirscht.

Du bist schließlich nicht verantwortlich dafür, dass es dem anderen besser geht auf deine Kosten. Hilfe ist nicht möglich und auch gar nicht gewünscht, denn Säbelzahntiger ändern nichts, damit sich nichts ändert, und sie weiter im Gewohnten bleiben und dich dafür verantwortlich machen können. Sie selber sind es – musst du wissen – niemals, gar nie nicht!

Sollte Tigerle sich langweilen, dann kommt auch der berühmt berüchtigte Sarkasmus oder Zynismus ins Spiel. Das ist echt pieksig!

Mit Giftpfeilen schießen sie verbal auf dich oder andere. Demütigung des anderen ist für Tigerles Machterhalt essentiell. Als Beute hast du das Privileg, die perfekte Zielscheibe zu sein. Je intelligenter der Tiger ist, desto besser die Rhetorik und das Subtile in der Art der Äußerung. Du merkst anfangs gar nicht, wie verletzend die

Bemerkungen sind. Der Säbelzahntiger weiß, womit er dir wehtun kann, weil er deine Schwächen kennt. Schließlich hat er es sowohl im Lovebombing am Anfang eurer Beziehung als auch später durch Gespräche mit dir regelrecht erforschen können.

Er äußert beispielsweise sehr freundlich, dass er dich nur darauf hinweisen will, bevor es ein anderer tut, dass du mit deiner Zellulitis wohl nicht im Bikini rumlaufen solltest oder bei einem Gewicht von 50 kg (bei 1,65 m Größe) zu gut im Futter stehst, und daher lieber Burkini tragen solltest, damit du nicht das öffentliche Ärgernis erregst. Der Hintergrund ist eher, dass er sich für dich schämt und du ihm nicht mehr gut genug bist. Ein mageres Selbstbewusstsein deinerseits lässt dich natürlich gleich eine Diät machen, um Tigerles Traumziel zu erreichen. Er selber fühlt sich mit seiner Wampe umgekehrt jedoch pudelwohl oder hat meist selber ein Problem mit seinem „Astralkörper“, das er auf dich projiziert. Hauptsache, du schmückst ihn mit deiner Schönheit. Er selber muss dann schließlich nicht attraktiv sein, denn jeder, der dich sieht, darf ja denken: Was muss das für ein toller Hecht sein, dass er so ein Sahneschnittchen an seiner Seite hat! Nur darum geht es und niemals, niemals, niemals um dich, deine Schönheit – die innere, wie die äußere. Nur allein du glaubst das, weil dir nie gesagt wurde, dass du schön bist, so, wie du bist! Fange an, es zu glauben, denn sonst würdest du nicht ins Beuteschema passen! Sei nicht schön für ihn, sei schön für dich selber und pflege diese Schönheit. Freue dich an ihr, denn das macht wirklich Spaß!

Die Demütigung kommt immer dann, wenn Tigerle ein Problem hat. Sobald du erfolgreich, geliebt, schön, klug und anerkannt bist, muss dein Säbelzahn das anknabbern und zerstören. Er oder sie halten das nicht aus, denn Eifersucht, mein Name ist Säbelzahntiger!

So darfst du lernen, dass jede Demütigung eigentlich ein Kompliment ist. Alles, was für dein Gegenüber ein Grund ist, dich nieder zu machen, sind deine Begabung, deine Stärke, deine Schönheit, deine

Liebesfähigkeit, dein Erfolg, deine Sozialkompetenz etc. Merkst du, wie viel Kraft darin liegt? Es ist deine Kraft! Verschwende sie nicht weiterhin an Klappzahnträger!

Solche Demütigungsaktionen fressen sich in die Seele und nagen unendlich an ihr. Das narzisstische Gegenüber freut sich an seiner Macht und tritt mit Genugtuung nach, sobald du gänzlich am Boden liegst. Danach kann er dich als Retter wieder aufrichten und sein Spiel von Neuem beginnen. Du bedankst dich vielleicht dann noch für seine Hilfe, weil er ja vielleicht sogar recht haben könnte mit seinen destruktiven Sprüchen, die deinen Erfolg schmälern, dein Selbstwertgefühl ins Minus rutschen lassen, deine Energie rauben und dich letztendlich vergiften.

Erst lange, nachdem du Abstand zu deinem Säbelzahntiger bekommst, weil du den Mut hattest, aus der Beziehung – beruflich oder privat – herauszukommen, wirst du merken, wie klein er oder sie wirklich ist. Endlich wirst du deine Größe sehen und Antennen entwickeln für diese übergriffige, toxische Umgangsform und feststellen, wie häufig sie in unserer Gesellschaft vorkommt. Du wirst lernen, dich selbst mehr zu respektieren und das ebenso von deinem Gegenüber einzufordern, weil du ihn oder sie ja auch respektvoll behandelst. Du wirst Übergriffigkeit sofort erkennen und als solche ansprechen, um dich oder andere davor zu schützen. Mit den Erfahrungen, die du nämlich in narzisstischen Beziehungen machst, lernst du Zivilcourage. Du hast keine Angst mehr davor, Grenzen zu setzen, den Mund aufzumachen oder Konflikte auszutragen. Das Schlimmste hast du schon erlebt und überlebt. Sei sehr stolz auf dich!

Nicht nur in den Beziehungen zu Klappzahnträgern, sondern auch in unserer Gesellschaft, zeigt sich noch ein weiteres Phänomen: „Gaslighting" genannt.

Sehr spannend, wenn man es verstanden hat, weil man aus dem narzisstischen Karussell ausgestiegen ist und es aus der Distanz eines

Beobachters erkennt. Das Kino, das einem damit geboten wird, ist oft reif für den Oscar – und viele erhalten ihn damit sogar oder ergattern hohe wirtschaftliche bzw. politische Positionen.

So merkst du, dass etwas falsch läuft, dass beispielsweise eine Gaslampe flackert. Du äußerst deine Beobachtung, wobei es sich auch wirklich häufig um messbare, objektivierbare Dinge handelt. Nun wird dir dein Tiger sagen, dass das alles doch ganz gut sei und das Licht sozusagen absolut ruhig und hell leuchten würde. Du würdest das absolut falsch sehen. Vielleicht ist etwas mit deinen Augen, vielleicht hast du ja deine Tage, bist im Wechsel, leidest unter Paranoia und solltest dir eventuell überlegen, therapeutische Hilfe zu suchen. Der Tiger redet so lange herum, bis du glaubst, du bist selber unterbelichtet und hast dich sicherlich geirrt. Gaslighting fördert deine Destabilisierung und deine Selbstzweifel ungemein. Den Tiger freut's, und dich beraubt es einmal mehr deiner Energie, die er sich jetzt wieder einmal mehr einverleibt hat.

Gesellschaftlich gesehen ist Gaslighting ein globales Problem, denn Propaganda, Fundamentalismus und selbst profane Werbung bedienen sich dieses Tricks.

Das Gute daran ist, dass du aufhören darfst, den Lügenmärchen zu glauben, du stattdessen bei dir und deiner Wahrnehmung bleibst und lernst auf deine Intuition zu hören. Du wirst merken, dass beim geringsten Anzeichen von Gaslighting immer deine innere Stimme mucken wird. Mehr ist anfangs noch nicht drin bei ihr. Sie wird erst wieder in ihre volle Lautstärke kommen, wenn du die Gesellschaft von Säbelzähnen verlassen hast und meidest, und wenn du deine innere Sprachlosigkeit mit vielen Hustenbonbons aufgepäppelt hast. Das ist sehr spannend und letztendlich manchmal sogar unterhaltsam. Kabarett, Drama, Krimi oder Soap, sozusagen auf globalem Niveau! Du bist der Zuschauer und immer öfter auch einer derjenigen, die den Mund aufmachen, um auf die Lügen aufmerksam zu machen, die hier aufgetischt werden. Natürlich ist das nicht leicht und du wirst

Widerstand ernten – und nicht zu knapp –, aber du wirst an diesem Widerstand wachsen und immer kräftiger in deiner Mitte ruhen. In der liegt bekanntlich die wirkliche Kraft!

Und überhaupt: Lügen ist ein Spezialgebiet von Säbelzahntigern. Wenn es für sie gut ist, dann kennt die Kreativität, mit der sie mit Wahrheit umgehen, keine Grenzen. Wie ein kleines Kind, das du bei etwas Verbotenem in flagranti erwischst, wird auch ein Willi aus tiefstem Herzen bezeugen, dass er was auch immer nicht war. Bei einem Kleinkind kann man noch einigermaßen drüber hinweg sehen. Erwachsene Menschen wirken dabei jedoch relativ lächerlich.

Falls das erste Ausweichmanöver nicht wirkt und Zähnchen sich ertappt sieht, dann wird solange gegaslightet, bis deine Neuronen umprogrammiert sind. Etwas anderes tut eine narzisstische Persönlichkeit nämlich nicht, denn es handelt sich um einen Bioroboter, der nur Programmiersprache spricht und deine eigene Software umschreibt, sobald deine Persönlichkeit sich langsam aus deinem Präfrontalen Cortex verabschiedet hat. Er will deine menschlichen Programme und du seine Liebe. Beide seid ihr voneinander abhängig.

Er wird immer Erfolg haben. Du hast jedoch die A-Karte gezogen, denn die liebevolle Zuwendung, das Lovebombing der Honeymoonphase waren nur Fake. Liebe, Mitgefühl und sonstige positiven Softskills sind beim Säbelzahntiger nicht vorhanden. Du wirst auf der Suche scheitern und es lange, lange nicht kapieren und kapieren wollen, dass es die wundervolle Person, in die du dich verliebt hast, der du vertraut und dich nahe gefühlt hast, nie gegeben hat. Der Tiger hat dich durch seine Maske, sein falsches Selbst getäuscht und lässt dich enttäuscht zurück. Das ist für ihn nicht so schlimm, weil er höchstwahrscheinlich immer Ersatz für dich haben wird. Du hast dich ihm zugewendet und dich meistens aus deinen Freundschaften zurückgezogen. Die Einsamkeit, nachdem der Säbelzahntiger dich abgeschossen und verlassen hat, ist entsetzlich. Das Gefühl, das du wahrscheinlich während der Beziehung bereits hattest, zeigt sich nun in seiner ganzen Grässlichkeit. Der Tiger hat dich seelisch zerfleischt und du machst manchmal sogar selbst noch damit weiter, weil du nicht aufhören kannst, dich zu hinterfragen, deine möglichen Fehler zu suchen und ihm vielleicht hinterher zu rennen, um ihn völlig würdelos anzubetteln, wieder zurück zu kommen, um ihn zu lieben. Ein Abhängiger im kalten Entzug ist eine erbärmliche Erscheinung und die Schmerzen hierbei können unerträglich sein.

Bitte behalte deine Würde, denn die ist unantastbar. Niemand darf dich belügen, demütigen, in Frage stellen, gaslighten oder gnadenlos abschießen, sobald du keine Energie mehr liefern kannst. Das tut man nicht und es ist ein Zeichen größter Kälte und Empathielosigkeit. Mit so einer Kreatur magst du nicht zusammen bleiben. Niemals! Und wenn dir das nur ein wenig klar wird, du den Entzug überstanden hast, dann wirst du froh sein, wenn du keinerlei Kontakt mehr zu deinem Säbelzahntiger hast!

Egal was du tust – Hauptsache falsch

Mein Mann beklagte sich oft darüber, von mir nicht genügend Wertschätzung zu erfahren, obwohl ich mein Möglichstes tat, ihm zu zeigen, dass ich ihn liebe und er mir viel bedeutet. Immer wieder fragte ich ihn, was ich tun könnte, damit er merkt, wie wichtig er mir ist. Wenn ich das Gewünschte tat, war es in dem Augenblick jedoch nicht das Richtige und blieb für ihn stets „das Schnitzel für den Ertrinkenden"[1].

Dies wiederholt zu erleben, wurde für mich immer frustrierender und verunsicherte mich komplett. Der Vorwurf, meine Empathie nur für die Belange meiner Patienten oder allen anderen und nie für ihn zu haben, traf mich sehr. Ich freue mich nämlich immer, wenn ich jemandem eine Freude machen kann. Dir geht es bestimmt genauso, nicht wahr?

Geschenke hat mein Tiger verachtet oder auf eBay verkauft. Sie bedeuteten ihm nichts, weil sie zu dem Zeitpunkt des Schenkens nicht seinen Vorstellungen entsprachen, und genau diese Tatsache, war für ihn Bestätigung, dass ich ihn nicht sehe, nicht schätze und schon gleich gar nicht liebe. Auch wenn er sich vorher genau das gewünscht hatte, was er dann gerne von mir bekam, war es falsch. Ebenso, wenn ich unterwegs war und eine Kleinigkeit sah, die mich

---

1 Mundartliche Redensart für eine sinnlose Tätigkeit.

an ihn erinnerte und ich ihm das mitbrachte, dann stellte er es weg, nachdem er es kaum eines Blickes gewürdigt hatte. Irgendwann habe ich dann aufgehört damit, und auch das war unachtsam, respektlos und zeugte von mangelnder Wertschätzung.

Kennst du das auch? Dieses Gefühl, niemals beim Gegenüber anzukommen, egal was du tust? Es ist so traurig und irgendwann macht es einen auch wütend. So wütend, dass man dem anderen gar nichts mehr schenken will oder dem Säbelzahntiger das Geschenk am liebsten vor die Füße knallen würde. Furchtbar!

Wir hatten nach einem mehrtägigen Coaching-Seminar, bei dem es unter anderem auch um Paarbeziehung ging, die Idee, ein Tagebuch darüber zu führen, in das jeder abends drei Punkte hineinschreiben sollte, was er am anderen im Laufe des Tages schön gefunden hatte. Wir einigten uns auf wöchentliche Einträge, weil meinem Mann der tägliche Aufwand dafür zu viel war. Mir fiel immer etwas ein, weil ich dazu neige, das Gute im Menschen zu sehen. Die Seiten meines Mannes blieben leer. Ihm war nichts Positives zu mir eingefallen. Du kannst dir vorstellen, wie weh das tut. Gut, dass ich zu diesem Zeitpunkt bereits sehr in meiner Selbstliebe war. Zweifel, nicht gut genug zu sein, kamen jedoch immer wieder hoch.

Genau das ist die Absicht des Säbelzahntigers: Deine Entwertung ist seine Droge, sein Kick, seine Macht. Er weiß, dass du alles tun wirst, damit du ihn nicht verlierst, damit du den Menschen wieder bekommst, in den du dich verliebt hast, damit du Frieden findest und das Gefühl, endlich irgendwie anzukommen. Kennst du das Gefühl, immer knapp daneben zu liegen? Es ist einfach nur zermürbend!

Das ist wie vor einem Spielautomaten: Jedes Mal, wenn du verspielst, dann probierst du es nochmal und nochmal und nochmal, weil du nicht glauben kannst, dass es nicht funktioniert und du nur noch besser, schneller und ausdauernder sein musst, damit du den Jackpot knackst.

Der Trick mit Säbalzahnautomaten ist: Sie manipulieren, auch wenn du gewonnen hast, weil sie deine Spielsucht kennen, weil sie wissen, dass du nicht aufgibst und du an ihrer Angel hängst. Sie haben die Macht, und du hast sie ihnen – leider Gottes – gegeben. Hör bitte endlich auf damit und steige aus! Der Jackpot liegt in dir selbst, und du bist der größte Gewinn, den es gibt. Nimm den Haken, an dem du zappelst, aus deinem Fleisch, auch wenn es erst einmal sehr weh tut und schwimm in deine Freiheit.

Fang an, dich selbst mehr zu schätzen, als es dein Säbelzahntiger tut. Das gehört bestimmt zu den leichtesten Übungen, liebes Beutetierchen! Denn du erhältst nur Trostpreise – Angebote von Billiganbietern reichen, denn die Idee zählt ja schließlich. Du sinkst irgendwann soweit ab, dass dir das wirklich reicht und du dich über Krümelchen an Zuwendung freust, von denen dein Willi dir dann auch noch sagt, dass sie dich von Ostern bis Weihnachten ernähren sollen. Ja, du lernst sicherlich Sparsamkeit.

Wertschätzung, die du im großen Stil erfährst, bekommst du lediglich in der Phase des Lovebombings. Da muss sich der Einsatz deines Säbelzahntigers schließlich rentieren. Falls du danach teure Geschenke in Form von Klamotten, Schmuck, Kosmetikgutscheinen, Reisen oder ähnlichem erhältst, dann nur deshalb, weil sie dich für ihn ausstaffieren sollen, damit er neben dir besser aussieht. Du bist schließlich dazu da, ihn aufzuwerten. Ja, du bist sein Schmuckstück, und wie du merkst, ist das ein Objekt und kein fühlendes Subjekt. Letzteres ist in der Beziehung zu Willis und Willinen nämlich nicht gefragt.

Da Klappzahnträger keine Mitte haben, sind die Geschenke häufig über- oder unterdimensioniert. Deine Wünsche überfordern sie meistens und sind häufig für dein narzisstisches Gegenüber total überzogen. „Du gieriges Beutetier, du! Das geht doch gar nicht!“ Wenn dir das oft genug vermittelt wird, dann glaubst du es wirklich und hältst dich für absolut egozentrisch, undankbar – sofern du beim Gabenerhalt nicht genug freudigen Enthusiasmus an den Tag gelegt hast –, fordernd und was nicht noch alles.

Liebes Beutelein, du hast es verdient, wertgeschätzt zu werden und Fülle im Leben zu haben. Du gehörst wahrscheinlich eh zu denjenigen, die Bescheidenheit an den Tag legen und sich an kleinen Dingen freuen können. Manchmal darf es aber auch etwas Größeres sein. Ob dies nun materielle oder immaterielle Präsente sind, ist dabei völlig egal.

In Sachen verbaler Wertschätzung sind Säbelzähnchen richtige Meister. Dies gilt im positiven Sinne nur während der ersten Phase, dem Lovebombing, wenn er noch auf der Pirsch ist und dich auserkoren hat, oder dem sogenannten „Hovering". So wird jenes Manöver bezeichnet, welches dich nach Streit oder Trennung wieder in die Abhängigkeit „zurücksaugen" möchte wie der Staubsauger, nachdem diese Phase benannt wurde, und bei dem Tigerle sich wirklich um deine Gunst bemüht und du denkst: „Geht doch! Da ist er wieder, der liebe Mensch, den ich mir so sehr wünsche und um dessen Liebe ich immer wieder kämpfe. Es gibt ihn doch noch!"

Nein, tut es nicht! Es ist nur sein falsches Selbst, das er zeigen muss, um dich als seinen Energiespender nicht zu verlieren, falls er gerade keinen anderen in petto hat.

Sobald du auf die Masche reinfällst, wieder an der oben genannten Angel zappelst und vor dem Spielautomaten Platz genommen hast, dann geht es wie im Aktienhandel und dein Wert wird nach einem kurzen Hoch sinken. Er fällt und fällt und fällt. Die Art und Weise, wie dieser Verfall geäußert wird, ist oft so subtil, zynisch und sarkastisch, dass du die Demütigung nicht gleich bemerkst, sondern nur den Stich in deinem Herzen fühlst, den sie hinterlässt. Für Klappzahnträger ist das witzig gemeint, wobei dir dein Lachen im Hals stecken bleibt und eher zum Kloß wird, der deine Tränen unterdrückt. In der Beziehung zu Säbelzahntigern wirst du noch viel – zu viel – schlucken.

Bei meinen Patienten ist genau diese Konfliktinkompetenz, dieses immer wieder Schweigen und Schlucken, häufige Ursache für das große Leiden ihres Körpers. Der Schmerz der Seele überträgt sich als Schmerz auf den Körper. Du darfst sicher sein, welche Wunder geschehen, wenn die Ursache erkannt, der Konflikt gelöst wird und der Körper heilen darf! Dafür liebe ich meine Arbeit wirklich sehr.

Einmal hat mich in so einem Zusammenhang der Ehemann einer Patientin, die unter starker Migräne litt und eine sehr schüchterne Frau war, angerufen und mir in unüberhörbarer Lautstärke verboten, ihr das für sie heilsame homöopathische Mittel nochmals zu verschreiben. Er erkenne seine Frau nicht mehr und werde sich scheiden lassen, wenn sie so weiter machen würde. Die Migräne verließ die Frau, die Frau den Ehemann und der Säbelzahntiger durfte fürderhin ins Leere brüllen. Das nenne ich Happy End einer toxischen Beziehung.

Wenn du davon ausgehst, dass Willi oder Willine selbst ein außerordentlich geringes Selbstwertgefühl haben, so wie du, liebes Beutetier, leider höchstwahrscheinlich auch, dann ist logisch, dass sie dich nicht anerkennen werden. Genauso verhält es sich auch in Bezug auf die Größenphantasie ihrerseits, das absolut größte und tollste Klappzahnexemplar ever zu sein. Es würde ja die Gefahr drohen, dass sie entweder noch kleiner werden oder ihre aufgeblasene Großartigkeit Luft verliert, wenn sie dir gebührende oder überhaupt eine Art von Anerkennung geben würden. Nur von einem Menschen, der in Fülle ist, kann wirkliche Wertschätzung kommen. Das Mangelbewusstsein eines Säbelzahntigers lässt das niemals zu. Er würde in jeder Hinsicht auf alle Fälle in seinen Augen etwas zu verlieren haben.

In der Beziehung mit Willi oder Willine wirst du dich meistens bezüglich gemeinsamer Freizeitgestaltung anpassen an die absolut lebenswichtigen Bedürfnisse deines Partners oder deiner Partnerin. Geschätzt wird dies von ihnen jedoch nicht.

So war es beispielsweise in meiner Ehe das Thema Reisen und Sport. Ich war schon immer sportlich und in meinem zweiten Beruf habe ich mein Geld mit Sport verdient. Seit der Zeit als Heilpraktikerin laufe ich, weil ich fit bleiben möchte und aus Spaß. Ich liebe es, durch den Wald zu joggen und tanke dabei Energie. Früher war ich auch leidenschaftliche Rennradfahrerin. Weil ich immer im Studio gearbeitet habe und dort unter anderem viele Spinning-Stunden gab, brauchte ich den Ausgleich an der frischen Luft. Durch meinen Partner, der sein Rennrad als besten Freund sieht, gerne läuft und in den Bergen wandert, habe ich dies auch für mich entdeckt. Meine körperliche Fitness hat es mir letztendlich erlaubt, diese Hobbys mit ihm teilen zu können. Ich habe meine Höhenangst überwunden und mit dem Bergwandern angefangen. Mein „Lighty" – so nannte ich mein Rennrad, weil es so leicht war und richtig toll zu mir passte – war schnell gefunden, und ich habe wirklich viel damit trainiert, um den Schnitt meines Mannes mitfahren zu können. Selbst für Rennen habe ich trainiert und bin Marathon gelaufen, damit ich all das in unserer Freizeit mit meinem Mann teilen konnte. Es hat mir immer Spaß gemacht, meine Trainingsziele zu erreichen und wirklich in meinem Alter für mich sehr gute Ergebnisse zu erzielen. Leider hat es für meinen Mann nie gereicht. Er konnte nicht anerkennen, dass ich als Frau mit meinem Trainingsaufwand nicht die gleiche Leistung bringen konnte, wie er als Mann. Besonders bei bergigen Strecken fiel ich mit dem Renner immer zurück und Tigerle fiel es schwer, Rücksicht zu nehmen. Letztendlich hat er mir oft am Ziel deutlich zu verstehen gegeben, wie ich mich mal wieder überfordert hätte, wie unterdurchschnittlich meine Leistung war und wie schwer es für ihn doch gewesen sei, auf mich zu warten, weil er immer wieder kalt wurde und seine Muskulatur sowie seine Leistung darunter gelitten hätten. Auf einer Tour meinte ein Rennradfahrer, der das aggressive Verhalten meines vorauspreschenden Säbelzahntigers mitbekommen hatte, während er selbst neben mir auf einem steilen Stück bergauf keuchte: „Wer den Typen als Begleiter hat, braucht keine Feinde! Gehört der vielleicht zu dir? Der spinnt doch, wie der sich benimmt!" Als ich ihm sagte, dass das mein Mann sei, schüttelte er nur den Kopf und fragte mich, ob ich den Rest der Strecke nicht lieber mit ihm fahren wollte, damit ich noch ein wenig Freude habe. Der Fahrer hatte die Tränen in meinen Augen gesehen. Leider musste ich mit meinem Mann mithalten, denn mangels Brille hätte ich keinen Streckenplan lesen können und die Szene am Ziel, wenn ich mich einer anderen Gruppe oder einem anderen sogar männlichen Fahrer angeschlossen hätte, wollte ich mir ersparen. Leider hatte ich trotzdem am Ende meinen Knatsch.

Normalerweise sollten die gemeinsamen Touren unsere Ehe bereichern. Gut, dass uns das Wetter immer öfter einen Streich spielte und ich nicht mehr im Windschatten meines fluchenden, schimpfenden Renntigers fahren musste. Damit ich unabhängig auch mal den Kontakt zum Vordermann abreißen lassen konnte, ließ ich mir Kontaktlinsen anfertigen und fuhr fortan die schönsten Touren alleine mit einem Gefühl unendlicher Freiheit unter meinem Popo.

Beim Laufen war es genauso. Ich war ihm immer zu langsam. Ja, er wollte mit mir gemeinsam laufen, aber nur dann, wenn sein Trainingsplan – den er eh nie einhielt – eine langsame Einheit vorsah. Das ist auch logisch, wenn man für Rennen trainiert. Die gemeinsamen Einheiten waren für mich immer wieder demütigend und schließlich gab es auch sie gar nicht mehr.

Bergwandern ist eine wundervolle Erfahrung, die ich erst durch meinen Mann kennen gelernt hatte. Ich selber war wegen meiner Höhenangst recht skeptisch. Eine meiner ersten Bergtouren endete auf dem Gipfel mit zitternden Knien, mächtigem Stolz, es geschafft zu haben und einem Mords-Anschiss, weil ich mal wieder an meine Grenzen gegangen war. Ja und? Manchmal gehe ich gerne an meine Grenzen und verlasse meine Komfortzone, sonst könnte ich nie sehen, was es da jenseits noch an Erlebbarem gibt. Ich hätte ganz tolle Sachen verpasst, könnte ich mich nicht auf meine Disziplin und Stärke verlassen. Da ich bis dato keine Ahnung vom Bergwandern hatte, verließ ich mich auf die Tourenauswahl meines Mannes. Unten am Tourenende angekommen, las ich auf einem Schild, dass es sich bei der zurückgelegten

Wanderung um eine schwarze Tour gehandelt hatte, bei der Schwindelfreiheit und Trittsicherheit erforderlich waren. Ich fuhr danach öfter in die Berge und ratet mal, was ich da tat: Ich habe Bergwandern trainiert, damit ... nun ja ... ich fit für unsere gemeinsamen alpinen Unternehmungen war. Außer, dass es mir alleine oder mit meinen Freundinnen, die mir Bergwandern wirklich nahe bringen konnten, Spaß machte, brachte es für meine Ehe so rein gar nichts. Als Hypnosetherapeut befreite mich mein Mann von meiner Höhenangst, so dass ich auch schwierigere Passagen meistern konnte. Leider war es nie gut genug. Leider konnte sich mein Mann so gut wie nie mit mir über unsere schönen Touren freuen. Sehr traurig, sehr demütigend und demotivierend! Gemeinsamkeit geht anders! Eindeutig!

Umgekehrt durfte ich meinen Leidenschaften wie klassische Musik, Jazz, Spiritualität, Philosophie, Kunst und Kultur stets alleine nachgehen, denn das war für meinen Klappzahnträger nicht drin. Nur selten besuchte er meine Auftritte als Sopranistin. Das tat weh, und ich fühlte mich einsam. Allerdings ist es in Partnerschaften mit Säbelzahntigern die Normalität: Du hast dich nach ihm, er sich aber nicht nach dir zu richten – abgesehen von der Zeit während des Lovebombings oder in der Hoveringphase!

So ist das, und weil du für dich und deine Interessen immer weniger Zeit hast, verlierst du sie letztendlich größtenteils gänzlich, weil du dir selbst weniger wichtig bist als dein Säbelzahntiger. Der sagt zwar schon in seiner Großzügigkeit: „Ja, mach das doch, denn ich möchte, dass es dir gut geht und du glücklich bist!“ Unterton: „... damit du auftanken und mir Energie zur Verfügung stellen kannst!“ Wenn du jedoch deine eigenen Interessen ohne Willi oder Willine verfolgst, dann hast du erstens oft ein schlechtes Gewissen und zweitens daheim eine säbelzahnbesetzte Fresse, die dich anschweigt oder sonst in irgendeiner Form die Richtigkeit deines Tuns ganz eindeutig in Frage stellt, geschweige denn die Freude daran genießen lässt.

Es gibt beim Falschmachen auch noch eine ganz fiese Masche, die einen richtig auflaufen lassen kann. Dabei handelt es sich um Tigerles Killersatz: „Ich will und erwarte nichts von dir!" Wenn du das wirklich ernst nimmst, dann ist dir die Hölle auf Erden beschieden. Dieser Satz ist der Freibrief für das Bemängeln all dessen, was du tust oder nicht tust. Wenn du dein Gegenüber als erwachsen siehst und annimmst, dass du für seine Gunst wirklich nichts tun brauchst und du um deinetwillen geliebt wirst, dann ist das genauso falsch wie das Gegenteil. Falls du deinen Säbelzahntiger mit einer Kleinigkeit erfreuen willst, dann ist diese nicht nötig oder die falsche Geste oder das falsche Wort.

Dieser Satz ist für Willi und Williine eine wichtige Manipulationstechnik. Er impliziert, dass auch du in deiner Beziehung nichts zu erwarten oder wollen hast, und sie ergo auch nichts für dich tun müssen. Sie untertiteln das mit bedingungsloser Liebe, und wenn du dir von ihnen etwas wünschst oder erwartest, dann bist du unfähig dazu.

Bist du nicht! Auch du hast ein Recht auf Wünsche und Erwartungen an dein Gegenüber. Dazu gehören Spielregeln, die wichtig sind, um dem anderen die Möglichkeit zu geben, dir auf eine Art und Weise zu zeigen, dass du so geschätzt und geliebt wirst, wie du es brauchst, damit du es erkennen kannst. Das ist in einer liebevollen Beziehung normal, liebes Beutetierchen! Ein empathischer Partner muss nicht hellsichtig sein, aber er wird dich fragen, welche Sprache er sprechen muss, damit seine Liebe dich erreichen kann. Umgekehrt ist es ja das Gleiche. Säbelzahntiger sprechen nur „Ichisch" und es wäre so schön, würden sie manchmal einfach nur ihre Säbelzahnfresse halten.

Du hast bestimmt schon gemerkt, dass es einem Eiertanz gleicht, Säbelzahntigern gerecht werden zu wollen. Ich könnte dir noch unzählige Beispiele geben, aber es würde immer auf das Gleiche hinaus laufen. Falls du ähnliche Verhaltensauffälligkeiten in deinen

Beziehungen feststellst, dann weißt du, dass du ein Tigerchen vor dir hast und kannst dir überlegen, wie lange du noch Energie verschwenden willst.

Egal ob es sich um Partnerschaft, freundschaftliche oder familiäre Beziehungen handelt: Du hast die Kraft, dich davon zu lösen, denn du hattest die Kraft für deine Hingabe an dieses schwarze Loch. Vielleicht kannst du es dir nicht vorstellen, aber wenn du aufhörst zu tun und alles einmal sein lässt, dann transformiert sich deine Power in die richtige Richtung. Du wirst jeden Energieräuber aus deinem Leben eliminieren und nur noch mit Menschen zu tun haben, die dich lieben, akzeptieren und unterstützen. Das, und nur das, ist es wert, aus einer toxischen Beziehung auszusteigen und dich deinem Leben zuzuwenden. Schenke dir selbst erst einmal deine ganze Aufmerksamkeit und liebevolle Zuwendung. Nimm dir jeden Tag Dinge vor, die dir gut tun! Das kann ein Kinobesuch, ein Telefonat mit einem lieben Menschen, eine Massage, ein gutes Essen, ein Blumenstrauß, den du dir für dich selber kaufst, und vieles mehr sein. Das tut so wohl und hebt deine Stimmung.

Natürlich wird der Klappzahnträger deine Entwicklung mit Argusaugen beobachten und mit schrägen Sprüchen kommentieren, aber falls das geschieht, dann bitte ich dich, dies geflissentlich zu ignorieren.

Stell dir vor, deine Taten für dich sind die Pflastersteine für den Weg aus deiner toxischen Beziehung mit Willi oder Williné! Male dir aus, wie schön dieser Weg sein darf, und gib nicht auf, wenn der eine oder andere Pflasterstein wackelt und dich stolpern lässt! Setze einen Fuß vor den anderen und geh weiter in Richtung Freiheit und Heilung! Es wird bergauf und bergab gehen. Manchmal wird es Menschen geben, die dir Brücken bauen helfen und dich aufheben, wenn du fällst. Geh weiter und du wirst merken, wie schön dein Leben ist ohne den Energieräuber!

Der Umgang im Rudel des Säbelzahntigers – Tigerpapa, Tigermama, Tigerkind und Patchworkfamilie

Dieses Kapitel möchte ich den Verhaltensauffälligkeiten widmen, die wir im familiären Kreise des Säbelzahntigers immer wieder sehen können.

Ich möchte mit dem Tigerpapa beginnen.

Wie du sicherlich schon beobachten konntest, handelt es sich bei Säbelzahntigern um Individuen, denen es an Liebesfähigkeit mangelt. So wollen sie Kinder, um ihr Erbgut zu verbreiten, um einen Sklaven für ihre narzisstische Zufuhr zu bekommen, um ihre Großartigkeit zu klonen oder einfach, damit die Frau Ruhe gibt, willig ist, und sie ungebremsten Spaß beim Sex haben können.

Der Wunsch nach Nachwuchs hat nichts mit Liebe zum Leben zu tun, sondern dient – wie soll es anders sein – einzig und allein Tigerles Ego im Sinne von: meine Familie, mein Kind, mein Haus, mein Auto, meine Vorstellung von Ehe etc. Letztere wird niemals eine Liebesheirat sein. Sich dessen bewusst zu werden, ist für die Opfer wirk-

lich eine bittere Erfahrung. Auch nach vielen Jahren des Zusammenseins zu realisieren, dass man nie als Mensch gesehen, geschweige denn geliebt wurde, ist unerträglich traurig. Der Traummann, zu dem Frau Ja gesagt hat, war nur Fake, eine Maske, die sie zu dem Ja verleitet und letztendlich in die Falle gebracht hat. Ja, es war leider lediglich ein Traum von einem Mann.

Ein Klappzahnträger hat nur und ausschließlich seinen Vorteil im Sinn. Gleichgültig was er tut, und wenn es ein Eheversprechen ist. Gründe können beispielsweise sein, dass er einen Energieversorger offiziell sein Eigen nennen will, den Beruf seiner Angetrauten kostenlos nutzen möchte, um Kosten sparen zu können, die er sonst für die Leistung zahlen müsste, oder auch aus Prestigegründen, um nach außen hin einen Diamanten im Klappzahn präsentieren zu können. Außerdem kommt man natürlich auch billiger an Wohneigentum, wenn ein Ehepartner mit einsteigt. Hier sind die Regeln viel klarer, und im Scheidungsfall ist das Durcheinander überschaubarer als beim Erwerb einer Immobilie ohne Trauschein.

Es besteht eine gegenseitige Fürsorgepflicht – und ich betone gegenseitig! – in einer Ehe, die in Tigerehen jedoch zu 100 % beim angetrauten Beutetier liegt. Ein Säbelzahntiger kennt nur die Pflichten seiner Ehefrau und glaubt ganz fest daran, dass er selbst nur Rechte hat, da schon allein die morgendliche Erscheinung seines Astralkörpers im Badezimmer unglaublich bereichernd für den anderen ist. Natürlich sind Tätigkeiten, die in einem Haushalt normalerweise anfallen wie Müll raustragen, putzen, bügeln, einkaufen, Wäsche waschen eine enorme Leistung für ihre Majestät und eigentlich weit unter seiner Würde. Falls er sich herablässt, etwas zu tun, darf Frau die Haufen von Zacken, die ihm dabei aus der Krone gefallen sind, hinter ihm wegräumen und hat dadurch noch mehr Arbeit, als sie es ohne seine „Hilfe" gehabt hätte.

Auch wenn er nicht berufstätig ist und den ganzen Tag daheimsitzt, während die Ehefrau außer Haus in die Arbeit geht, so wird ihr nahezu täglich die Rechnung aufgestellt, wie viel er an Zeit für den Einkauf ihrer Sachen, für ihre Wäsche und für das Raustragen ihres Mülls aufgewendet hat. Dass er die gleichen Tätigkeiten als Single für sich selber auch ausüben müsste, daran ist natürlich gar nicht zu denken und sein Weniges muss täglich gelobt werden.

Bist du seine Ehefrau, liebes Beutetier, dann erlebst du sicherlich, dass er ganz selbstverständlich in deiner Freizeit eine Massage von dir braucht, betüddelt werden will, oder indirekt darauf besteht, dass du ihm täglich aus Dankbarkeit für seine unermesslich große Leistung die Füße küsst. Aber: „Er will ja nichts und erwartet auch nichts!" ... gell?! ... Dafür, dass dem so sein soll, drückt's da schon ganz schön schwer auf die Schultern der Ehegattin! Deren Nacken massiert höchstens ein Physiotherapeut. Der Tiger wird sicherlich keine Hand anlegen.

Bei einem liebevollen, empathischen Partner freust du dich, wenn du etwas für ihn tun kannst, denn du hast das Gefühl, dass es ankommt. Beim Säbelzahntiger wird es immer mehr zur lästigen Pflicht. Er wird niemals Rücksicht darauf nehmen, wenn es dir mal nicht gut geht, weil du deine Tage hast oder von deinem Job müde bist und dich in deiner Freizeit entspannen willst. Natürlich machst du daheim viele Dinge im Haushalt ganz selbstverständlich und redest gar nicht darüber, weil es normale Dinge sind, die man einfach macht und basta! Falls du jemals gedacht hast, dein Leben wird durch deinen Partner ein wenig leichter, weil zwei es sich teilen, dann wirst du in die große Enttäuschung rennen, wenn du an der Angel eines Klappzahnträgers hängst. Deine Aufgabe ist es, zu geben und da zu sein.

Für deinen Säbelzahntiger bedeutet die Tatsache, dass du das Haus verlässt, um in die Arbeit zu gehen: „Aus den Augen, aus dem Sinn!" Da er keine Bindung zu dir empfindet, bist du weg, wenn du weg bist. Dass du arbeitest und Leistung bringen musst, das kann er nicht nachvollziehen. Er ist als Säbelzahntiger nicht empathiefähig. Dessen darfst du dir bei jeglichem Unverständnis deinerseits immer bewusst sein. Du bist aus seinem Dunstkreis und er in seiner Wahrnehmung umgekehrt auch aus deinem gefallen, was ihm die Möglichkeit gibt, in Ruhe sein eigenes Ding zu machen, was er ja eh stets zu tun pflegt. Du bist für ihn erst wieder präsent, wenn du persönlich vor ihm stehst.

Er hat von seiner Kommandozentrale aus keine Vorstellung davon, dass seine Kontrollmails, sowie To-Do- oder To-Think-Listen, die er dir in die Arbeit schickt, und deren Beantwortung er dringend erwartet, von dir nicht bearbeitet werden können. Erstens, weil du von deinem Arbeitgeber nicht dafür bezahlt wirst, ständig auf deinen Tiger zu reagieren, der dich von der Arbeit abhält, und zweitens, weil du schlichtweg keine Zeit hast. Natürlich bist du ein liebevoller Mensch und quetschst deine Antworten irgendwie dazwischen, aber es stresst dich und zieht dir Energie ab. Tigerle hat für dich immer oberste Priorität zu haben, und er hat sie leider. Deswegen bist du schließlich sein Beutetierchen. Du wirst dir für Einwände von Seiten deiner

Kollegen oder des Chefs stets etwas Gutes einfallen lassen, um dein Tun zu rechtfertigen. Sei dir bewusst, du betrügst deinen Arbeitgeber, wenn du dich in der Arbeit mit privaten Dingen beschäftigst. Das ist nicht fair ihm gegenüber. Dein Tiger wird dir die heftigsten Vorwürfe machen, wenn du eine Abmahnung nach Hause bringst. Gut gemeint ist nicht gut gemacht in dieser Beziehung.

Ein verständnisvoller Partner respektiert deine Arbeit und wird dich nur bei wirklich wichtigen Dingen dabei stören. Säbelzahntiger kennen nur ihre eigenen Grenzen. Die des anderen sind für ihn unsichtbar. Pass in der Hinsicht bitte gut auf dich auf und konzentriere dich auf deinen Job! Er sichert dir deine Existenz – der Säbelzahntiger tut es normalerweise nicht.

Solltet ihr nun ein gemeinsames Kind planen, so gibt es mehrere Varianten:

Variante 1: Du hast nichts zu melden.

Er weiß alles besser und bestimmt über die Erziehung des Nachwuchses. Während der Schwangerschaft fungierst du als Container seines – wohlgemerkt – seines Nachwuchses und hast dich gefälligst nicht einzumischen oder Unpässlichkeiten zu zeigen. Er wird die Sache in die Hand nehmen, und du hast lediglich zu funktionieren. Du darfst das Kind entbinden – würde er das tun müssen, dann würde die Menschheit sicherlich rasch aussterben! Danach wird er alles bestimmen, aber selber nichts tun. ... Tigerwürde! ... Du weißt, schon! ... Sollte dich das an Kulturen erinnern, in denen das Verhalten der Familienoberhäupter durch die Sozialisation so geprägt ist, dann verstecken sich hier durchaus auch narzisstische Verhaltensmuster, die durch patriarchale Strukturen besonders gefördert werden.

Variante 2: Er lässt dich allein und du hast dich weiterhin nur und ausschließlich um ihn zu kümmern.

Das Kind ist nur eine Randerscheinung, ein windelscheißender Quälgeist, der nur nervt und ihm als freien, unabhängigen Macho die Tour vermasselt. Es ist ein kleines Wesen, das Verantwortung und Fürsorge einfordert, die der Säbelzahntiger für sich in Anspruch nimmt, obwohl er ja eigentlich schon der Meinung ist, erwachsen zu sein mit seinen emotionalen drei bis fünf Jahren. Du glaubst gar nicht, wie oft er nun auf seinen Spielplatz, sprich die Kneipe, Disco, Fußball, Freunde treffen, zu anderen Haremsdamen etc. gehen muss, um dem Szenario daheim zu entfliehen.

Du als Mama eines Neugeborenen bist ganz allein auf dich gestellt und kannst gleich mal anfangen, fühlen zu üben, wie es ist, wenn du den Klappzahnträger verlassen hast. Du schaffst das, denn es wird nur besser, weil es dann die Realität der Realität ist, und nicht mehr diese schmerzhafte, einsame Realität einer traumatisierenden Beziehungstraum(a)welt.

Variante 3: Er mimt nach außen den Superpapa und hinter verschlossenen Türen macht er gar nichts, außer seinem eigenen Ding – darin ist er echt einsame Spitze – und ist auf die Art für dich oder das Nachwuchstigerle unerreichbar.

Falls du wissen willst, dass du eine gute Mutter bist, dann musst du dich mit deinem Klapperle in der Öffentlichkeit zeigen und mit Freunden treffen. Denen schwärmt er dann von dir und dem Nachwuchs vor. Falls du ihn daheim darauf ansprichst, rennst du mit 180 Sachen gegen eine Betonwand aus Kälte und Lieblosigkeit. Seine Realität ist eine andere als deine, und die positive Wirkung nach außen hin ist wichtiger als das Wohlergehen und die Geborgenheit der Lieben daheim. Hier ist es nur schlecht, schlimm und fürchterlich für ihn. Hier siehst du den grausamen Menschen, der seine Familie als Blitzableiter der eigenen Unzufriedenheit und Unzulänglichkeit aufs Übelste missbraucht. Er meint es nicht persönlich, da er das ja nicht kann. Entschuldigen kann man das als Opfer seiner psychischen oder physischen Gewalt natürlich nicht und darf es auch nicht.

Leider hält der Wunsch, die Familie zu retten, dem Kind einen Vater zu erhalten, die Angst vor der Trennung und dem, was danach kommt, das Opfer davon ab, den Säbelzahnpapa zu verlassen. Lieber jedoch keinen Vater als so ein schreckliches Monster.

Falls du in einer ähnlichen Situation steckst, dann plane den Exit! Das Danach ist besser, als die Lage, in der du dich befindest, wenn du einen gewalttätigen Partner hast. Schütze dein Kind und dich, nicht den Täter!

Dein Klappzahnträger ist ständig eifersüchtig auf den Nachwuchs, weil der die Mama braucht und dich ihm wegnimmt – der böse Klein-Klappi, der!

Ein normal denkender Mensch kann es sich nicht vorstellen, dass ein erwachsener Mann seinem eigenen Kind gegenüber Groll hegt, weil es sein Leben zerstört allein durch sein Dasein! Weil dieses Kind Eltern und liebevolle Zuwendung braucht und plötzlich zu einer „Parallelerde“ wird, um die nun die Satelliten kreisen, die sonst nur in Tigerles Orbit herumschwirren. Das wird vom Säbelzahnträger oft als echtes Trauma erlebt ... und für das Kind ist es leider tatsächlich eines, und zwar ein sehr nachhaltiges!

Es kommt natürlich auch vor, dass das Kind funktionalisiert wird, damit der Säbelzahntiger dich manipulieren, destabilisieren und seine Macht ausspielen kann. Die Variationen der Inszenierungen sind grenzenlos.

Will er dich demütigen, dann gibt er dem Kind vor allem in deiner Gegenwart alle liebevolle Zuwendung, Streicheleinheiten und Aufmerksamkeit, die du dir für dich selbst so sehr wünschst. Die Eifersucht, die dich beschleicht, ist für eine Mutter schlimm. Das schlechte Gewissen, das dich plagt, weil du so empfindest, schwächt dich.

Wenn es dir jemals so gegangen ist, liebes Beutetier, dann bist du nicht allein. Falls du deinen Tiger darauf ansprichst, dass du seine Nähe und Zärtlichkeit vermisst, und warum er sie nur für das Kind übrig hat und nicht mehr auch für dich, dann triffst du auf Zynismus und Grausamkeit, wirst als schlechte Mutter hingestellt und mit Verachtung gestraft. Damit hast du die doppelte A-Karte gezogen und fühlst dich noch schlechter. Er hat gewonnen in seinem Kampf um Macht und um die Energie, die er aus solchen Situationen von dir abzieht, wenn er dich quält. Er hat seine eigene Eifersucht erfolgreich auf dich projiziert, damit er sich nicht mehr damit auseinandersetzen muss und dich dafür bestrafen kann. Nichts Anderes ist deine Aufgabe in dieser toxischen Beziehung: Du sollst die Gefühle erleben, die er unfähig ist zu ertragen oder auch nur zu fühlen. Das ist richtig krank, hat aber eine positive Außenwirkung seinerseits und du bist die Paranoide, die Eifersüchtige und als Mutter eine komplette Versagerin.

Will er dich irgendwann einmal „abschießen", dann hat er ja recht, so eine miserable Person zu verlassen, die unfähig ist, sein Kind angemessen zu versorgen, ihm liebevolle Zuwendung zu geben und was nicht noch alles. Er hat viel Munition für den späteren Sorgerechtsstreit, die er auch verwenden wird. Nicht um das Kind zu bekommen, sondern um dich zu manipulieren, wenn du nicht nach seiner Pfeife tanzt und ihm beispielsweise seine Vorstellungen von Terminen für seine Wochenenden mit dem Kind oder die Ferienzeiten nicht erfüllst. Da geht er schnell mal zum Jugendamt und fährt Drohkulissen nach oben. Den Mitarbeitern erzählt er glaubwürdig die „Story vom Pferd" und wird dich diskreditieren, bis du einlenkst und er bekommt, was er will.

Falls du solche Situationen kennst, dann hab den Mut, den Mund aufzumachen! Erkläre den Leuten vom Jugendamt, dass es sich um narzisstischen Missbrauch handelt, dem du und das Kind zum Opfer gefallen seid. Ihr habt das Recht auf Schutz vor weiteren Misshandlungen.

Meine Stieftochter war fünf Jahre alt, als sie mich während einer Schmuseeinheit mit ihrem Vater demonstrativ fragte: „Bist du jetzt eifersüchtig?“ Ich meinte nur: „Ja, aber das ist das Los einer Stiefmutter.“ Für seine Tochter hatte er nach außen hin immer alle Fürsorglichkeit, die er auch deutlich zur Schau stellte. Wenn sie nicht da war, dann – aus den Augen, aus dem Sinn – war von dieser Eigenschaft nichts mehr übrig. Für mich schon gleich gar nicht! Für ihn normales Säbelzahntigerverhalten und nicht böse gemeint, für mich mit der Zeit einfach nur zermürbend! Anfangs stellte ich mir oft die Frage, was ich falsch mache, dass er mich so sehr verachtet, dass von der anfänglichen Zärtlichkeit nichts mehr übrig war. Mit der Zeit wurde mir mehr und mehr bewusst, dass es nichts mit mir als Person zu tun hatte. Es lag an seiner emotionalen Behinderung. Das tat nicht weniger weh, brachte mich aber dazu, mich selber viel mehr lieb zu haben, mir selbst all das zu geben, was niemals von ihm kommen würde. Der Abstand zu ihm wurde somit immer größer und letztendlich erleichterte mir meine Liebe zu mir selbst den Exit aus der Beziehung, nachdem er immer öfter verbale und psychische Gewalt an den Tag gelegt und mich in dieser Form letztendlich misshandelt hatte.

Da ein Klappzahnträger grundsätzlich nicht fähig ist zu einer ausreichenden Produktion von Oxytocin und damit zur echten Bindung an seine Partnerin oder den Nachwuchs, so gleicht er das oft aus, indem er viel Aktion bietet. Der sogenannte Partypapa ist nie böse, lovebombt das Kind, indem er ihm alles erlaubt, ihm alles schenkt, was es will und es tun lässt, was bei Muttern verboten ist. Somit ist seine narzisstische Zufuhr durch einen weiteren Spender gesichert. Das Kind wird zum Thronfolger hochstilisiert, materiell gesättigt und verwahrlost dabei emotional komplett. Kinder merken das zwar, aber ohne Grenzen und Verbote ist der Schmerz im Herzen leichter zu ertragen, bis er irgendwann völlig betäubt ist.

Außerdem gilt es durch artige Anpassung den Status des lieben Kindes aufrecht zu erhalten, denn der kann sehr schnell kippen, sobald das Kind nicht „funktioniert“, wie der Papa das will. Dann wird beispielsweise ganz flott das Geschwisterchen auf den Thron gesetzt und aus dem Gold- ein Dreckstück. Das ist einfach nur fürchterlich grausam!

Die Kinder unterliegen im narzisstischen Zyklus der gleichen Dynamik, wie jedes andere Gegenüber. Sie haben ihren Dienst im Sinne des Säbelzahntigers zu tun und damit das Recht auf die Bildung einer eigenständigen Persönlichkeit verwirkt. Sie werden erst auf ein Podest gehoben, um dann tief zu fallen. The winner is: ... na rate mal!

Kinder, die im Prinzen- bzw. Prinzessinnenstatus gefangen sind, haben die besten Voraussetzungen für die Entwicklung eines eigenen Klappzahns. Was der Papa macht, darf die Welt später weiterhin tun: dem Nachwuchsklappzahnträger dienen, ohne dass er auch nur irgendwas – außer gelegentliches Lovebomben – tun muss. Das ist die typische Grundlage dafür, dass aus Opfern Täter werden, geschützt durch den heimischen, allmächtigen, allwissenden Säbelzahntigerpapa. Sollte das Kartenhaus aus irgendwelchen Gründen zusammenfallen, ist das für alle Beteiligten ein enormes Erdbeben. Gut, dass es immer wieder willige Opfer für Willis und die kleinen Willinchen gibt, die all das entstandene Chaos wieder aufräumen und in Ordnung bringen.

Für Säbelzahnpapas sind die Sprösslinge das verlängerte Ego. Falls der Nachwuchs entwicklungsgemäß, schulisch oder sonst irgendwie auffällt, dann sind bei negativen Trends immer andere dafür verantwortlich. Sobald das Kind kritisiert wird, einen Verweis wegen Fehlverhaltens einheimst oder einfach nur schlechte Noten schreibt, dann ist das eine persönliche Beleidigung seiner Majestät des Klappzahnträgers. Mir tun diesbezüglich so manche Erzieher und Lehrer wirklich leid, die sich ständig mit irgendwelchen Dienstanweisungen, Klagen oder sonstigem Mist von Seiten solcher Tigerpapas herumärgern müssen. In derartigen Fällen manifestiert sich die grausige Wahrheit, dass unter der narzisstischen Persönlichkeitsstörung ausschließlich das Umfeld und nicht der Betroffene leidet. Das kann mitunter über sehr lange Zeit sehr weite Kreise ziehen!

Willis Kinder dürfen niemals die Sicherheit eines liebevollen Daheims genießen lernen. Sie stehen auf wackeligem Boden, fühlen die Wahrheit und sehen eine verzerrte Realität. Der seelische Spagat, den sie dabei machen müssen, wird ihnen irgendwann die Beine auseinanderreißen. Auf der einen Seite die latente Angst vor der väterlichen psychischen oder physischen Gewalt und deren Unvorhersehbarkeit, auf der anderen Seite das Bemühen, alles dafür zu tun, um den Tiger ruhig zu halten. Das gleicht einem Eiertanz bei dem sehr, sehr viele Eier kaputt gehen werden!

Die Mutter fällt als Beschützerin ihrer Kinder meist weg, da sie in derselben Spirale gefangen ist und ihr Fokus ausschließlich auf Konfliktvermeidung liegt. Sie reagiert, ohne wirklich agieren zu können.

Diese Situation dauert so lange an, bis sie den Mechanismus erkennt und aufhört, sich und ihren Kindern diese Qual noch länger anzutun oder bis der Nachwuchs alt genug ist, um die Eltern zu verlassen.

Es kommt vor, dass die Mutter häufig von den schon älteren Kindern gefragt wird, warum sie sich nicht endlich vom Papa trennt. Die Kinder wünschen sich die Trennung, um endlich Ruhe von den Streitereien der Eltern, der missbräuchlichen Situation und der ständigen existenziellen Unsicherheit zu haben. Nach dem Exit stehen die Kinder zwischen den Stühlen und trennen sich oft von der Mutter, aus Hass, weil diese sie nicht vor den Übergriffen des Vaters geschützt hat, oder weil sie der Gewalt des gekränkten Vaters hilflos gegenüberstehen und Angst vor den Folgen eines Cuts haben. Schließlich haben sie die Unberechenbarkeit des Säbelzahnträgers von Geburt an kennen gelernt. Der narzisstische Zyklus setzt sich folglich in den Wellen der Destabilisierung lange Zeit fort, und meist erst viele Jahre später und nach vielen Sessions auf der Couch eines Therapeuten kehrt etwas Ruhe bei den Betroffenen ein.

Hier wird klar ersichtlich, wie wichtig es ist, über narzisstische Verhaltensweisen Bescheid zu wissen, diese konsequent zu entlarven, um

Opfer zu schützen, damit in den Folgegenerationen soziale Kompetenz, Friede, Glück und Gesundheit in den Familien zur Entwicklung vernünftiger Beziehungsstrukturen beitragen können.

Die Kinder eines Säbelzahnpapas werden niemals wirklich frei sein, und die Tendenz, in immer wieder ähnliche Partnerschaften mit Säbelzähnen zu geraten, ist groß. Schließlich sucht man sich die Verhältnisse, die man kennt und mit denen man vertraut ist, auch wenn diese Umstände für den Betroffenen leidvoll sind. Welche psychischen und physischen Leiden aus diesen frühkindlichen Erfahrungen entstehen, ist unermesslich. Ich sehe in meiner Praxis häufig autoimmunologische Erkrankungen, Krebs, Essstörungen, Burnout und vieles mehr. Das Kind will immer besonders gut sein und Papas Wünsche erfüllen, um von ihm gesehen zu werden, seine Nähe zu bekommen. Dieses Verhalten setzt sich dann beim Erwachsenen unbewusst fort, oft bis zur absoluten Erschöpfung.

Wird der Säbelzahnpapa alt, dann hat es die Familie wirklich schwer mit ihm. Das Kleinkind, das im Körper eines alten Menschen steckt, der ganz normalen Alterungsprozessen unterworfen ist, kann sich nun nicht mehr auf dem Spielplatz der Eitelkeiten tummeln. Der Astralkörper büßt an Schönheit und Leistungsfähigkeit ein. Diese Tatsache muss bei relativer geistiger Fitness und passablem Kontostand mit einem Harem junger Damen ausgeglichen werden, die sich komischerweise immer finden lassen. Die langjährige Partnerin wird nach 25 oder 30 Jahren Ehe einfach abgeschossen und durch ein junges Beutetier ersetzt, das seine Qualitäten frisch und unverbraucht zu schätzen weiß und ihm seine Klappzähne – meistens schon die Dritten – pflegt und auf das gute Erbe des alternden Patriarchen hoffen kann. Als außenstehender Beobachter würde man sich oft wünschen, dass hier irgendwo noch ein wenig Restwürde bleibt, bevor sich der Säbelzahntiger der absoluten Lächerlichkeit anheim gibt.

Mit Patientinnen habe ich die Erfahrung gemacht, dass sie nach dem Abschuss durch ihren Säbelzahntiger zwar zuerst völlig am Boden waren, aber nach Heilung ihrer durch die Traumata während ihrer langjährigen Ehe bedingten schweren chronischen Erkrankungen wieder in ihr Potenzial kamen und erneut voll durchstarten konnten. Es ist wie ein Wunder, wenn solche armen, geschundenen Seelen aufblühen, wie Phönix aus der Asche und noch einmal eine große, echte Liebe finden. Rosamunde Pilcher hätte das nie besser in Romane fassen können.

Falls der alte Säbelzahnpapa jedoch keine „Alternative" mehr findet, dann wird er zum absoluten Terroristen in der Familie. Intrigant, misanthropisch, aggressiv und unausstehlich wendet er sich seiner Depression zu in Richtung Demenz oder Alzheimer. Kein Wunder, denn ich habe das Gefühl, dass nicht einmal sein eigener Geist es mehr mit Willi aushält und sich deshalb heimlich still und leise vom Acker macht, weil es nur noch furchtbar mit ihm ist.

Die Gattin oder die Kinder müssen in dieser Lebensphase des alten Tigers viel aushalten. Er ist klappzahn-inkontinent und die Dinger sind nur noch ausgefahren. Das verleiht ihm nicht selten eine groteske, ja lächerliche Fratze, die es dem Außenstehenden schwerfallen lässt, dem Säbelzahntiger mit Respekt zu begegnen. Allerdings beherrscht er ja durch lebenslange Übung Aggression in Perfektion. Für pflegende Angehörige ein unerträglicher Zustand, in dem sie sich wohl des Öfteren schuldbewusst in ihrer Hilflosigkeit nach Arsen oder Rattengift sehnen, um diesem Grauen ein Ende zu bereiten. Der einzige Ausweg, der sich ihnen bietet, ist, ihn in Pflege zu geben. Aber auch hier gehört er zu denjenigen, die unter die Kategorie „schwieriger Patient" fallen.

Da ihn weder in der ambulanten noch in der Heimpflege jemand mag und er zu denjenigen gehört, zu denen man als Pflegekraft nur aus Pflicht geht, und das so selten wie möglich, vereinsamt der Säbelzahntiger immer mehr. Wenn er stirbt, dann ist es seine innere Leere, die zurückbleibt und weder Spuren noch Lücken hinterlässt, höchstens die Wunden, die er seiner Beute zugefügt hat. Deren Narben schmerzen die Hinterbliebenen mehr als der Verlust des Vaters oder Gatten. Das ist, finde ich, richtig traurig.

Aus meiner Zeit als Krankenschwester kenne ich solche Menschen zur Genüge. Es ist der Horror, wenn du weißt, dass in deinem Bereich solche Männer zu pflegen sind. Sie sind entweder sexuell übergriffig oder zwicken, schlagen und beißen. Sie machen alles mit Fleiß. Du hast keine Ahnung, woher sie die Kraft nehmen, so böse zu sein, und bist nur noch froh, dass dich dein professioneller Abstand zu ihnen vor dem seelischen Leid schützt, das die Angehörigen aushalten müssen. Diese Männer spielen oft eine Pflegekraft gegen die andere aus, damit sie noch etwas Spaß und Futter haben. Ihr Sadismus lässt sie dich loben und danach demütigen, wie halt im normalen Säbelzahnalltag üblich. Sie brüllen oder schweigen und du kannst niemals, wirklich niemals auch nur das Geringste richtig machen.

Gut, dass es da noch die lieben Patienten in der Pflege als Ausgleich gibt, wie meine Großmutter, die mit ihrem Strahlen, ihrer liebenswürdigen Güte und ihren wundervoll leuchtenden blauen Augen wie ein Magnet auf alle Pflegenden auch in ihrer Demenz wirkte und nach nur drei Monaten in der Kurzzeitpflege alle Herzen erobern konnte. Ihr Sterben hinterließ große Lücken und Spuren im Leben ihrer Hinterbliebenen und sogar der Pflegenden, die sie in der kurzen Zeit betreut hatten. Ich bin so froh, dass ich vieles von ihr in mir trage und weitergeben kann, fern jedes Narzissmus und allzeit bemüht um das Wohlergehen der anderen. Das macht mich zwar zur Beute für Säbelzahntiger, aber durch meine Entwicklung kann ich meine Fähigkeiten achten und mich gegen Klappzähnchen mittlerweile wehren.

Wenn wir nun schon einen weiblichen Übergang haben, dann möchte ich mich jetzt dem Verhalten der Säbelzahntigermama zuwenden.

Säbelzahntigerinnen ticken in den gleichen Mustern, wie ihre männlichen Pendants. Auch für sie gilt, dass jeder um sie herum für ihren Selbstwertausgleich, Bewunderung ihrer Größe, ihre Gefühle und die vollständige Befriedigung all ihrer Bedürfnisse zuständig ist. Sie ist in ihrem Verhalten nicht weniger aggressiv, jedoch beherrscht sie als Frau eher subtilere Waffen, um ihre Beute zu erlegen.

Klappzahnträgerinnen sind meist eher die bedürftigen und vermeintlich schwachen Frauen, die als schwarzes Loch auf zwei Beinen Energie aus allem und jedem ziehen. Ich glaube, Säbelzahnmamas sind die einzige Spezies, die ihre eigenen Energielieferanten Marke Eigenbau produziert.

Wenn sie einen Mann sucht, dann muss er sie von früh bis spät und nachts bei Licht bewundern, vergöttern, verwöhnen und ihr dienen mit Haut und Haar. Wo sie ist, ist das Drama und viele ihrer Art neigen zur Hysterie. Natürlich gibt es das auch bei Willis, aber Willinen haben eine Bühne und kein normales Daheim, und diese Bühne geht mit on tour, wo immer Klappine auch sein mag.

Sie neigt dazu, ihre Beute erst einmal streichelzart abzuknutschen, bevor sie sie mit ihren Klappzähnen sanft zerfleischt. Der betörte Beutemann bekommt das im Hormonrausch, gepaart mit allen bekannten Manipulations- und arteigenen Kommunikationstechniken, gar nicht mit.

Der Sex mit ihr macht ihm als Mann natürlich Spaß, weil sie alles tut, um ihn bei der Stange zu halten. Das ist geschlechterspezifisch wohl ein leichtes Spiel für sie als Frau. Er merkt nicht, dass er im Falle ihres Kinderwunsches lediglich als Sexspielzeug dient. In diesem Stadium darf er seine Wünsche äußern und sie werden erfüllt, aber sobald er seinen Samen erfolgreich gespendet hat, hat er sie nicht mehr anzufassen, außer es ist ihrer Majestät Queen Williine genehm. Allerdings hat er sie nun zufriedenzustellen. Seine Bedürfnisse dürfen sich allesamt, wie auch seine Persönlichkeit, zügig verabschieden. Häufig geht seine Potenz dann gleich mit, was ihn leiden lässt, und sie dazu veranlasst, sich nebenbei ihren männlichen Harem aufzubauen.

Der Kindsvater fungiert zukünftig als Babysitter, während sich Tigermama, weil sie ja einen Ausgleich vom harten Babyalltag braucht, im „Fitnessstudio“ oder beim „Yoga“ mit ihren Lovern amüsiert.

Natürlich unterstützt der Gatte seine Frau auch aus dem Schuldgefühl heraus, alles für sie tun zu müssen, wenn er anscheinend sonst schon zu nichts mehr zu gebrauchen ist, in allem, was sie für sich und ihre Gesundheit oder Wellness tun muss, damit sie eine gute Gattin und Mutter sein kann. Denn Druckmittel gibt es für sie reichlich und an Manipulationstechniken fehlt es ihr mit Sicherheit mitnichten. Falls der Papa mal was vorhaben sollte, außer seiner Versorgerrolle treusorgend nachzugehen, dann geht das natürlich für sie überhaupt nicht. Sofort ist da eine Unpässlichkeit, Schwäche, Erschöpfung, Krankheit – Migräne ist schon ein wahnsinnig wirksames Druckmittel – oder sonst irgendwas aus dem Hut gezaubert, was ihn zum rücksichtslosen Egoisten mutieren lässt, wenn er sie in diesem Zustand jetzt mit dem Kind allein lassen sollte. Klappzahnalarm hoch drei!

In der Zeit der Schwangerschaft ist sie die Prinzessin. Das Ultraschallbild wird stolz präsentiert und kommentiert, wie sehr der Spross mit neun Wochen im Mutterbauch schon der Mama ähnelt, egal, ob das Gegenüber es hören will oder nicht. Sind ja eh alles nur Statisten in ihrem Schauspiel.

Wenn auch sonst im Inneren einer narzisstischen Persönlichkeit nichts ist, so ist bei Willine nun immerhin ein Kind im Bauch, welches ihre Leere wenigstens für kurze Zeit ein wenig ausfüllt. Leider ist das nur körperlich, niemals seelisch der Fall. Selbst der Fötus hat nur eine Ausgleichsfunktion, denn zu liebevoller Zuwendung fehlt leider die Liebesfähigkeit.

Was die Schwangere alles mitmacht, grenzt an Selbstaufgabe. Wenn man ihren Schilderungen zuhört, dann ist sie während der Schwangerschaft und besonders bei der Entbindung sicherlich tausend Tode gestorben. Gewöhnliche Katzen haben nur sieben Leben, Säbelzahntigerinnen sind anscheinend mit unendlich vielen gesegnet.

Das Kind muss auf ewig dafür dankbar sein, dass ihm die Mutter das Leben geschenkt hat. Es wird bei so manchem Geburtstag daran erinnert, dass es ja eigentlich der Mutter Geschenke machen sollte, weil sie so viel ertragen musste und gelitten hat, damit der Nachwuchs nun am Leben sein darf. Wahrscheinlich war das Kind auch für den Ruin des einst so schönen Körpers und natürlich auch der Karrierechancen verantwortlich. Ja, es ist schon ein unmenschliches, unermesslich hartes Los, Mutter zu sein und sich für sein Kind bis an den Rand der Erschöpfung aufzuopfern. Der eigenen Welt, den eigenen Bedürfnissen in grenzenlosem Altruismus völlig zu entsagen ... Falls dir, liebes Beutetierchen, gerade beim Lesen dieser Worte ein Kloß im Hals aufsteigt und dir das K... kommt ... pfui, schäm‘ dich! Es geht hier um Leben und Tod einer Säbelzahntigerin, und das ist wohlgemerkt ihre Realität. Für sie ist es so, und sie meint das wirklich ernst, denn sie weiß nicht, dass sie Klappzähne trägt und dadurch anders ist als andere. Für sie ist alles real und normal. Die anderen ticken für sie nicht richtig.

Erinnere dich: Säbelzahntiger sind die Geisterfahrer, die glauben, dass die anderen in der falschen Richtung unterwegs sind. Das ist wirklich sehr belastend für sie ... also die Säbelzahnträger, meine ich.

Das gleiche Schuldgefühl, welches den Vater zum Hausdeppen macht, lässt das Kind zum Dienenden werden. Das Gefühl der Unzulänglichkeit, die niemals jemanden etwas Anständiges zuwege bringen lässt, was die Frau und Mutter annähernd zufriedenstellen kann, wird zum treuen Begleiter. Willine schafft sich so den Thron, den Kommandosessel, von dem aus sie über ihre Familie regiert. Sie lässt die Puppen tanzen.

Wie vorher schon erwähnt, ist der Beutepartner spätestens nach der Geburt der Kinder abgeschrieben und nur noch Statist im Schauspiel der Säbelzahntigerin. Diese ist, um ihre innere Leere auszufüllen und ihre Grandiosität als Mutter zur Schau tragen zu können, nur noch mit (V)erziehung des Nachwuchses beschäftigt. Dieser soll all das haben, was sie nicht hat oder hatte. Da werden Bücher gewälzt, Foren und YouTube Videos durchforstet und nach Plan meist konsequent inkonsequent planlos am Kind herumgedoktert, dass es für Erzieher und Lehrer eine wahre Freude ist. Wer am allermeisten zu kurz kommt, ist das Mausi selber. Es ist die Puppe, das Spielzeug ihrer Majestät, das an- und ausgezogen wird und eine perfekte Performance zu liefern hat, und zwar möglichst schon in der Still- oder Krabbelgruppe.

Und wehe, wenn der Nachwuchs nicht optimal in den Augen eines Säbelzhahntigerweibchens funktioniert, Schwierigkeiten im Kindergarten oder in der Schule hat, dann gibt es gehörigen Klappzahnalarm!

Schuld sind nur und alleine die anderen Kinder, Erzieher, Lehrer, etc. aber bitteschön niemals das Kind selbst. Sollte der Sprössling eher zu den tiefbegabten Wesen gehören, dann darf er natürlich niemals eine Fördereinrichtung besuchen oder sonst eine Unterstützung erhalten, außer natürlich diejenige durch renommierte Nachhilfelehrer. Anders wäre eine Unzulänglichkeit des Kindes ja nicht auszuhalten und eine enorme Kränkung für die Säbelzahntigerin, die doch so bemüht ist um ihr Kind und sich mit Klappzähnen und Klauen gegen jede noch so geringe Kritik wehrt. Die von Rechts wegen positiv gehaltenen Zeugnisse werden entweder nicht verstanden oder falsch interpretiert, damit der Nachwuchs vor der Mama und anderen nur ja gut weg kommt. Da gibt's bei so manch Außenstehendem Nackenschmerzen vom Kopfschütteln und Schwierigkeiten mit dem Respekt vor solchen Müttern und ihrem geradezu würdelosen, peinlichen Verhalten.

Ich erinnere mich da gerade an ein typisches Beispiel aus meiner Praxis. Mitten in der Nacht rief mich die Mutter eines siebenmonatigen Säuglings an: „Frau Hasslbauer, mein Kind funktioniert nicht. Es zahnt! Ich muss morgen in die Arbeit und da kann ich das Geschrei nicht brauchen! Ich will meine Ruhe. Machen Sie, dass es still ist!"

Das Kind litt eigentlich unter starken Hautausschlägen. Die Mutter ging wenige Wochen nach der Geburt wieder ihrer Arbeit nach, weil sie sich selbst verwirklichen wollte. Das Kind gab sie derweilen zu einer Tagesmutter. Der Ehemann war im gehobenen Management tätig, und sie hätte es sich leisten können, bei ihrem Kind zu sein und die Zeit mit ihm zu verbringen. Ich war völlig von der Rolle – nicht nur, weil es ein Uhr nachts war – und sagte ihr, dass ihr Kind sehr wohl gesund reagiere und einfach Zahnweh hätte. Die Entwicklungsschritte im Leben ihres Kindes würden sich nicht nach ihren Arbeitszeiten oder ihrem Wunsch nach Selbstverwirklichung richten. Ich verordnete dem Kleinen ein homöopathisches Mittel, konnte jedoch meinen Mund nicht halten und musste meiner Meinung Luft machen. Die Frau hat sich nicht mehr gemeldet. Das Kind tut mir heute noch leid!

Andere Mütter müssen arbeiten, weil das Geld hinten und vorne nicht reicht und ertragen solche Entwicklungsschübe mit ihrem Nachwuchs. Sie gehen mit rot geränderten Augen ihrer Arbeit nach und jammern, wenn überhaupt, nur ganz wenig, und dann mit einem großen Schuldgefühl sich selbst und dem Kind gegenüber. Solche Mütter sind in meinen Augen Heldinnen. Sie sind meist allein erziehend, selbst häufig Opfer narzisstischen Missbrauchs und völlig auf sich allein gestellt. Wenn sie in meiner Praxis landen, weil sie sich für ihr Kind eine alternative Behandlung wünschen und sich dafür wirklich Geld vom Mund absparen, dann sind sie es, die unglaublich gut mitarbeiten, die mich als Helferin zur Selbsthilfe betrachten, was ich auch bin. Die Kinder reifen zu sehen im Laufe der Jahre, zu beobachten, wie sie sich zu tollen Jungs und Mädels entwickeln, ist mir immer eine große Ehre und Freude. Das ist Lebenspflege vom Feinsten, und genau das ist mein Warum im Leben.

Bei Säbelzahntigerinnen schaut das leider etwas anders aus. Sie sind in der Regel unbelehrbar und ihre Dummheit macht nicht nur mir als Heilpraktikerin, sondern auch den behandelnden Ärzten das Leben schwer. Letztendlich geht es um das Kind, das aber durch die Mauer, die die Mutter um es baut, für keinen Therapeuten erreichbar ist. Jegliche Therapie wird torpediert, weil Madame es besser weiß. Ich möchte an dieser Stelle betonen, dass diese Verhaltensweise natürlich auch für ihre männlichen Artgenossen gilt!

Jeder, der mit Kindern von Säbelzahntigerweibchen zu tun hat, muss sich darüber im Klaren sein, dass sie stets bestens informiert zu sein glaubt. Ihr Halbwissen hat sie aus dem Internet oder aus Büchern und jeder andere, der seinen Beruf gelernt hat, ist in ihren Augen natürlich ein inkompetenter Vollidiot, außer er geht devot auf alle ihre Wünsche ein. Damit hat er dann einen Sockel verdient, auf dem er stehen kann und vergöttert wird, bis er eine klitzekleine Bemerkung macht, von der sie sich gekränkt fühlt – und da braucht es ja wirklich nur ganz wenig – dann gnade ihm Gott! Der ehemals Hochgelobte fällt für sie dann in den Orkus und wird vor allem und jedem schlecht gemacht. Man hat ihrem Willen zu gehorchen. Alles andere wird bestraft, und in Zeiten von sozialen Medien wird mit vernichtenden Kritiken böse rezensiert. Rache ist für eine Klappzahnträgerin sehr süß!

Eine Mutter zu haben, für die man stets beste Ergebnisse liefern muss und trotzdem niemals gut genug ist, stellt für die Kinder eine enorme Belastung dar. Nur durch Leistung, und nicht einmal dann, für liebens- oder lobenswert gehalten zu werden, ist für die Entwicklung einer gesunden Persönlichkeit unmöglich. Erst später werden diese Kinder durch ihre eigenen Krankheiten – meist autoaggressiver Art – gezwungen, sich diese fürchterlichen Verletzungen anzusehen und lernen müssen, Selbstliebe in ihr Gefühlsleben zu integrieren, damit sie frei ihr wundervolles Potenzial entfalten können. Ein Bruch mit der Mutter ist dann erst einmal sehr wichtig, um auf den eigenen Beinen stehen zu können. All die verlorene Energie darf langsam wieder aufgebaut und im eigenen Leben integriert werden. Das Vertrauen in die eigene Kraft zu entwickeln, ist ein lohnender, wenn auch mühsamer Weg! Ich freue mich jedes Mal, wenn während meiner Begleitung auf dem harten Asphalt dieses schweren Weges Blumen zu wachsen beginnen, welche für die verletzten Seelen in ihrer heilen und eigenen

Welt zukünftig blühen werden. Ja, es mag kitschig klingen, aber wenn du mal so etwas begleitet hast, dann entdeckst du die Schönheit des Seins, das in jeder noch so verzagten, kranken Seele schlummert und darauf wartet, erlöst zu werden, wie Dornröschen durch den Kuss des Prinzen. Das ist soooo schön! Da fließen in meiner Praxis nicht nur die Tränen meiner Patienten, sondern auch meine vor Überwältigung und Dankbarkeit.

Eine meiner lieben Patientinnen bekam Leukämie. Sie war schon länger bei mir und durch die Entwicklung ihres ganzheitlichen Verständnisses konnte sie ihr Leben verändern. Es gelang ihr nicht, den Kontakt zur Mutter zu unterbrechen, weil sie sehr nah bei den Eltern lebt, aber sie konnte sich innerlich gut abgrenzen und ihr Verhalten ändern. Ihr restliches Umfeld entwickelte sich nach dem schrecklichen Suizid ihres Säbelzahntigerehemannes wundervoll zu ihrer heilsamen Basis. Selbst beruflich änderte sich einiges, was nach etwa drei Jahren mit nur geringer Chemotherapie, viel Homöopathie, Shiatsu und Disziplin in der Lebenshygiene zu enormer Verbesserung ihrer Gesundheit führte. Für den Onkologen eher Spontanremission, für die Patientin und mich eine Folge von Erkenntnis und harter Arbeit. Ich glaube manchmal, dass Stahl, Strahl und Chemo einfacher erscheinen als die Qual, die man erlebt, wenn man sich seinem Leben stellt. Der Lohn ist allerdings völlige Bewusstheit und Gesundheit. Da gehe ich als Therapeutin auf die Knie und bin nur noch freudig dankbar, das erleben zu dürfen, wenn die Kraft des Lebens erkannt wird, sich durchsetzt und blüht, sobald man den Garten in dessen Willen sorgsam hegt und pflegt!

Eine andere Variante bei Säbelzahntigermüttern ist die der ständigen Bedürftigkeit.

Da Drogenmissbrauch bei Willis und Willinen ein häufig auftretendes Phänomen ist, muss das Kind sich oft mit dem berauschten Elternteil herumplagen. Entweder es leidet unter der Aggressivität oder der Katerschwäche des drogenabhängigen Elternteils. Schon sehr früh wird dem Kind damit eine unendlich große Bürde auf die kleinen Schultern gelegt und der Kindheit ein Ende gesetzt. Wenn mehrere Geschwister da sind, so kümmert sich das älteste Kind um die jüngeren, auch wenn es selbst erst sechs Jahre alt ist. Das Verantwortungsbewusstsein ist enorm und führt oft später zu Zwanghaftigkeit in Bezug auf Ordnung oder Kontrolle über sich selbst und/oder andere Menschen. Hier sitzt häufig der Ursprung eines Helfersyndroms, denn Helfen haben diese Menschen von der Pike auf gelernt. Jedoch ist das Fatale daran die Tatsache, dass sie ihren Selbstwert nur über das Helfen beziehen. Das ist alles andere als gesund, denn wenn ihre Hilfe nicht gebraucht, nicht genug gewürdigt wird oder letztlich nicht in ihrem Sinne beim anderen ankommt, fühlen sie sich nicht liebenswert und fallen in Depressionen oder werden aus dem Gefühl der Hilflosigkeit heraus aggressiv. Die Enttäuschungswut richtet sich dann meist gegen den hilflosen Helfer selbst, der entweder zu eigenen Suchtmitteln greift oder Dinge tut, die ihm wissentlich schaden. Essstörungen, Ritzen, Sportsucht und ständig die Grenzen des Möglichen austesten oder Ähnliches gehört zu den Kompensationsmechanismen, die den Schmerz stillen und über das Gefühl der Unzulänglichkeit hinwegtrösten sollen.

Ich hatte eine Patientin mit extremem Ordnungszwang. Sie fand keinerlei Ruhe, bevor sie nicht alles penibel gereinigt hatte. Das war wirklich sehr schlimm, auch für ihr Umfeld. Sie konnte nicht einmal mehr aus dem Haus gehen, weil sie sich von all dem Dreck bedroht fühlte, da sie ja nicht alles wegräumen konnte. Die Geschichte lag darin begründet, dass sie schon früh, sobald sie aus der Schule nach Hause kam, die Exkremente und das Erbrochene ihrer alkoholkranken Mutter aufputzen musste. Diese lag im Bett und jammerte stets, ließ aber an ihrer Tochter kein gutes Haar und demütigte sie, wo sie nur konnte. Der Vater war als Beutetier mit Geldverdienen und Schadensbegrenzung als Coabhängiger voll beschäftigt mit seiner Klappzahnträgerin. Auch die Tochter hatte sich ganz in den Dienst der Mama zu stellen. Sie sollte dafür sorgen, dass es ihr gut geht und sie ihre Krankheit überlebt, denn in ihren eigenen Augen war sie keine Alkoholikerin.

Sie brauchte ihre Medizin, um gesund zu werden und um die Qual des Mutterseins ertragen zu können. Nur wenn das Mädchen alles perfekt machte, was selten vorkam, denn die Regeln änderten sich täglich und unvorhersehbar, dann wurde es in den Arm genommen und gehätschelt, war das bravste, liebste Wesen auf der ganzen Welt. Das Leid, das Trauma, welches diese junge Patientin durch diesen narzisstischen Missbrauch erfahren musste, ist unermesslich grausam, kommt aber leider häufiger vor als Otto Normalbürger sich das vorstellen kann. Homöopathie und Hypnosetherapie konnten ihr Gott sei Dank helfen.

Liebes Beutetier, falls du dich angesprochen fühlst und auch nur im Geringsten solche ähnlichen Erfahrungen gemacht hast, dann suche dir einen Therapeuten, der sich mit narzisstischem Missbrauch und Traumatologie auskennt! Du darfst dich von diesen Verletzungen befreien und dich von dieser im tiefen Unbewussten vergrabenen Fremdsteuerung verabschieden. Falls du es irgendwo in deinem Umfeld beobachtest, dann wünsche ich dir die Courage, den Mund aufzumachen, um das Kind zu schützen, das so etwas erleben muss! Dass du dich damit unbeliebt machst, ist völlig klar, aber so ist das eben, wenn man gegen Säbelzahntiger und dessen weibliche Artgenossen vorgeht. Hab den Mut und tu es nicht nur für diese, sondern auch für die nächsten Generationen! Es ist deine menschliche, soziale Verantwortung!

Wenn eine Säbelzahntigerin älter wird, dann hat es die Familie mit ihr nicht leicht. Genauso wie ihr männlicher Artgenosse wird sie nicht akzeptieren, dass ihr Körper altert. Da wird dann alles Mögliche an Sinn und Unsinn unternommen, um die äußere Fassade, um diese innere Leere aufzuhübschen. Der Gang ins Fitnessstudio, zur Kosmetik, zum plastischen Chirurgen und der Griff zu Medikamenten, Nahrungsergänzungsmitteln und Drogen werden zur Routine. Wenn alles das nicht in der Form hilft, wie Madame Säbelzahntiger sich das vorstellt, dann wird sie klappzahninkontinent. Die Stimmung wird absolut instabil bis jammerig, depressiv und nervtötend! Für die Angehörigen heißt es fortan nur noch in Deckung gehen zu müssen, um den scharfen Zähnen zu entkommen, die bald nichts mehr anderes können, als jeden zu beißen, der Tigermamas Weg kreuzt und ihren Frust abbekommt.

Da sie durch ihr Verhalten im Grunde jeden vergrault, ist ein oft gehörter Spruch mit entsetzlich leidendem Unterton: „Du kommst ja gar nicht mehr! Ich habe so viel getan für euch alle und nun bin ich so allein! Na ja, du bist ja so beschäftigt und dafür habe ich Verständnis! Ich erwarte ja nichts, bin zufrieden und schaffe ja alles sicher allein." Dies hören die Angehörigen, obwohl sie jeden Tag pflichtbewusst bei der alten Säbelzahnträgerin vorbeischauen, um ihr eigenes Schuldgefühl durch diese ständige emotionale Manipulationsleier auszugleichen. Die Alte schafft es vortrefflich, kleine Homunculi ins Hirn ihrer Kinder oder des Gatten zu pflanzen, die ständig diese oder ähnliche Sätze vor sich hin quasseln und das schlechte Gewissen fleißig nähren. Oft brabbeln sie nach dem Tod der Säbelzahntigerin noch weiter und hindern die Hinterbliebenen daran, endlich ein eigenes, leichtes Leben zu führen. Die quälende Manipulation hat dann in memoriam Madame Willine ein Eigenleben im Opfer entwickelt.

Wie Willi ist auch in Altenheimen eine Willine eher der unliebsame Gast, der viel inneren Abstand vom Pflegepersonal fordert. Diese grausamen, alten, ausgedienten Bioroboter machen wirklich jedem das Leben zur Hölle. Das ist traurig, aber leider wahr. Bis zu ihrem Ableben, und wie ich manchmal glaube, sogar weit darüber hinaus, muss jeder sein Augenmerk auf Willine und ihre Bedürfnisse richten. Grusig! Nur diejenigen, die sie blenden konnte mit ihrem Getue, sind betroffen über ihren Tod. Die Angehörigen und das Pflegepersonal ihres Misstrauens können jetzt eher erleichtert aufatmen und sich mit Willines strafendem letzten Willen herumärgern. Denn wenn sie schon unglücklich gelebt hat und nun sterben hat müssen, dann gönnt sie sich aus dem Jenseits noch die Freude, dass die undankbaren, lieblosen, schrecklichen Hinterbliebenen, die niemals auch nur im Geringsten zu schätzen wussten, welch liebreizende, fürsorgliche und aufopferungsvolle Frau sie die Gnade hatten erleben zu dürfen, nun mit aller Härte und Boshaftigkeit bestraft werden. Jawohl!

Ansonsten würden sie gar keine Spuren hinterlassen. Keiner würde sie vermissen. Wo sie nun nicht mehr sind, existiert keine Lücke. Das ist für mich als empathischer Mensch unvorstellbar traurig, denn im Grunde leiden sie ja selbst in und unter dieser Leere. Allerdings entschuldigt das nicht ihr unmenschliches Verhalten. Denk bitte daran, falls du ein solches Exemplar als Mama hast, sobald dich dein schlechtes Gewissen beschleicht: Schick es einfach weg, es ist absolut nicht nötig!

Leider hinterlassen Säbelzahntiger und ihre weiblichen Artgenossen ihre Spuren über Generationen hinweg. In der Homöopathie nennen wir das Miasmen und in diesem Jahrhundert fällt das unter die Rubrik epigenetische Veränderung. Dabei kann es dann schon mal passieren, dass ein kleiner Säbelzahntiger das Licht der Welt erblickt, obwohl beide Eltern eher Beutetiere sind. Das erinnert mich gerade an die Mendelsche Vererbungslehre mit den wuscheligen und glatten Meerschweinchen. Blöder Vergleich, aber irgendwie geht es in die Richtung.

Diese Kinder purzeln aus Mamas Bauch und fangen schon an zu saugen. Nicht nur am Busen, sondern auch an den Energiequellen der Eltern. Sie sind oft schon ab der Geburt Schreihälse, die sich gegen jede Form der Erziehung wehren. Natürlich gibt es auch andere Kinder, die sich bis zum Schulalter genauso verhalten, aber danach wächst sich das aus und sie entwickeln sich zu „normalen“ Menschen heran. Bei Säbelzahntigerkids ist das anders. Sie tun, was sie wollen, wann sie wollen und wie sie es wollen. Sie sind unbelehrbar und kalt berechnend. Schon früh beherrschen sie die Manipulationstechniken ihrer Spezies mit Bravour. Sie können so lieb sein, wenn sie etwas vom anderen brauchen, aber dann auch hoch intrigant und brutal.

Ich betreute ein siebenjähriges Kind in meiner Praxis. Der Bub war äußerst brutal und kalt, was für die Eltern, die noch ein weiteres, jüngeres Kind hatten, fürchterlich war. Keinerlei Maßnahmen bei Psychologen oder Erziehungshilfen fruchteten. Der Bub war völlig unberechenbar. Er schlug einfach drauflos, wenn ihm danach war, und ging auch die eigenen Eltern an, die sich nicht gegen ihren Knilch wehren konnten. Das ist unvorstellbar, und welche Eltern wollen schon zugeben, dass sie so ein Monster daheim haben. Da wird lange hinter verschlossenen Türen gelitten, nicht nur seelisch, sondern auch körperlich.

Als ich der Mutter das Verhalten im narzisstischen Zyklus erklärte, der bei Kindern genauso abläuft wie bei erwachsenen Säbelzahnträgern, erkannte sie, wen sie vor sich hatte.

Leider ist das Thema Narzissmus in Therapeutenkreisen noch viel zu wenig angekommen. Gerade bei Kindern wird er nicht gesehen, da er im Kindergartenalter normal ist und später häufig einfach nur entschuldigt wird. Was diese Kinder jedoch anrichten können und welchen Schaden sie hinterlassen, ist unvorstellbar. Die einen prügeln und mobben, die anderen benehmen sich bereits in der Grundschule wie Mafiosi und lassen andere für sich die Drecksarbeit machen, erpressen Schutzgeld, schlägern, stehlen etc., ohne dass man ihrer Herr werden könnte. Wohlgemerkt bereits in der Grundschule! Genderneutral!

Bei meinem kleinen Patienten erklärte ich der Mutter, wie sie sich ihrem Kind gegenüber verhalten sollte. Sie war geschockt und erleichtert zugleich, denn sie wusste nun, was sie und ihr Mann tun konnten, um ihr Kind wenigstens irgendwie sozialtauglich zu erziehen und seine Muster zu verstehen, jedoch ohne sie zu entschuldigen. In Zusammenarbeit mit dem gesamten Umfeld und mit Homöopathie konnte ich der Familie gut helfen. Der Bub hat mit seiner Grausamkeit aufgehört und wurde recht friedlich. Ein Kuschelkätzchen wird aus ihm nie werden, aber er hat beispielsweise gelernt, dass es anderen genauso weh tut, wenn man sie haut, wie umgekehrt, dass es blöd ist, wenn einem Dinge geklaut werden oder man übel verleumdet wird. Es war ein mühsamer, aber lohnender Weg. Der Junge weiß um sein Verhalten und hat sich einmal beim Frühstück entschieden, es nicht mehr zu mögen. Es war ihm selber lästig geworden. Die Erleuchtung eines Kindes? Vielleicht! Auf jeden Fall für alle wirklich heilsam.

Durch meine Erfahrung als Therapeutin kann ich sagen, dass bei Kindern und Jugendlichen die Klappzähne durchaus noch gezogen werden können. Das ist schön, sowohl für sie selbst als auch für ihr soziales Umfeld. Das Wichtigste ist, ihnen das Fühlen beizubringen und dem Heranwachsenden sehr viel Geduld und Zeit dafür zu geben.

Ein Patient, den ich mit 14 Jahren wegen Depressionen zur Behandlung bekommen hatte, und das in einer Zeit, als ich mit dem Thema Narzissmus nicht so bewandert war, sagte immer wieder: „Ich kann nicht fühlen, ich weiß nicht, wie das geht! Ich bin Logiker!" Das ist übrigens ein oft gehörter Spruch bei Säbelzahntigern. Er fing mit meditationsgestützter Therapie an und dazu Homöopathie. Er lernte ein Gefühl nach dem anderen kennen. Das war für ihn oft schrecklich, weil er anfangs unter der inneren Leere sehr litt, die er immer mehr erkannte. Hilflos fragte er mich einmal: „Warum ist da nichts in mir drin, wenn ich an mein Herz denke?" Ich antwortete nur: „Sei froh über diese Leere, da ist jetzt viel Raum zum Füllen da!" Als Logiker forschte er fleißig, denn er konnte sich das nicht vorstellen, dass da nicht genauso Gefühle in ihm sein sollten, wie in anderen Menschen auch. Ja, er fühlte manchmal so etwas wie Freude oder Genugtuung, meistens aber Hass und Neid. Im wahrsten Sinne des Wortes setzte er sich täglich mit sich auseinander, was ihm anfangs sehr schwer fiel. „Ich kann mich nicht aushalten, nicht mal zehn Minuten, manchmal nicht mal zwei! Wie sollen es dann andere mit mir aushalten?" Welche Erkenntnis für einen Jungen seines Alters! Er hat sein Verhalten geändert, so dass er sowohl sich als auch andere „gut-sein-lassen" konnte. Aus ihm ist nun ein toller Mann geworden und ich freue mich über sein normales Leben in einer guten Beziehung ... und werde mir gerade meines Alters bewusst und der vielen Jahre, die ich jetzt schon Leben pflege ...

Natürlich gibt es auch bei Kindern die verletzten Seelen, die mangels liebevoller Zuwendung durch die Eltern oder durch Überbehütung die Klappzähne als Überlebenswerkzeug anlegen und deren Gebrauch lernen.

Diese Kinder schreien ständig mehr oder weniger laut: „Seht mich an! Ich bin da!“ Das machen sie entweder durch liebes oder aggressives Verhalten und mit viel Manipulation. Ja, es gibt hier nur schwarz und weiß. Sie wollen als Willis und Willines ihre Größenphantasien ausleben und nerven bis zum Exzess.

Diese Kinder können sich super gut in Szene setzen und tun es auch. Da weiß der kleine junge Mann schon sehr früh, dass er sein Gegenüber nur mit seinem charmanten Augenaufschlag anschauen muss, und er bekommt, was er will, denn diesem Blick kann man nichts verwehren. Auch bei den Mädchen geht es schon früh um den Erhalt des Prinzessinnenstatus, der nicht nur im Spiel, sondern im Alltag gepflegt werden muss. Sie fordern von allen, bedient zu werden und auf ihrem Thron im Mittelpunkt jeder Szene, ob Schule, Familien- oder Freundeskreis zu stehen. Wenn ihnen dabei jemand die Show stiehlt, dann ertönt der Klappzahnalarm und es wird für die Opfer schrecklich. Diese Willis und Willinen sind häufig die Verursacher von Cybermobbing, und es ist wirklich gefährlich, was auf diese Weise mit Kindern und Jugendlichen passiert, die sich nicht wehren können und unermesslich bis ins Erwachsenenalter darunter leiden.

Bei heranwachsenden Klapperlen weiblicher Art ist das Verhalten oft sehr affektiert und oberflächlich, ja hysterisch. Sie sind die Stars auf ihrer Bühne des Lebens und alle anderen haben als Statisten und Publikum zu fungieren. Gerade durch Smartphone und soziale Medien bieten sich die besten Settings, um sich in Szene setzen zu können. Alles wird zu jeder Zeit mit der Kamera festgehalten und gepostet, egal ob es die anderen interessiert oder nicht. Oft haben sie leider als Influencer viel zu großen Einfluss auf diejenigen, die sie bewundern und nachahmen wollen. Das nimmt seit ein paar Jahren wirklich starke Ausmaße an, deren Folgen auf das Verhalten der Follower noch gar nicht absehbar sind. Gerade hier tummeln sich bis auf sehr wenige Ausnahmen entsetzlich viele Säbelzahntiger und deren junge weibliche Artgenossen.

Die Eltern werden zu Melkkühen, denn für sie ist es unsagbar schwer, dem Generve durch die Säbelzahntigerkids nicht nachzugeben. Da muss dann ständig das Neueste ran geschafft werden und findet doch niemals wirklich Anklang, denn schließlich steht den Prinzen und Prinzessinnen alles zu jeder Zeit in jeder Form zu. Da reicht es nicht, das eigene Zimmer mit dem größtmöglichen Flachbildfernseher zu haben, nein, es muss dann die neueste Technik und die bitteschön vom Feinsten sein. Kleidung selbstverständlich nur in Markenqualität! Jeden Tag wird der rote Teppich ausgerollt und Prinz oder Prinzesschen hofiert bis zum Exzess. Dass es sowohl den Kindern als auch dem gesamten Umfeld schadet, was die Eltern oder häufig auch die Großeltern hier praktizieren, ist denen nicht bewusst, und wenn du in der Therapie gerade das zum Ausdruck bringst, dann beißt du erst einmal auf Granit und darfst damit rechnen, dass die Eltern die Behandlung abbrechen. Wenn sie jedoch kooperieren, dann kann sich so einiges im Familiensystem ändern und wundervoll Heilsames geschehen.

Wenn es nicht so geht, wie Tigerle das will, dann werden sämtliche Treatments ausgepackt: Schweigen, hochgradige Respektlosigkeit und Demütigung der aufopferungsvollen Eltern, Stehlen, Übergriffigkeit, Überschreiten jeglicher Grenzen, Manipulation, eifersüchtig machen, andere Verwandte wie Großeltern und Freunde ins Spiel bringen und so weiter und so fort. Sie selbst werden freiwillig niemals auch nur ein Pfötchen rühren, um zu etwas zu kommen. Das Taschengeld wird gehortet und gebunkert, denn schließlich steht Klappzahnträgern alles zu und zwar kostenlos. Sollten die eigenen materiellen Ressourcen zu wenig werden, dann nervt ihr Gemaunze genauso wie das nächtliche Miauen streunender Kater. Sollte der Katzenjammer jedoch nichts bringen, dann wird einfach gehandelt nach dem Motto: Was dir gehört, gehört mir, und was mir gehört, das geht dich nichts an. Da wird somit einfach geklaut oder beim Geschwisterkind auf Nimmer-Wiedersehen „ausgeliehen". Falls es etwas sagt, dann soll es sich mal nicht so anstellen. Ist doch normal unter Geschwistern oder in der Familie, dass man dem anderen gibt ... Aber nur nach Tigerles Regeln, gell! Da wird mit zweierlei Maß gemessen!

Falls du dich beim Lesen fragst, warum Eltern das zulassen? Die Antwort ist ganz einfach: Sie sind selbst im Beutemodus und kommen da nicht raus, denn das hieße sich gegen ihr Kind zu stellen und knallhart Position zu beziehen, Grenzen zu setzen und den Konflikt auszuhalten, dass ihr Kind sie nicht leiden kann und, falls es zu gewalttätigen Auseinandersetzungen kommen sollte, auch mal Polizei und Jugendamt einschalten zu müssen. Wer als Vater oder Mutter will sich diese Hilflosigkeit eingestehen und diese innerfamiliäre Gewalt, der sie nicht Herr werden, nach außen tragen?

Ich behandelte einen Jungen, der mit dreizehn Jahren mit dem Messer auf seine Mutter losgegangen war und dann aber auch mit Suizid gedroht hatte, sobald sie seinen Forderungen nicht nachgekommen war. Er war ein Scheidungskind, und der reiche Säbelzahntigerpapa hat die Mutter mitsamt dem Kind am langen Arm verhungern lassen. Der Nachwuchsklappzahnträger fiel aus dem Prinzenquartier in die Mittelschicht und kam mit den dortigen Verhältnissen nicht zurecht. Das Schuldgefühl ließ die Mutter lange stillhalten und keiner in ihrem Umfeld glaubte ihr, dass sowohl ihr erfolgreicher, netter Exmann, als auch der liebe Sohn sie misshandelten. Sie hatte das Sorgerecht und litt wirklich sehr. Das Umfeld sah immer nur den tollen Ex und das arme Kind. Erst als die Situation publikumswirksam vor großer Kulisse entgleiste, hat sich die Lage geändert. Dem Jungen konnte ich nicht helfen, da er völlig uneinsichtig in seiner Borderlinestörung gefangen war, wie es diese Sorte Säbelzahntiger halt oft in ihrer ganz eigenen Realität sind.

Die Mutter wurde durch die Therapie stabiler und sie konnte anfangen, sich zu wehren. Ein Happy-End gibt es in dieser Geschichte jedoch leider bislang nicht, denn die Mama hat wieder einen Säbelzahntiger als Partner, und der Sohn lebt als Erwachsener immer noch im Hause der Mutter und tyrannisiert seine Umgebung mit seinen Klappzähnen.

Zu Behandlungsbeginn war ich leider noch nicht so sehr mit Säbelzahntigern vertraut und würde heute als Therapeutin wohl einiges anders machen als damals. Jedoch solche Geschichten hilflos verfolgen zu müssen und den Patienten nicht völlig gesunden zu sehen, sondern immer wieder lediglich Verletzungen zu „verbinden", ist für mich sehr bedauerlich.

Die Frau sieht mittlerweile nach etwa fünf Jahren ihre Beuterolle im Spiel mit ihren heimischen Willis, da ich ihr nun mehr über Säbelzahntiger und ihr Verhalten erzählen konnte. Aber sie hält es schlichtweg nicht für möglich, aus der Nummer raus zu kommen, weil sie Angst vor dem Alleinsein hat, dass es ihr nach der Trennung schlechter gehen könnte, dass sie es wieder nicht geschafft hat, eine intakte Beziehung zu führen und finanziell wieder nicht mehr über die Runden zu kommen. Ich bin mir jedoch sicher, dass sie es eines Tages schaffen wird und habe einfach Geduld. Zumindest werde ich da sein, um alles zu tun, um sie durch den Exit aus der Beziehung und danach weiter zu begleiten. Sie hat so ein wundervolles Potenzial, das leider brachliegt, weil sie nur reagiert und keinen eigenen Raum findet, um frei ihr Leben zu leben.

Die Zeit und die Lebenskraft arbeiten für den, der erkennt, was sein Weg ist, auch wenn die Entscheidung dafür noch aussteht. Manchmal habe ich das Gefühl, dass uns dann alles, was wir zu erledigen haben, so oft aufs Tablett gelegt wird, sämtliche Füße auf unserem Hintern platziert werden, bis wir gar nicht mehr anders können, als dem Leben zu folgen und in die Freiheit zu gehen, raus aus den Fängen der Säbelzahntiger.

Sollte Willi oder Williine ihre alte Beute genug bespielt haben und sich ein neues Rudel suchen, dann entstehen Patchworkfamilien mit ganz eigenen Dynamiken, falls es Kinder aus Exbeziehungen gibt.

Zu den Regeln gehört auf alle Fälle für das Beutetier und deren Kinder:

1. Für meine Kinder gelten andere Regeln als für deine Kinder.
2. Du hast für meine Kinder genauso da zu sein wie für deine „Bälger“, hast ihnen aber nichts zu sagen.
3. Deine Kinder sind nichts wert und werden spürbar benachteiligt.
4. Wenn du meine Kinder zurechtweist, dann kritisierst du mich und das gibt Klappzahnalarm.
5. Deine Kinder sind grundsätzlich schuld, meine Kinder sind ja lieb und tun niemals irgendetwas Falsches.

Wenn du als Beutetier ein Kind hast und er nicht, dann bist du alleinerziehend. Willi oder Willine werden sich sicherlich niemals darum kümmern, denn sie sind ja keine Babysitter, und wenn sie es doch einmal tun, dann zahlst du einen hohen Preis dafür und musst tausend Jahre dankbar sein – also lieber mal einen Babysitter engagieren oder liebe Freundinnen fragen.

Wenn Säbelzahntiger oder ihre weiblichen Artgenossen ein Kind haben, dann bist du ebenfalls alleinerziehend. Willi und Willine haben nämlich wichtigere Dinge zu tun, als sich mit ihrem Nachwuchs zu beschäftigen. Da könnte ja jeder daher kommen! Natürlich gilt das nur indoor, denn outdoor sind sie schließlich die aufopferungsvollsten Eltern, die man sich nur vorstellen kann. Du, liebes Aschenputtelbeutetierchen, darfst zumindest die Dreckwäsche waschen und hast als kostenloser Babysitter dankbar für diese große Aufgabe, die dir aufs Auge gedrückt wird, auf dein Eigenleben zu verzichten.

Sollte dir so eine Szene bekannt vorkommen, dann kann ich dir versichern: Es wird nicht besser und es wird sich nichts ändern. Niemals!

Du hast Willi oder Willine zu dienen. Sowohl in einer „normalen" als auch in einer Patchworkfamilie sind ausschließlich sie der Mittelpunkt. Die Beute hat sich zu fügen und den Bedürfnissen aller gerecht zu werden. Du bist dazu da, das Rudel zusammenzuhalten, zu unterstützen – vor allem den Klappzahnträger – und dich und dein Leben komplett zu vergessen. Es sei dir lediglich gestattet, Geld zu verdienen, damit der Standard erhalten bleibt. Denn auch von einem wohlhabenden Klapperle bekommen du oder deine Kinder nichts. Sein Vermögen gehört ihm ganz allein. Es wird nur wohldosiert den Säbezahntigerkids gegönnt, um gut vor dem Nachwuchs und dem Umfeld dazustehen. Für deine Kinder und dein „Irgendwieleben" hast du finanziell gefälligst alleine aufzukommen. Das muss dir klar sein, wenn du Beutetierchen für Säbelzahntiger und -tigerinnen bist.

Wenn ich an meine Ehe denke, so hatte ich ein sehr gutes Verhältnis zu meiner Stieftochter, die knapp vier Jahre alt war, als ich sie kennenlernen durfte. Leider wurde ihr Verhalten immer angepasster, und ich musste sie aus der Gefahrenzone der Klappzähne meines Gatten oft fernhalten. Sie fing an, ein Doppelleben zu führen. Bei Mama die normale heranwachsende kleine „Zicke", selbstbewusst und ein echt tolles Mädchen, bei uns und auch in der Schule die überangepasste, stille, liebe Maus. Lange Zeit habe ich auch wegen ihr gezögert, meinen Säbelzahntiger zu verlassen, obwohl es nicht meine leibliche Tochter war. Ich wollte dem Mädchen nicht noch einmal zumuten, eine weitere Beziehung ihres Vaters scheitern zu sehen. Sie sollte nicht lernen, dass Menschen, denen sie vertraut, aus ihrem Leben verschwinden, und es wohl keine stabilen Beziehungen gibt. Der Exit fiel mir schwer mit dem Gedanken, dass sie in ihrer Zukunft wohl selber große Schwierigkeiten haben wird, intakte, liebevolle Beziehungen zu führen, denn sie konnte ja nie wirklich erleben, wie das geht. Ich hoffe, dass wenigstens das Beispiel durch ihre Mutter mit deren neuem Ehemann ihr helfen wird, später selbst ein intaktes Familienleben zu haben. Um einen Loyalitätskonflikt zu vermeiden zwischen ihrer Mutter, mir und dem Vater, habe ich es in ihre Hände gelegt, sich bei mir melden zu können, wann immer ihr danach ist. Mein Herz und meine Türen stehen ihr absolut offen. Es tut mir so leid, dass ich ihr nicht mehr geben konnte. Ich musste mein Überleben in dieser Missbrauchsbeziehung sichern und einsehen, dass mein Leben wichtiger ist, als meiner Stieftochter eine Lüge vorzuspielen. Sie hat oft genug in der wenigen Zeit, die sie mit uns verbrachte, meine Tränen, die Streitereien, die Spannungen in der Partnerschaft und die cholerischen, aggressiven Ausbrüche meines Mannes miterlebt. Ich hoffe sehr, dass sie es schafft, eines Tages in Distanz zu ihrem Vater zu gehen und ein freies, glückliches Leben zu führen. Ich hatte das Glück, mich von einem Säbelzahntiger scheiden lassen zu können. Als Tochter hat sie das nicht. Die Kraft zu finden, den Kontakt zum eigenen Vater abzubrechen, der durch seine Persönlichkeitsstörung nie der sein kann, den sich eine Tochter wünschen würde, ist unendlich schwer. Es wäre jedoch nötig, damit ihre Welt und ihre traumatisierte Seele heilen können.

Liebes Beutetier, bitte bleib nicht um der anderen Willen. Es bringt nichts! Sorge für dich und sammle die Kraft, die du in dieser schwierigen Konstellation verlierst, für dich selbst. Es ist wichtig, dass du überlebst. Damit dienst du dir selbst und kannst dadurch anderen ein Vorbild sein, um Missbrauch durch Säbelzahntiger zu erkennen und ihm zu entfliehen.

Säbelzahntiger – die absoluten Anatomiewunder und ihr Verhalten im Krankheitsfall … Eine Runde Mitleid!

Säbelzahntiger sind der festen Überzeugung, eine ganz einzigartige Anatomie zu haben. Natürlich haben sie Recht, was die Klappzähne betrifft, die sie bei Bedarf ausfahren und einsetzen, um das Opfer zu erschrecken oder zu zerfleischen. Diese besondere anatomische Tatsache ist ihnen allerdings nicht einmal bewusst.

Wissenschaftlich wurde jedoch wohl tatsächlich so einiges beobachtet, was den Klappzahnträger vom Beutetierchen unterscheidet.

Tigerle können beispielsweise weniger vom Bindungshormon Oxytocin produzieren, was ihre mangelnde Bindungsfähigkeit erklärt.

So behauptete mein Klapperle immer, er sei auf einer Skala von eins bis zehn ein Nähe-Zweier, im Gegensatz zu mir als Nähe-Achter. Dies bedeutete: Ich brauche Zärtlichkeit, Schmuseeinheiten, Umarmungen und er eben nicht. Ich konnte das nie wirklich glauben, denn in der Lovebombingphase vor unserer Hochzeit ließ er kaum die Finger von mir und konnte mir das Gefühl von Zuneigung, Liebe und

Nähe durchaus vermitteln. Einmal in dieser Zeit sagte ich ihm das auch, als er mich im Arm hielt, und er antwortete mir in einem für diesen innigen Moment seltsam unpassenden, eiskalten Tonfall, den ich nie vergessen werde: „So, kann ich das?" Es machte mich stutzig. Einmal mehr überhörte ich – wie leider viele andere Beutetiere das ebenfalls häufig zu tun pflegen – meine innere Stimme geflissentlich und gab ihr wegen ihrer permanenten Heiserkeit lediglich imaginäre, schmerzstillende, tröstende „Hustenbonbons" und forderte sie eher zum Schweigen auf. Ich habe mich im Nachhinein sehr oft bei ihr entschuldigt und ihr versprochen, sie viel mehr zu achten. Auch wenn es mir schwerfallen sollte, erst einmal innezuhalten, auf sie zu lauschen und danach zu reagieren. Sehr viel später wurde mir die Tatsache bewusst, dass mein Säbelzahntiger anfänglich nur kurz zum Nähe-Achter mutieren konnte, weil er wusste, dass ich genau das brauchte, um bei ihm zu bleiben.

Wenn du mit einem Klapperle zusammen bist, dann kannst du niemals erwarten, eine sichere und stabile, zärtliche Beziehung zu pflegen. Es geht einfach nicht. Damit musst du dich arrangieren oder deine

Konsequenzen ziehen. Wenn du jemand bist, der wenig Zuwendung und Nähe braucht, dann kann diese Beziehung durchaus funktionieren. Ob du glücklich damit wirst, das steht auf einem anderen Blatt, genauso wie die Tatsache, dass du oder eure Kinder nur funktionale Aufgaben erfüllen. Bindung und Nähe gehören nicht zum Repertoire der Säbelzahntigergattung.

Eine weitere Besonderheit von Kappzahnträgern ist auch die eingeschränkte neuronale Verbindung zwischen verschiedenen Hirnarealen, was zur Folge hat, dass Gefühle nicht oder nur unzureichend wahrgenommen werden können. Der Säbelzahntiger bleibt somit auch in seinen Reaktionen echt tierisch. Das kann ich als Homöopathin nur bestätigen, denn diese Patienten brauchen oft Mittel aus dem Tierreich – besonders Schlangen- und Spinnenmittel. Nur so nebenbei!

Auch hier gibt es eine Parallele aus meinem Leben. So behauptete mein Mann wiederholt, er sei der Logiker. Alles müsse im Außen stimmen, nur dann ginge es ihm gut und er könne glücklich sein. Ich staune im Nachhinein oft über diese Klarheit, die er im Grunde hatte, welche mir als Empathin mit meiner Vorstellung, dass alles in uns selbst ruht, so völlig fremd ist. Meine Reisen gingen schon immer eher nach innen, während die seinen nur und ausschließlich sorgsam organisiert, kontrolliert nach außen in die große weite Welt reichten. Ich hätte mal besser glauben sollen, was er sagt. Ich hätte annehmen müssen, dass es mit ihm niemals auch nur annähernd eine gemeinsame Richtung geben könnte. Meine Maßnahmen, ihm im Außen ein schönes Leben zu bereiten, ihn zu unterstützen, um damit für Harmonie zu sorgen, waren völlig umsonst, aber das hatten wir schon im achten Kapitel. Vom Hätten habe ich nichts und letztendlich bin ich nach der gescheiterten Ehe gescheiter geworden. Lieber spät als gar nicht! Meine Reisen gehen jetzt gerade wieder viel mehr nach innen, und da finde ich es sehr angenehm. Seine Orientierung geht weiterhin nach außen, und trotz seiner für ihn so enorm wichtigen Freiheit, die er nun ohne mich genießt, wirkt er nicht glücklich. Aber mehr zum Thema Reisen in einem der nächsten Kapitel.

Der Säbelzahntiger gleicht eher Mr. Spock aus Raumschiff Enterprise. Mit Gefühlen hat er es nicht, aber dafür mit – eben – Logik. Ein gefühlvolles Verhalten seinerseits hat in den meisten Situationen somit sicherlich nichts mit Verschmustsein zu tun, außer Schmusen und Knuddeln sorgen für seine narzisstische Zufuhr und die Aussicht auf leckere Beute!

Abgesehen von diesen physiologischen Besonderheiten bezüglich Hormonen, Klappzähnchen und Hirnstruktur ist es immer wieder überraschend, was Willi oder Williine für seltsame Vorstellungen haben über ihren Körper. Da könnte man sich schon fragen, ob hier im Biounterricht etwas missverstanden oder schlichtweg aufgrund der verzerrten Eigenwahrnehmung schief gelaufen ist.

Mein verflossener Säbelzahntiger hat als Eiscremesüchtiger beispielsweise seinen zweiten sogenannten „Eismagen". Das meint er übrigens wirklich ernst. Denn auch wenn er noch so viel gegessen hat, so schlichtet er sich jederzeit einige Kugeln Eis in den Bauch. Er wundert sich dann tatsächlich, warum sein Gewicht nicht weichen will, denn Eis ist doch schließlich gesund, reich an Kalzium und Eiweiß. Auch daran glaubt er als Säbelzahntiger ernsthaft. Wenn es um die Befriedigung seiner Bedürfnisse geht, wird selbst der größte Mist rationalisiert und so kreativ-logisch bearbeitet, bis er als gesund gilt. Peinlich wurde es nur, als seine Tochter in der Grundschule im Unterricht zum Thema „Organe des Menschen" mit vollem Ernst verkündete, dass ihr Papa zwei Mägen hat. Für sie, die mit dieser Fehlinformation durch den Vater aufgewachsen war, entsprach das einer Tatsache. Da tat Aufklärung Not, und ich hatte großes Mitgefühl für die Maus. Ein Außenstehender mag darüber lächeln, für das Opfer ist es eine Demütigung. Ich selber ärgerte mich damals über mich, weil ich diese dummen Bemerkungen für meine Stieftochter nicht rechtzeitig als solche aufgeklärt hatte.

Ebenso ist hinlänglich bekannt, dass zu viel Sonnenbaden der Haut schadet. Ein Säbelzahntiger, dessen kompletter linker Rumpfbereich mit einem zytologisch nachgewiesenen, seltenen Muttermal, das als Präkanzerose gilt, bedeckt ist, welches in Zeiten von Stress schuppt und juckt, sowie sich über den Arm hin ausbreitet, liegt im Sommer täglich bei Sonnenschein etwa fünf bis sieben Stunden bei bis zu 35 Grad in der prallen Sonne. Da kann ich als Therapeutin nur den Kopf schütteln. Dieser Mann ist der festen Ansicht, dass er die Sonne braucht, weshalb er das schon seit seiner Jugend in der Form mit dem Sonnenbaden praktiziert. Seine Haut würde das aushalten. Er ist fest davon überzeugt, dass er auf seine Sonnenbäder nicht verzichten muss und hält es auch nicht für nötig, dies zu tun. Selbst während einer Gürtelrose konnte dieser Klappzahnträger sein Sonnenbad nicht einstellen. Er hat zwar über die Schmerzen gejammert, aber fleißig im See gebadet und sich von der Hochsommersonne bei 30 Grad bescheinen lassen. Was soll ich da noch machen? Auch ein Schulmediziner würde mit seinen Mitteln hier nur wenig ausrichten können. Ab diesem Zeitpunkt habe ich den Mann zu anderen Therapeuten geschickt. Die hatten und haben natürlich auch keinen Erfolg.

Selbst Einstein sagte einmal irgend so etwas wie: „Wer den gleichen Fehler immer wieder macht, kann nicht glauben wollen, dass irgendwas besser wird.“ Ja, dem stimme ich zu. Unbelehrbarkeit ist nicht heilbar und kann für sehr viel Leid sorgen. Sowohl beim Säbelzahntiger selbst als auch beim Umfeld. Dem Klapperle ist das aber, wen wundert‘s, wurscht.

Suchtverhalten ist bei Säbelzahntigern und ihren weiblichen Artgenossinnen ein sehr großes Thema. Egal, ob es sich dabei um Alkohol, Medikamente, Drogen, Spielsucht oder sonstige „Suchten“ handelt. Willis Bedürfnisse müssen befriedigt werden, und zwar sofort und – selbst wenn unmöglich – gestern schon. Er spürt sich nur über den einen Kick, da er nicht gelernt hat, dass es auch andere Dinge gibt, die den Menschen zutiefst befriedigen können.

Wenn man wie Klappzahnträger allerdings zwischen den Ohren eine Festplatte spazieren trägt, welche noch reichlich freie Speicherkapazität bietet, die bei normalen Menschen belegt ist mit Gefühls- und Weisheitsinformationen, die diesen sogar frei zugänglich und bei Bedarf auch abrufbar sind, dann hat man von solch nährenden Dingen natürlich keinen blassen Schimmer und wertet diese in aller Dummheit vielleicht noch als esoterischen, spirituellen Blödsinn ab. Ja, es handelt sich wohl hier tatsächlich um die Auswirkung einer anatomischen Besonderheit des Säbelzahntigers. Ich glaube sogar, dass ein Säbelzahntiger sein Herz durch diese Festplatte ersetzt hat und dass ersteres nur als Blutpumpe fungiert.

Diese leidvolle Tatsache, begründet durch die oben genannte hirnorganische Veränderung bei der klappzahntragenden Persönlichkeitsstörung, macht das Leben der Beutetiere zur Hölle. Gerade sie sind es, denen ihr Glaube und ihr Mitgefühl in der Verbindung zu allen Wesen so wichtig ist, die durch diese Entwertung ihres Glaubens fürchterlich gedemütigt werden. Das ist sehr traurig und unendlich verletzend. Sie werden in ihrer Beziehung immer bemüht sein, in ihrer Liebesfähigkeit den Säbelzahntiger zu nehmen, wie er ist, zu lernen, dass sie nur noch mehr lieben müssen und ihr Ego ausschalten, damit Willi und Willine mehr Raum haben.

Es wird nichts nützen und lediglich dazu führen, dass nur noch eine leere Hülle übrig bleibt, aus der all das, was die Person des Beutetiers einst war, gewichen ist. Depersonalisation vom Feinsten, die einem niemand glaubt und die nur vom besorgten Freundes- und Familienkreis beobachtet wird, der dem Zerfall hilflos zuschauen muss, denn das Beutetier hat es mit den Ohren – auch eine anatomische Besonderheit, aber diesmal auf der anderen Seite des Säbelzahntigergeheges.

Du als Beutetier wirst alles entschuldigen und fest daran arbeiten, dass es dem Säbelzahntiger gut ergehen möge. Welche Größenphantasie! Es wird dir niemals gelingen. Höre auf deinen Tinnitus und das, was deine innere Stimme und liebe Menschen dir sagen wollen!

Drogen werden von süchtigen Säbelzähnchen völlig verharmlost, denn man braucht das halt zur Stärkung oder für die Gesundheit. Außerdem bist du als Beutetier schuld daran, dass dein Gegenüber zu diesen Mitteln greifen muss. Letztlich bringst du es ja dazu, weil du so schrecklich, böse, hässlich und was noch alles bist, und das arme, geschundene Geschöpf gar nicht anders kann, als zu diesen probaten Mitteln zu greifen. Willilein oder Willinchen könnten es sonst letztendlich überhaupt nicht mit dir aushalten.

Ja, du liebes Beutetierchen, du bist verantwortlich für Tigerles Sucht und sicherlich sofort in deinem Schuldbewusstsein bereit, dem armen Klappzahnwesen zu helfen. Du tust alles dafür, ein noch besserer, freundlicherer, liebevollerer Mensch zu werden, damit dein Säbelzähnchen es gut mit dir hat.

Vergiss es!

Schau auf die Klappzähne und die hässliche Fresse, die dich da schief, berauscht und lüstern angrinst. Sieh das Monster, das sich an deiner Schuld und Reue labt, das Energie abzieht, bis du nur noch ein Schatten deiner Selbst bist und nicht glauben kannst, dass das Ganze noch normal sein soll! Du stellst dich in Frage, bis kein Du dir mehr eine Antwort darauf geben kann, wer du bist und dass du gut und liebenswert bist. Du nimmst nicht mehr wahr, dass das Verhalten deines Gegenübers, ob Partner, Chef oder Elternteil nicht normal und richtig ist, und wenn, dann machst du trotzdem weiter und übst dich in Liebe, Mitgefühl und leider auch Größenwahn. Mir ist bewusst, dass das harte Worte sind, aber weiche machen es leider nicht besser. Ich will dich aufrütteln, damit du hinschaust und den Mut aus der Notwendigkeit heraus findest, dich zu beschützen und endlich aus dieser furchtbaren Beziehung herauskommst.

Hör auf, deinen Säbelzahnträger zu bemuttern, zu beschützen oder zu entschuldigen! Das tut niemandem gut und füttert nur die Sucht des Klapperles.

Wenn es um Krankheiten geht, dann sind es Säbelzahntiger oder ihre weiblichen Artgenossen, die mit Diagnosen zum Therapeuten kommen. Sie haben fleißig recherchiert und, um ihre Klappzähne zu polieren, sind sie bereits beim geringsten Schnupfen schwer krank. Da läuft endlich mal was in ihrem Leben und es ist die Nase. Leider liegt das nicht in ihrer Kontrolle und deswegen ist es ganz arg schlimm, und der Tiger muss sicher bald sterben. Es geht hier nicht um den sogenannten „Männerschnupfen", nein, es geht um Säbelzähnchens großes Siechtum. Die Show, die sie machen, ist nicht mehr normal und entbehrt manchmal wirklich und vor allem wirkungsvoll jeder Würde. Als Therapeut darf man ja nicht lachen und muss das Jammermaunzen ernst nehmen, und was da sonst noch an Leiden daher kommt.

Oft geschieht es jedoch durch eben dieses hypochondrische Verhalten, dass dem Säbelzahntiger keiner glaubt, wenn er denn einmal wirklich schwer krank ist. Das kann tödlich enden, wenn es sich um einen Herzinfarkt handelt, und im Vorfeld schon oft wegen leichter Herzrhythmusstörungen der Notarzt gerufen wurde. So passiert bei meinem Großvater.

Jedes kleine Symptom birgt für den Säbelzahntiger einen Krankheitsgewinn in sich. Damit lässt sich ja schließlich umso besser manipulieren. Je chronischer, desto besser! Außerdem kann man sich hinter seiner Schwäche und den Symptomen ja so hervorragend verstecken. Willi und Willine stellen dadurch auf alle Fälle sicher, dass sie im Mittelpunkt stehen und niemand anderes ihnen ihre Show stiehlt. Natürlich fühlen sie ihre Krankheit und haben auch nachweisliche Probleme, aber sie tun ausnehmend wenig, um gesund zu werden. Es ist beispielsweise unmöglich, mit einer Schulterverletzung zu arbeiten, aber Skifahren geht. Das braucht der Säbelzahntiger dringend, um sich zu erholen und Kraft für die Genesung zu finden. Bittet man ihn jedoch, den Arm zu heben, dann gelingt ihm das nur unter größten Schmerzen. Wo ist hier der Fehler? Das Umfeld hat ihn zu bedauern oder noch als tapfer hinzustellen, weil er vielleicht im Falle der Krankschreibung wegen der Verletzung versuchsweise den Besen daheim in die Hand nimmt und ernsthaft versucht, unter großer Anstrengung den Partner im Haushalt zu unterstützen. Ja, leider geht das über seine Kräfte und er wird es wahrlich mit treuem Blick bedauern, dem anderen zur Last zu fallen. Der wünscht sich dann sogar, dass er entweder wieder in die Arbeit oder zum Skifahren gehen möge.

Denk daran: Säbelzahntiger sind emotional im Alter zwischen drei bis fünf Jahren stehen geblieben. Wenn du das berücksichtigst, vielleicht eigene Kinder hast und selbst die Erfahrung machen durftest, dass ein Kleinkind, wenn es krank ist, auch nicht unbedingt freiwillig im Bett bleibt, wenn es nicht muss, weil etwas anderes mehr lockt und es sich der Konsequenzen seiner Handlungen nicht bewusst ist, dann wird dir klar, dass auch der persönlichkeitsgestörte Klappzahnträger ebenso handeln wird. Für Personen gesetzten Alters setzt man als Außenstehender andere Maßstäbe, die in Fällen von Säbelzahntigern jedoch absolut nicht gelten. Das erschwert die Arbeit für Angehörige, Pflegende und Therapeuten. Oft sind sie nicht mehr in der Lage und zu entnervt, um den Kranken überhaupt noch ernst nehmen zu können.

Generell sind Säbelzahntiger die schwerstkranksten Menschen, die es gibt. Sie lassen sich völlig gehen und sind, wie ich im letzten Kapitel bereits beschrieben habe, die schlimmsten Patienten. Sie weigern sich, Medikamente zu nehmen, kontrollieren alles und jeden um sich herum, spielen Pflegekräfte oder die pflegenden Angehörigen gegeneinander aus und tun meistens genau das Gegenteil von dem, was sie sollen. Mit dem emotionalen Alter ist man nämlich in der Trotzphase, musst du wissen. Genauso widerständig benimmt sich Klapperle im Krankheits- oder Pflegefall. Er will nur spielen und tut es. Gleichwohl spielt er jedoch eher verrückt!

Jeder Gedanke kreist um die Krankheit. Falls Willi und Willine noch fit genug sind – und das sind sie hintergründig so gut wie immer – dann wird im Internet recherchiert, was das Zeug hält. Alles wird akribisch aufgeschrieben und festgehalten, damit jedes noch so kleine

Erbschen unter der Matratze sofort als Kunstfehler beweisbar ist und saftig Schmerzensgeld bringt. Ihre mangelnde Mitarbeit und Einsicht sind natürlich niemals auch nur im Geringsten daran schuld, dass die Therapie nicht funktioniert. Ein Vertrauensverhältnis, das sich anfangs durch das gezielte Verbergen der Klappzähne zum betreuenden Umfeld aufgebaut hat, wird völlig durch Willi und Willine missbraucht, sobald sie Langeweile haben und gerne die Puppen tanzen lassen wollen. Das funktioniert manchmal sehr subtil, oft jedoch unglaublich aggressiv, immer gemein und hinterhältig. Gerade Angehörige leiden immens und halten im Schuldgefühl sehr lange diesen großen Missstand aus.

Ein typisches Symptom bei Säbelzahntigern ist ihr gespaltenes Verhältnis zum Schlaf. Aus eigener Erfahrung kann ich das nur bestätigen. Wie das Kleinkind braucht der Tiger seine Schlafrituale und bleibt natürlich nicht im Bett, wenn er wach ist, sondern steht auf, surft im Internet, sieht fern – gerne Pornos – und wundert sich, warum er tags nicht fit ist. Ein normaler Mensch bleibt erst einmal im Bett und wartet, bis er wieder einschläft. Nicht so der Säbelzahntiger. Er fährt mit dem Augenaufschlag aus dem Bett hoch. Schlaf ist einerseits vergeudete Zeit, ihm jedoch andererseits heilig. Für eine gute Schlafhygiene wird nichts unternommen. Das Umfeld muss Verständnis haben, wenn der Säbelzahnträger müde ist, schwach und krank; wenn er, wie bei mir, nach 21 Uhr keine Gespräche mehr führen kann, weil er dazu zu kaputt ist, seine Prozessoren herunter gefahren hat, oder während des Gesprächs einfach einschläft – ganz plötzlich, auch tagsüber. Das ist für das Gegenüber auf Dauer richtig kränkend.

Die Schlaflosigkeit meines Mannes hat meine Ehe bestimmt. Meine Stieftochter lernte nur einen müden, schwachen, kranken, cholerischen oder schlafenden Vater kennen. Wobei der Schlaf, in den Willi tagsüber fällt, gar nicht als solcher für den Säbelzahnträger gilt. Er bemerkt ihn scheinbar oft nicht einmal oder nimmt ihn gar zur Kenntnis. Als ich mich mehr und mehr mit Tigerles Verhalten beschäftigt und recherchiert habe, musste ich über dieses verbreitete Phänomen bei Säbelzahntigern wirklich staunen. Wenigstens war ich nicht allein mit diesem „Nachtschreck".

Leider gehören auch Depressionen zum Krankheitsspektrum der Säbelzahntiger. Die Weibchen sind eher stimmungslabil und neigen zur Hysterie, die Männchen schwanken zwischen depressivem und aggressivem Verhalten. Das Fürchterliche daran ist, dass sie in ihrer Unbelehrbarkeit leider schlecht behandelbar sind und meist, wenn überhaupt, nur Medikamente eine Besserung bringen. Oft endet die Depression in Suizid. Das ist wirklich tragisch. Allerdings glaube ich, dass, sobald sie irgendwann in die Lage kommen, keine narzisstische Zufuhr zu erhalten und in dieser Situation mit ihrer inneren Leere konfrontiert werden, Säbelzahntiger ihr Leben verständlicherweise nicht mehr ertragen können und wollen. Manchmal werden aus Rachegefühlen heraus die Selbstmorde richtig glamourös inszeniert, um bei den Hinterbliebenen Schuldgefühle und Schock auszulösen. In der Meinung, der Freitod klappt nicht und der Klappzahntiger überlebt ihn, dann Gnade den Angehörigen! Sie leben ständig in der Angst – und somit an Willis oder Willines Leine – dass sich das wiederholen könnte. Die Beute weiß nie, ob oder wann sie oder die Kinder einmal den Leichnam des Partners, Kindes oder Elternteils finden werden und leben infolgedessen unter permanenter Anspannung. Sie trauen sich nicht mehr aus dem Haus und manchmal ebenfalls nicht nach Hause, aus Angst vor der Szene, die sich dort vielleicht bieten könnte. Kinder leben häufig in dem Glauben, den Säbelzahntiger beschützen zu müssen und laden sich dadurch unendlich viel falsche Verantwortung auf. Dadurch verlieren sie ihre Kindheit und steuern häufig geradewegs auf eigene zukünftige Verhaltensstörungen zu wie ein übermäßiges Helfersyndrom, Zwangsstörungen und permanente eigene Überforderung mit folgender Erschöpfung. In meiner Praxis beobachte ich das oft.

Ein narzisstisch gekränkter Säbelzahntiger gehört nicht selten zu denjenigen, die in ihrer Rachsucht Amok laufen oder die ehemaligen Partner oder Partnerinnen einschließlich der Kinder töten. Hinter solchen Dramen stecken häufig gewaltbereite Klappzahnträger, die vorher ihr Umfeld davon überzeugen konnten, der nette Junge von nebenan zu sein, der keiner Fliege etwas zu Leide tun könnte. Was muss da wohl vorgekommen sein, fragt sich die Öffentlichkeit, dass dieser „Engel" plötzlich so ausgerastet und zum Mörder geworden ist. Sicher war das Opfer selber schuld mit seinem Verhalten – wie auch immer das gewesen sein mag. Es ist wirklich unglaublich, wie häufig die Täter geschützt und die Opfer im Stich gelassen werden! Ja, die Kindheit und die schlimmen Erfahrungen des Säbelzahntigers waren schuld, dass er nicht anders konnte. Was aus dem Opfer wird, wenn es überlebt, ist den Leuten meistens egal.

Da läuft meines Erachtens einiges schief in unserer Gesellschaft, denn die Aufklärung über Säbelzahntiger findet kaum eine breite Öffentlichkeit. Jedoch gilt: „Steter Tropfen höhlt den Stein!"

Ich würde mir wünschen, dass durch Aufklärungsarbeit Menschen ein Gespür dafür entwickeln, wann das Gegenüber ein paar Klappzähne mit sich herumträgt, die er fein säuberlich versteckt, um gut dazustehen. Er will ja schön sein, so ein Tiger, und da schaut er schon, dass die Eckzähne gut gepflegt sind, und er wird diese nur bei Bedarf ausfahren. Klappzahninkontinenz ist nämlich eher eine Lachnummer für die anderen als eine ernst zu nehmende Drohgebärde oder Waffe. Wenn diese Waffe jedoch zum Einsatz kommt, kann sie auch töten! Das erleben wir heutzutage leider viel zu oft, und ich bin der Meinung, dass viele solcher Todesfälle vermeidbar gewesen wären, hätte sich das aufgeklärte Umfeld in Sicherheit bringen können und Schutz bekommen. Leider muss in unserem Land erst etwas Schlimmes passieren, dass das Jugendamt oder die Polizei tätig werden.

Eine weitere Besonderheit ist mir selbst und anderen Beutetieren auch schon oft begegnet: der Blick des Säbelzahntigers. Dieser kann sich innerhalb von Minuten so verändern, dass einem angst und bange wird.

Ich konnte beobachten, dass die Augen meines Klappzahnträgers plötzlich ihren Glanz verloren und stumpf wurden, als ob alles Leben aus ihnen gewichen wäre. Darauf folgte meist ein Vorwurf aus einer depressiven Stimmung heraus, um von der eigenen Seelenlosigkeit abzulenken. Ich hatte, laut seiner Aussage, den Säbelzahntiger dann aus irgendeinem Grund meistens tief verletzt oder ein Bedürfnis zum wiederholten Mal nicht befriedigt. Ich war auf alle Fälle an irgendetwas schuld und sollte gefälligst mich und mein Verhalten ändern, damit es ihm wieder besser ginge. Ich war mir meistens keines Fehlverhaltens bewusst und ich glaube im Nachhinein, dass ich auch wirklich nichts „verbrochen“ hatte, sondern nur ein Energielieferant war, der seine Leere durch die Energie auffüllen musste, die durch meine emotionale Destabilisierung frei wurde. Sonst nichts – außer vielen Tränen und der Frage, was ich noch tun könnte, um die Beziehung besser zu machen. Eine einsame Frage, wie ich im Nachhinein erkannt habe, angesichts ihrer ewigen Nutzlosigkeit. Sie glich einem Schrei ins Tal, der nie ein Echo fand.

Der leere war genauso entsetzlich wie der bohrende Blick des Tigers, der lauernd auf die Gelegenheit wartet, sein Opfer zu zerfleischen. Diesen Blick empfand ich als scharf, stechend, klar und durchbohrend. Als Kind und später als Erwachsene machte mir dieser Blick angst, denn ich wusste, egal wie ich mich verhalte, ich werde jetzt gleich oder später zerfleischt, – vielleicht werde ich keinen körperlichen, bestimmt aber einen seelischen Schaden davon tragen durch die Demütigung, verbale, emotionale oder körperliche Gewalt, die diesem Blick immer gefolgt ist. Sollte dir das bekannt vorkommen, dann bring dich in Sicherheit! Glaube nicht, dass du da heil raus kommst oder irgendetwas Sinnvolles tun kannst, um diesen Blick zu besänftigen. Du wirst den Kürzeren ziehen, und das tut immer wieder weh, also geh und lass den Tiger auf seiner Lauer sitzen. Schließlich entkommt auch auf freier Wildbahn so manches Beutetier dem Raptor durch Geschwindigkeit, List oder Zufall. Da es so eine Sache ist mit Zufällen, würde ich dir zu Geschwindigkeit und List raten. Hau einfach aus dem Blickfeld des Säbelzahntigers ab! Da er ja ein „großes“ inneres Kind hat, wird ihm schnell langweilig, und er wird etwas anderes zum Spielen finden. Ich selbst habe das wiederholt ausprobiert und es hat immer öfter funktioniert, bis ich letztendlich völlig in Freiheit und Sicherheit gelandet bin.

Ich kann lediglich aus meiner eigenen Erfahrung mit Säbelzahntigern sprechen, doch glaube ich, dass du, liebes Beutetier, sicher einiges erkennen wirst, was dir bekannt vorkommt. Sicherlich gibt es noch viel mehr besondere anatomische und pathologische Auffälligkeiten bei Säbelzahntigern, aber die genannten halte ich für auffallend und erwähnenswert.

Wichtig ist in diesem Zusammenhang, dass du die Besonderheiten erkennst und dich abgrenzt. Geh zuallererst gut mit dir selbst um und distanziere dich! Das heißt natürlich nicht, dass du nicht helfen sollst im akuten Fall, aber sobald Land in Sicht ist, übergib dem Säbelzahntiger klar seine Eigenverantwortung!

Dein liebevolles, gut gemeintes Helferlein ist hier nicht angebracht, außer du möchtest bald selbst nicht mehr auf deinen Füßen stehen können, weil du zusammenbrichst. In diesem Fall ist für dich niemand da, der „Danke“ sagt. Im Gegenteil: Wenn du erkrankst, dann wirst du mit hundertprozentiger Wahrscheinlichkeit völlig alleine dastehen oder – liegen. Dein Säbelzahntiger wird sich nicht um dich kümmern.

Da du keine Zufuhrquelle darstellst, solange du krank und schwach bist, wird er dich wie Luft behandeln. Vielleicht stellt er dich als Hypochonder hin, macht dir Vorwürfe, weil du dich nicht besser, gesünder verhalten hast. Du bist nichts wert und es kann auch sein, dass er sich einem anderen Beutetier zuwendet und dich damit sogar noch konfrontiert, denn du treibst ihn ja förmlich dazu, weil du nun ja seine Bedürfnisse nicht befriedigen kannst. Wie sehr er dich damit verletzt, ist ihm einfach eiskalt egal.

Es ist wirklich eine verkehrte Welt, in die du dich als Beutetier begibst, falls du in die Klauen eines Säbelzahntigers gerätst. Egal ob es sich um ein Männchen oder Weiblein handelt.

Säbelzahntiger brauchen deine Empathie, Güte und liebevolle Zuwendung für ihre Gesundheit. Dass du das umgekehrt jedoch auch für dich selbst benötigst, spielt für sie keine Rolle. Am Ende gleichst du einer leeren Blutkonserve, die ausgesaugt am Infusionsständer hängt. Der Säbelzahntiger geht munter weiter und pfeift auf die Spende, denn nur dafür bist du ja in seinem Leben und hast nichts anderes getan, als deine Aufgabe natürlich ganz selbstverständlich zu erfüllen. Das steht ihm ja schließlich zu. Jawohl!

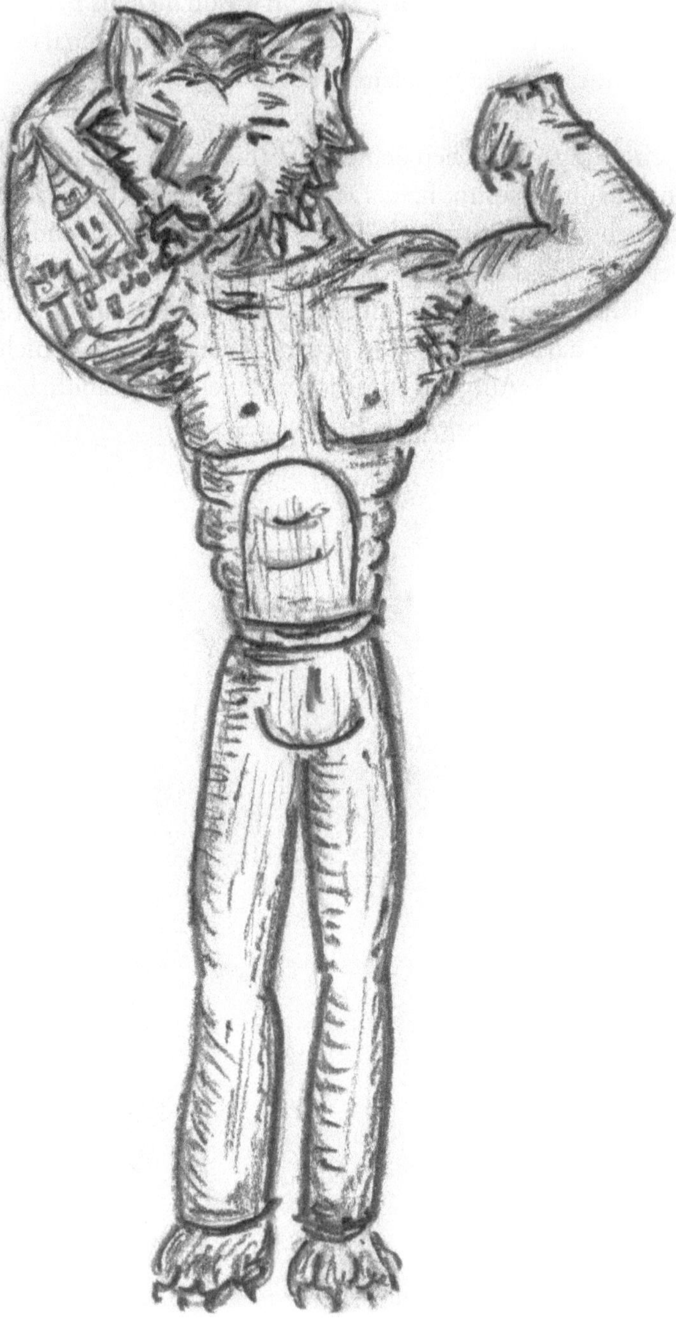

Tigerbody – My body is my castle!

Weil ich gerade schon mal beim Anatomiewunder Säbelzahntiger bin, ergreife ich die Gelegenheit, näher auf die körperliche Leistungsorientierung bei Klappzahnträgern einzugehen.

Mein zweiter Beruf nach meiner Tätigkeit als Anästhesie- und Intensivschwester führte mich in die Fitnesswelt, wo ich viele Jahre als Studioleiterin, Fitness- und Aerobic-Trainerin in etlichen Bereichen arbeitete. Damals war ich einfach noch zu jung und unerfahren, um mich mit Narzissmus zu beschäftigen. Jetzt weiß ich, dass ich wirklich im Zoo der Eitelkeiten männlicher und weiblicher Säbelzahntiger tätig war. Ich musste nicht mal Eintritt zahlen, habe sogar mein monatliches Salaire bekommen und hatte meinen Spaß inklusive eigener Fitness.

Ich selber war in meiner Jugend erst essgestört und später sportsüchtig. Das hat jedoch aufgehört, als ich 1999 nach dem Tod meines Vaters in eine schwere Krise gefallen war. Ich konnte gar nicht mehr sportlich unterwegs sein, weil mein Körper einfach seinen Dienst quittierte. Erst damals lernte ich durch die Hilfe meiner Psychotherapeutin, dass Sport auch Spaß machen kann. Ich fuhr in dieser Zeit viel Rennrad und damit im Grunde nur meiner Traurigkeit davon.

Mein erster Mann war die Lightversion meines zweiten Säbelzahntigers, aber durch seine Demütigungen wurde ich – wie in meiner zweiten Ehe auch – angepeitscht, Leistung zu bringen. Es gibt ja bekanntlich nichts Schlechtes, dem nichts Gutes folgt. Durch diese Lehrzeit bin ich diszipliniert und erfolgreich geworden, was mir nun in meiner jetzigen Arbeit zugutekommt. Ich habe mich zum „zähen Brocken“ entwickelt, der sich durchbeißen kann und für ein „Warum“ fast jedes „Wie“ aushält, ohne – mittlerweile Gott sei Dank – die Verbindung zum eigenen Herzen zu verlieren und damit die Liebe zu allen Wesen – selbst zu Säbelzahntigern. Ich bin nur nicht mehr mit ihrem Verhalten einverstanden, aber dazu später mehr.

Ich radelte damals mindestens 250 km pro Woche neben meiner 70 Arbeitsstunden und den darin enthaltenen 25 Kursen Spinning, Bodypump und Aerobic. Wenn ich mir das jetzt in meinem Alter so vorstelle, war ich ein echtes „Vieh“ und wirklich fit. Auch irgendwie gestört, ja, aber es gab schließlich einige Gründe, fast 300 Stunden auf der Couch meiner Therapeutin zu verbringen. Hätte ich nicht alle meine Erfahrungen gemacht, könnte ich dieses Buch nicht schreiben oder wäre in meinem jetzigen Beruf nicht so erfolgreich geworden. Denn mein Wissen beruht nicht nur auf erlerntem, sondern auch auf erfahrenem Wissen. Ich meine, das ist für meine Patienten ein enormer Vorteil, denn da sitzt eine, die nachvollziehen kann, wovon das Gegenüber spricht, und das in vielen Bereichen. Allerdings wünsche ich mir nun, dass ich gesund bleibe und einfach nur noch lustig alt werde.

Meine Therapeutin trug mir in Bezug auf mein zugegebenermaßen übertriebenes Training auf, meinen Tacho vom Rennrad weg zu machen. Dem folgte ich nicht ganz, sondern drehte ihn lediglich um, so dass er nach unten zeigte. Mein Schlüsselerlebnis war, als ich nach einer Auseinandersetzung mit meinem damaligen Klappzahnträger auf Tour ging und merkte, wie ich anfing zu weinen und gleichzeitig wie eine Irre in die Pedale zu treten. Ich drehte den Tacho nach oben und fuhr durch eine wunderschöne Allee.

In diesem Augenblick wurde mir bewusst, was ich da wirklich tat: Ich quälte mich selbst, damit der körperliche Schmerz durch die Anstrengung den seelischen betäuben sollte.

Ich stoppte, schleuderte mein teures Rennrad ins Feld und musste von Weitem wie Rumpelstilzchen ausgesehen haben. Ich war wütend, stampfte mit meinen Klickis auf den Teer – mit Sicherheit ein toller Sound! – weinte und setzte mich dann lachend über diese Szene an einen Baum. Ich war heilfroh, dass mich keiner gesehen hatte, denn dann wäre ich hundertprozentig von den Herren mit den netten Schnürwesten in die Geschlossene eingeliefert worden. Lange Zeit saß ich da und begriff, dass ich meinem Schmerz nicht davonfahren kann und aufhören darf, meinen Körper zu missbrauchen. Ab diesem Zeitpunkt habe ich jede Rennradtour genossen sowie auch jeden Lauf durch die Natur. Ich wurde sogar viel entspannter und fühlte mich noch leistungsfähiger als vorher. Jedoch war mir immer bewusst, dass ich Leistung bringen kann, aber nicht muss, und dass es meine Freizeit ist und ich nur noch Dinge mache, die mir Freude bereiten und mich nicht quälen. Dazu habe ich einfach keine Lust mehr. Macht es keine Freude und hat es keinen Nutzen, dann mache ich es nicht. Basta!

Du kannst dir vielleicht vorstellen, liebes Beutetierchen, dass mein Körper ziemlich durchtrainiert war. Natürlich galt ich deswegen für viele als Vorbild. Ich fand es schon immer faszinierend, mit Menschen zu arbeiten, sie in ihrer Leistung und Entwicklung zu begleiten. Ich tüftelte damals gerne an Trainingsplänen herum, um die Ergebnisse meiner Sportler zu verbessern, egal ob Bodybuilder, Leistungssportler oder Otto-Normalos, die einfach nur ihre Fitness und einen gesunden Rücken erhalten wollten. Dass ich damals meist schon Säbelzahntigern ihr Futter gab, wusste ich nicht. In der Retrospektive wird mir mit meinem jetzigen Wissen über diese Gattung einiges sonnenklar.

Auf der einen Seite sind da diejenigen, die an sich akribisch herumbasteln und wirklich jeden Muskel einzeln austrainieren, damit sie aussehen wie eine Statue und so perfekt den Trainingsplänen folgen, dass das Leistungsergebnis exakt passt. Sie ernähren sich grammgenau. Das sind Trainingsroboter, mit denen es irgendwie auch Freude macht zu arbeiten. Wenn allerdings etwas nicht passt, dann geht die Post ab, denn sie machen niemals etwas falsch. Kritik darf, wenn überhaupt, nur in sehr sanften Dosen ausgesprochen werden. Allerdings verläuft nach ein paar Tagen des Schweigens – Silent Treatment – alles wieder normal, und wenn man den genügenden beruflichen Abstand hat, ist das lediglich zum Kopfschütteln.

Auf der anderen Seite gibt es die Unbelehrbaren. Sie zahlen ihre Beiträge im Club und trainieren nur Mist, in der Meinung absolut top zu sein. Natürlich bleiben die Ergebnisse aus und dann sind, noch natürlicher, das Studio, das Personal, die minderwertige Trainingsausstattung und der falsche Spind schuld an ihrem Versagen. Sie trainieren nach Trainingsplänen aus dem Internet oder Fachzeitschriften, aber ohne jeden Bezug zu ihrem eigenen körperlichen Level und dazu noch technisch unsauber. Falls man sie als Profi darauf aufmerksam macht, dann hat man – besonders bei männlichen Exemplaren als weibliche Trainerin – keine Ahnung, und davon gefälligst reichlich, denn schließlich haben sie alle Trainingsweisheiten mit dem Löffel gefressen. Sie fragen manchmal zwar artig, aber tun doch nur, was ihnen passt. Wasch mich, aber mach mich nicht nass! Das Training soll was bringen, aber doch bitte nicht anstrengen. Hauptsache, ich schaue mir als Tigerle im Spiegel zu, wie ich schmerzverzerrten Gesichts meine Übungen reiße. Es ist ein echtes Schauspiel! Manchmal könnte man als Zuschauer fast applaudieren.

Auch in anderen Sportarten sind Säbelzähnchen immer diejenigen, die ihre Show brauchen. Im Team sind sie die „Diven“, und alles hat sich nach ihren Wünschen zu richten. Sie sind zwar oft wirklich gut in dem, was sie tun, aber nur aus dem Grund, um ihre tägliche Beute und damit ihre Energiezufuhr zu erhalten. Es geht nur darum, wie im Lovebombing, dem Gegenüber zu gefallen, um möglichst viele Claqueure im Zuschauerraum zu versammeln, die den Ruhm mit Mr oder Mrs Supertiger feiern, ihnen huldigen und gleichzeitig als Beuteherde dienen. Falls dann mal was schief läuft, und die Performance zu einer Niederlage führt, dann ist niemals der Klappzahnträger schuld, sondern immer die anderen oder die Umstände.

Im Golfsport kann man das wirklich sehr gut beobachten. Ich habe einige Jahre gespielt und durfte feststellen, dass kaum eine Sportart sich so gut eignet, um Menschen kennenzulernen. Eine Runde geht über etwa vier Stunden und es gibt immer ein Auf und Ab während des Spiels. Hat man es mit einem Tiger – nicht dem Woods – zu tun, dann schafft er es glänzend, die ersten zwei Stunden bei guter Laune zu sein, den Flightpartner zu loben, über den Platz und die Grüns zu schwärmen und zu glänzen. Die Fassade bröckelt aber just in dem Augenblick, in dem der Golfball sein Eigenleben entwickelt und leider nicht mehr so fliegt wie Klapperle das will. Dann hat der Flightpartner sich zum falschen Zeitpunkt bewegt oder zu laut geatmet, der Greenkeeper das Grün nicht richtig gewalzt, die Sonne im falschen Winkel geschienen oder der Wind sich ganz plötzlich gedreht, wo eigentlich gar kein Hauch war. Die Flüche werden immer mehr und der Ton rauer. Gerade Frauen werden von ihnen dann ständig kritisiert und belehrt, weil der Säbelzahntiger gleichzeitig immer auch Golf Pro ist. Ich finde es eine tolle Regel im Golf, dass im Tournier so ein Benehmen mit Strafschlägen geahndet wird. Da darf der Klappzahn dann eingefahren werden, sollte der Säbelzahntiger nerven.

Einmal hatte ich mit einer Golfpartnerin hinter einem Ehepaar her gespielt, das im Club als recht „schwierig" galt. Er war Prof Dr Dr und schon deshalb natürlich eine Autorität. Ich hatte mir erlaubt, da es meine Freizeit und kein Turnier war, auf dem Platz mit meiner Mitspielerin Spaß zu haben und zu lachen. Als ich unter der Dusche stand, kam die Ehefrau zu mir, – ich war nackt und eingeschäumt, sie angezogen und in voller Montur mitsamt Schuhen – und meinte: „Ihr Lachen hat meinen Mann im Spiel gestört, und seine Abschläge wurden dadurch schlecht. So etwas wie Sie sollte man vom Platz verweisen. Ein Golfplatz ist ein Ort der Ruhe!" Ich habe ihr verärgert geantwortet: „Das ist ein Friedhof auch. Soll er doch da spielen, da sind sogar die Löcher größer, wenn sie offen sind!" Ich war froh über meine Schlagfertigkeit, was sonst nicht so mein Ding ist, und das Einzige außer dem Seifenschaum auf meinem Körper, was mich in diesem Moment „kleidete".

Das ist ein typisches Verhalten für Tigermännchen – die anderen sind schuld, weil ich als Säbelzahntiger ja grundsätzlich perfekt bin und immer alles richtig mache. Allerdings bin ich zu feige zur direkten Konfrontation und schicke mal mein Weibchen los, um die Drecksarbeit zu machen. Diese passen sich im Laufe der Jahre übrigens oft dem Verhalten des Klappzahnmonsters an und werden genauso aggressiv, arrogant und gefühlskalt wie das im Tigerrudel als Überlebensstrategie üblich ist.

Golfregeln werden kreativ nach dem Können des Klappzahnträgers geändert, aber bei den anderen Flightpartnern muss man natürlich schon streng sein, sonst ist das ja schließlich Betrug. Ja, das Spiel mit dieser Viecherei ist wirklich kein leichtes. Da könnte man bestimmt Bücher füllen mit reichlichen Anekdoten. Früher gab es „Brems Tierleben" (für die Jüngeren: Das waren Bücher, analog, über das Verhalten von Tieren), jetzt haben wir einen Menschenschlag, der sich tierisch benimmt, und ich schreibe ein Buch darüber.

Auch wenn du, liebes Beutetierchen, keine Ahnung vom Golfen hast und diese Sportart fälschlicherweise als elitäres, langweiliges Ballgeschubse siehst, so kannst du die Masche der Tigerspezies doch gut erkennen und sie eins zu eins auf jede andere Sportart übertragen.

Säbelzahntiger haben selbstverständlich immer das beste Material, das gerade auf dem Markt zu haben ist. Ob das nun Laufschuhe, Klamotten oder sonst irgendein Equipment ist: Es wird jedem, der es wissen will oder auch nicht, in allen Einzelheiten als „top" förmlich in die Ohren geschoben. Ob es das ist oder nicht, sei dahingestellt. Wehe, jemand entlarvt die Angeberei, der hat es sich gewaltig vergeigt. Da bleibt kein gutes Haar mehr auf dem Kopf und es droht furchtbarer Klappzahnalarm!

Die Leistung steht bei allem im Vordergrund, ob es nun der Sport, die Bergwanderung oder sonst irgendetwas ist. Das ist für das Beutetier kein Spaß, wie ich schon bei der Geschichte mit den Bergwanderungen erzählt habe, mit dem Rennradfahren oder sonstigem, wovon du sicher auch ein Lied singen kannst. Es geht nur um den Säbelzahntiger oder sein weibliches Pendant. Da wird über Leichen gegangen, und es werden Grenzen überschritten, die oft andere sogar das Leben kosten können, was häufig in den Bergen vorkommt, wenn Klappzahnträger eigenmächtig den Rat von Bergführern in den Wind schießen, beispielsweise das Wetter oder die Schneesituation missachten und weitergehen, weil sie unbedingt und rücksichtslos ihr Ziel, den Gipfel, erreichen wollen. Sie bringen sich in Gefahr und halten es für selbstverständlich, dass Bergretter ihr Leben riskieren wegen der anmaßenden, überheblichen Dummheit dieser Idioten. Ein anderes Wort fällt mir da jetzt einfach nicht ein.

Aus allem wird eine Wissenschaft gemacht, und bevor man ins Tun kommt, ist erst einmal jeder kleinste Miniaspekt abzuchecken. Das kann schon mal dauern, denn Willi oder Willine denken ja schließlich, dass die Speckröllchen allein schon durch die Vorbereitungszeit schmelzen. Siehe letztes Kapitel! Sie sind ja schließlich Anatomiewunder! Bis da die richtige Ausstattung, das beste, günstigste, renommierteste Studio, die richtige Sportart und halt so alles, was Klein-Tigerle für sein kompliziertes Wunderkörperle braucht, gefunden ist, hat das Beutetier wahrscheinlich schon durch eigenes Training einen beneidenswerten Superbody ... und wird auch per Klappzahnmanier sicherlich in seiner Leistung eher „angefressen" als gewürdigt.

Damit der Body auch passt, legt die klappzahntragende Art höchsten Wert auf Ernährung. Willi kennt sich auch in diesem Bereich voll aus und ... hält sich nicht an einfachste Regeln. Da gibt es ja schließlich einen Zweitmagen, in den parallel und heimlich die Leckerlis rutschen, mit denen der Erstmagen niemals befüllt wird. Spaß geht ja nur hinten rum, und nach außen mimt man den Oberguru veganer, lowcarbiger, superfoodiger Supersuperdiät mit Nahrungsergänzung, dass selbst BASF schon für Bioqualität steht.

Die Beutetiere werden kritisiert, selbst ihr Essen wird rationiert. Ich habe fast sieben Jahre nur von Kuchentellern gegessen, weil da die Portion größer ausschaut, damit ich ja nicht so viel in mich rein schaufle. Mit der Zeit habe ich meine Mahlzeiten wieder vom großen Teller genossen. Da sieht das Essen viel schöner aus, und ich muss nicht so oft aufstehen, um Nachschub zu holen. Esskultur ist bei Säbelzahntigern zwar erwünscht, aber bitte nur ihre, und die hat mit Servietten, schön gedecktem Tisch und Manieren in den seltensten Fällen etwas zu tun. Kritisieren geht immer. Schließlich fressen Tiere ja auch, und Säbelzähnchen bleiben ihrer Art in den meisten Fällen zuverlässig treu.

Wenn Willi und Willine keine Freude am Essen haben und mit ihrem eigenen Körper unzufrieden sind, dann soll das Beutetier gefälligst auch darunter leiden. Es wird gedemütigt, was das Zeug hält: Du bist zu fett, du frisst wie ein Scheunendrescher, du lässt dich gehen, du Säufer, – wenn du dein Abendessen mit einem Glas guten Wein genießen willst –, du mit deiner ungesunden Ernährung, dein Essen schmeckt nie – ok, bei mir mag das stimmen, denn ich gehöre nicht zu den kochbegabten Frauen – und da gibt es noch einiges mehr. Auch wenn Säbelzahntiger nur denken, von Kochen eine Ahnung zu haben, so sind sie stets der Chef de Cuisine und die Beutetierchen die unfähigen Kretins, die ihre Wünsche einfach nie befriedigen können. Sie sind dafür verantwortlich, dass aus Klapperle nichts werden kann. Was leider vergessen wird: Derjenige, der den Bissen schluckt, hat ihn sich selbständig in den Mund befördert und wurde selten dazu vergewaltigt. Im Falle des Sattwerdens dürfen Willi oder Willine dann auch ihr Mahl beenden und die Klappe halten, was gleichzeitig der Linie sowie dem Umfeld gut täte.

Durch Tigerles Fixierung auf seine Nahrungszufuhr leidet die Familie oft sehr stark. Konflikte werden dann bei Tisch bzw. mit Messer und Gabel ausgetragen. Wo doch Essen so schön sein kann und in harmonischer Atmosphäre gekocht und genossen erwiesenermaßen wirklich als gesunde Nahrung Körper und Geist dient.

Ich selbst war sehr oft frustriert. Gerade weil ich ja in meiner Jugend Probleme mit meinem Aussehen hatte und mittlerweile meinen Körper wirklich schön finde, haben mich die Demütigungen oft sehr getroffen. Immer wieder habe ich meinem Seelengefährt zugesprochen und es getröstet, ihm gedankt, dass es so super funktioniert, obwohl ich früher damit so großen Raubbau getrieben hatte.

Leider liegt darin genau das, was der Säbelzahntiger braucht: die Demütigung, die dadurch geschürten Selbstzweifel und letztendlich die Schwäche des Beutetiers, damit nicht nur das tägliche Futter, sondern auch die Energiezufuhr für die Klappzahnträger stimmt. Sie selbst haben sehr häufig ein absolut verzerrtes Bild von sich. Ich denke, von einem emotionalen Kleinkind kann man wohl nicht mehr erwarten und man ist sogar dem Verstehen des übertriebenen Körperkults in jeder Hinsicht näher, wenn man von einem Vierjährigen ausgeht.

Wenn du das realisiert hast, dann fällt es dir, liebes Beutetier, sicher leichter, nicht mehr als Projektionsfläche für die seltsamen Vorstellungen deines Säbelzahntigers herzuhalten, dich in deiner Schönheit zu würdigen und anzufangen, dein Ding zu machen.

Aus meiner Erfahrung kann ich dir sagen, dass du dich zwar anfangs allein fühlen wirst mit dem, was du tust, was du als Empath/in teilen wolltest, ob das nun gemeinsamer Sport oder gemeinsames feines Essen ist, aber das warst du eh die ganze Zeit. Es war nie anders und das Gemeinsame nur Illusion als solche. Jetzt bist du allein und kannst frei entscheiden, wie du das gestalten willst und mit wem du das wirklich, wenn überhaupt, teilen möchtest. Sieh die Chance für die neuen Gelegenheiten, die sich dir bieten! Vielleicht hast du nämlich eine ganz andere Sportart, die du ausüben willst? Vielleicht bist du eher der Sportmuffel, liebst aber Spaziergänge zu jeder Tages- und Nachtzeit? Vielleicht magst du kein Vegetarier, Veganer, Paläo- oder sonst ein Esser sein und bevorzugst schlichte Hausmannskost? Egal, wie es ist: Du wirst sehen, wie oft du zum Klappzahnträger „Ja“ und zu dir „Nein“ gesagt hast. Du wirst erkennen, wie du dich immer mehr verlassen und nach dem Säbelzahntiger gerichtet hast. Das ist traurig, aber so war es nun einmal. Jetzt kannst du das alles sofort ändern. Bitte tu es auch, denn weiter wie gehabt, macht keinen Sinn und auch keine Freude! Werde dir bewusst, was dir gefällt, woran du Freude hast und welche Nahrungsmittel für dich gut sind! Lass deine Fülle in dein Leben kommen durch alles und mit allem, was dich nährt! Das tut wirklich gut. Es braucht nur ein wenig Zeit, bis die ganzen destruktiven Sätze, die der manipulative Säbelzahn in dein Hirn gebissen hat, aus deiner Erinnerung verschwunden sind und dir den Weg für deine eigenen positiven Glaubenssätze, für deine liebevolle Motivation frei machen.

Je öfter du diesen kleinen Dämon zwischen deinen Ohren ertappst, wenn er dir dein Leben wieder einmal schwer macht mit destruktiven Sätzen, Befehlen, Drohungen und was sonst noch alles für Nonsens, desto leichter wird es dir fallen, ihn aus deinen Hirnwindungen zu vertreiben. Schick ihn zum Sport, Kaffee trinken, Kochen oder sonst wohin, während du dem nachgehst, was er dir mieszumachen versucht hat! Irgendwann macht es sogar Spaß, dieses Monster zu verärgern. Denn Spaß, das mag es gar nicht – außer zu seiner eigenen Unterhaltung natürlich, – aber diese Zeiten sollten für dich nun vorbei sein.

Vielleicht wirst du merken, dass dein Gehirn sich richtig erfrischt anfühlt wie ein Raum, den man nach langem Mief richtig durchlüftet. Das ist fein und des Säbelzahntigers Ende. Nur Mut! Du hast in der Beziehung zu deinem Klappzahnträger so viel ausgehalten. Du schaffst das, und es wird sich besser anfühlen, als nach einem Marathon ins Ziel zu laufen. Selbst der Marathon geht zu Ende, deine Freiheit wird bleiben – Freedom to go also! Es liegt ganz bei dir.

Klappzahnträger auf Reisen – unvergessliche, unvergleichbare Urlaube für das Beutetier

Durch meine Erfahrungen und die anderer Beutetiere habe ich festgestellt, dass es auch beim Thema Urlaub ganz bestimmte arteigene Säbelzahntigerverhaltensweisen gibt, die dir auf die eine oder andere Art bestimmt bekannt vorkommen werden, falls du an einen Klappzahnträger geraten bist.

Urlaub ist ein sehr wichtiges Thema. Er dient dem Säbelzahntiger zur Unterhaltung, damit ihm nicht langweilig wird. Einerseits peppt er mit den Reisezielen seine Angeberliste auf, andererseits muss er irgendwohin, damit er bloß nicht mit sich selbst konfrontiert wird, wenn er mal Urlaub in Ruhe machen sollte und dann zu sich selbst mit dem großen Nichts-Drin findet. Ups, das geht ja gar nicht!

Ruhe gibt es nicht mit Klappis, auch wenn du in einem Yogaretreat weilst. Falls andere Menschen, Ereignisse, Sehenswürdigkeiten oder sonst etwas ihm die Show stehlen, schaut es ganz schlecht aus mit Frieden. Da wird gemosert, genervt und alles Mögliche und Unmögliche getan, um ja im Mittelpunkt zu stehen. Leider geschieht das nie auf positive Art und Weise. Wenn, dann höchstens in einer späten Retrospektive, wenn dem Beutetier auffällt, welchen Unterhaltungswert die Show eigentlich hatte.

Sollten alle Stricke reißen und dein Tigeranhang merkt, dass es dir im Urlaub gefällt und es dir gut geht, dann bekommt dein Tierchen einen Schnupfen und leidet augenscheinlich für jeden tierische Höllenqualen, die ansteckender sind, als du glaubst, denn du darfst mitleiden. Erstens, weil du dich wegen seiner Auftritte fremdschämst; zweitens, weil du keinen schönen Augenblick mehr haben wirst für den Rest des Urlaubs, der auch für dich erholsam sein sollte; drittens, weil es nun deine Pflicht ist, für Tigerle da zu sein und den Schaden, den es im Hotel oder bei anderen Gästen wegen seiner Klappzahninkontinenz anrichtet, wieder gut zu machen.

Auf meinen Reisen habe ich die mitleidigen, erschrockenen Blicke und auch das Kopfschütteln fremder Beobachter noch gut in Erinnerung.

Einmal kam nach solch schlimmer Klappzahnentgleisung sogar eine Einheimische auf mich zu, die sicherlich kein Wort meines Mannes verstanden hatte, – was ich wegen der Flüche und Kraftausdrücke auch sehr begrüßte –, um mich mit Händen und Füßen zu fragen, ob sie mir helfen sollte und ob mit mir alles in Ordnung sei. Diese liebe Frau strich mir fürsorglich über das Haar, als mein Mann sich für eine kurze Weile entfernt hatte und ich völlig fertig zurückblieb. Als er wiederkam, sah sie ihn mit einem richtig bösen Blick an und kehrte zu ihrer Familie zurück. Ihr Mann gab mir durch Zeichen zu verstehen, dass er abwarte, ob alles ok war und er eingreifen würde, wenn ich es brauchen sollte. Auch wenn ich weit weg von daheim war, so fühlte ich mich damals sehr geborgen durch die Anwesenheit freundlich gesonnener Menschen, zu denen leider im Nachhinein mein eigener Ehetiger nicht gehörte.

In meinem Leben bin ich nie viel gereist, bis ich meinen Mann traf. Er hatte noch vereinzelt weiße Flecken auf dem Globus, die es abzuhaken galt. Durch ihn habe ich wunderschöne Länder gesehen, was ich in Zukunft auch weiterhin gerne fortführen möchte. Er hat alles organisiert, denn es musste immer günstig sein und um Weihnachten oder Neujahr herum, um den heimischen Familienfeiern zu entfliehen. Im Sommer verreist er nicht, denn da ist es bei uns auch schön und zu der Zeit ist sein Ziel der See, an dem er jeden Sonnenstrahl – wirklich jeden! – genießt in seiner permanenten Unzufriedenheit über jedes einzelne Wölkchen am Himmel.

Urlaub wird durchgeplant, akribisch und genau berechnet. Falls ein Auto gemietet wird, dann fährt nur der Klappzahnträger, weil du zu doof dazu bist. Du darfst ein wenig mitreden, aber letztendlich gilt: entweder so, wie Tigerle es will oder gar nicht! Deine Vorschläge sind meistens dumm, zu teuer oder beides und daher inakzeptabel. Es soll eigentlich ein gemeinsamer Urlaub sein, aber du hast bitte nur leise den King oder die Queen als nahestehendes Servicepersonal zu begleiten.

Falls es nur eine oder zwei Badewochen am Meer sein sollen, dann wird selbst daraus ein Trara gemacht und hunderte Angebote genauestens analysiert. Wenn Zeit Geld ist, dann wird es für Säbelzahntiger im Grunde immer sehr teuer, da sie dazu neigen, mindestens acht Wochen für eine Woche Urlaub in Planungsarbeit zu verbringen. Kein Wunder, wenn Tigerle dann völlig fertig und mit den Nerven am Ende ist, sobald der Flieger ins gelobte Land abhebt. Du bist das wegen der vorausgegangenen Diskussionen ebenfalls, aber es interessiert niemanden!

Es gibt auch die Art Säbelzahntiger, für die du organisieren darfst. Sie machen einfach, wie du meinst und vermiesen dir alles, weil sie es sich ganz anders vorgestellt haben, als es vor Ort nun der Fall ist. Da läuft nichts mehr richtig, und der Trip wird zur Hölle. Oft fliegen die Beutetiere dann früher heim und zahlen in jeder Hinsicht gewaltig für die schönen Urlaubswochen drauf, während sich Tigerle kurzerhand im Feriendomizil anderweitig umschaut und letztendlich gut gelaunt und erholt aus „eurem“ Urlaub kommt.

Mein Mann fotografiert gerne und gut auf seinen Reisen. Für ein gutes Foto muss man früh aufstehen wegen der Lichtverhältnisse und fährt für ein Shooting schon mal gefährliche Wege in einem Land, in dem weit und breit keine Hilfe in Sicht ist, sollte man sich verfahren oder mit dem Auto liegen bleiben. Gefühlt habe ich die Hälfte unserer Urlaube gewartet, bis mein Klappzahnträger seine Fotos geschossen hatte. Die Bilder bekam ich erst zu Gesicht, als ich nach sieben Jahren von ihm fortgegangen bin. Vorher wollte er sie immer bearbeiten, hatte es aber nie für wichtig gehalten. Seltsam angesichts der im Urlaub gesetzten Priorität, die das Fotografieren hatte und der Wichtigkeit dieses Hobbys. Wir haben auch nie mehr nach den Urlauben über selbige geredet. Für ihn war nach der Rückkehr ein weiteres Land abgehakt, während ich lange Zeit von dem Gesehenen zehrte und meiner Familie – leider ohne Bilder – von meinen Erlebnissen erzählen konnte.

Ein Empath sieht Länder ganz anders als ein Säbelzahntiger. Er ist mit dem Fotoapparat oder mit dem Auge da, während jemand, der ein

Herz hat, mit demselben alles aufnimmt und mit Land und Leuten in Kontakt kommt.

Wenn wir unsere Guides hatten, dann war immer ich diejenige, die Interesse gezeigt hat an den Menschen und nicht nur an guten Fotospots oder billigen Essgelegenheiten. Da wir oft abseits von Touristenrouten unterwegs waren, habe ich von den Einheimischen wirklich viel über die Kultur und Traditionen gelernt. Reisen bildet, aber nur, wenn man fähig ist, meine ich, offen für das Land zu sein, für die Menschen dort und deren Art zu leben.

Viele Säbelzahntiger wollen andere Länder kennenlernen, aber verlangen einen Standard, wie sie ihn von daheim kennen. Sie verhalten sich dann in den Hotels dem Personal oder den Einheimischen gegenüber ungeheuer respektlos und demütigend. Das finde ich furchtbar und habe mich auch schon öfter eingemischt. Da kann ich meine Klappe so gut wie nie halten.

Was ihre Nahrungsaufnahme angeht, so sind Säbelzahntiger sehr eigen. Da kann man als Begleitbeutetier so einiges erleben: die anatomische Besonderheit des Endlosmagens beispielsweise bei „all inclusive", wo gefressen wird, was zwischen die Beißer kommt, weil es nichts kostet. Allerdings ist das Essen ja dann bei all der Auswahl nicht gut und nach drei Tagen das Buffet langweilig, weil immer das Gleiche geboten wird. Da kommt mir die Galle hoch! Ich bin mir sicher, dass einige – nicht nur Klappis – daheim nicht annähernd so leckere Sachen essen wie im Hotel, und dann noch rummosern, wenn ihnen wie im Schlaraffenland noch die Gänsekeule aus dem Mundwinkel hängt.

Ja, und weil das Essen angeblich so miserabel ist, geht der Body aus dem Leim, was wiederum für Unzufriedenheit Anlass gibt. Es ist zum Davonlaufen für die Beutetiere und niemals schön!

Am Pool oder Strand wird gelauert und in Beutetierchens Anwesenheit anderen Beautys mit Sabberlefze nachgeschaut. Das ist oft demütigend, weil es so offensichtlich ist. Genau das ist der Sinn der Veranstaltung: dich, liebe Beute, zu demütigen, eifersüchtig zu machen und dir deine Kraft zu rauben. Falls du als Beutetierchen jedoch einmal Bemerkungen machen solltest über eine Beobachtung, dann gnade dir Gott. Mein Mann hat mir deswegen lauthals, ernsthaft und wortreich am Pool gedroht, mich zu erschlagen, wenn ich mein Maul nicht endlich halte. Es waren durchaus deutschsprachige Gäste um uns herum. Ich habe mich so geschämt, war völlig perplex und erschrocken über diese verbale Gewalt, bin aufgestanden und gegangen – wegen nichts ... Es ging um meine Bauchmuskeln, die man durchaus sehen kann, während bei vielen anderen – auch ihm – Kuschelmasse darüber liegt. Natürlich hatte ich keinen schönen Tag mehr. Es war in Summe unser letzter Urlaub, denn es sollte nicht die letzte solch schmerzhafter Verbalattacken sein. Ich konnte leider nicht abreisen, weil nur einmal wöchentlich Flüge unser Domizil erreichten. Ich habe mich dann im wahrsten Sinne verdünnisiert.

Ein Klappzahnträger hält es für absolut selbstverständlich, dass er der King ist und als solcher von jedem behandelt wird. Ihm stehen als Frühaufsteher gesonderte Öffnungszeiten des Fitnessclubs zu sowie eigene Kurszeiten, Sonderbehandlungen in jeder Form und diese kostenlos, einschließlich natürlich freier Liegestühle und Ruhe auch in Kinderhotels. Das Meer hat vor der Zimmertür zu liegen und das Wetter immer gut zu sein, sonst muss im Preis nachverhandelt werden. Wehe, die Sonne geht in Äquatornähe zu schnell unter oder auf, dann ärgern sich Willi oder Willine, weil der Genuss der Dämmerung zu kurz kommt.

Es gibt nichts – und ich meine nichts –, wofür man nicht in Klappzahnalarm verfallen könnte, nur um im Mittelpunkt zu stehen und Macht zu demonstrieren. Wie lächerlich sich Klapperle dabei oft macht, das merken Säbelzahntiger oder ihre weiblichen Artgenossen meistens nicht. Da ist jeder froh, wenn diese Nervenbeißer auf Nimmerwiedersehen abreisen.

Das einzige, was dir hilft, den Urlaub zu überstehen, ist es, den Flugplan zu kennen, um bei Bedarf fliehen zu können, genug Geld dabei zu haben, um dir eine andere Unterkunft zu suchen oder dich im Hotel abzugrenzen, dir Leute zu suchen, mit denen du Zeit verbringen kannst, die dir gut tun. Vielleicht unternimmst du ja auch gerne alleine etwas? Sorge auf alle Fälle gut für dich, denn dein Säbelzahntiger freut sich nur, wenn es dir schlecht geht und er seine Machtspielchen mit dir treiben kann! Geh ihm oder ihr aus der Bisslinie!

Auch wenn es dir im ersten Augenblick nicht gefällt, so begib dich in den Schutz mancher Beobachter, die bemerken und äußern, was da bei dir und dem Säbelzahntiger läuft, und die dich darauf ansprechen, weil sie sehen, dass es dir schlecht geht. Diese Menschen tun dir gut.

Jeder Guide in meinem Urlaub hat mich auf meinen Mann und dessen Verhalten mir gegenüber angesprochen, obwohl keiner verstehen konnte, was mein Säbelzahn mit mir gesprochen hatte. Allein seine Mimik und Gestik verrieten die Misshandlung und Demütigung, die ich aushielt.

Unser Guide Ali im Oman, mit dem wir vier Tage in der Wüste verbrachten, war rührend besorgt um mich. Das tat mir so gut, und ich fühlte mich selten so wohl, beschützt und verstanden, wie durch diesen Mann. Er als streng gläubiger Moslem hatte innerhalb kurzer Zeit bemerkt, dass mein eigener Ehemann mich überhaupt nicht wertschätzt. Dessen Verhalten war in jeder Hinsicht nicht verständlich für ihn.

Da ich immer an mir selbst zweifelte, – und das kennst du sicher auch – tat es so wohl zu hören, dass ein Fremder in kurzer Zeit bestätigte, was ich fühlte, und bemüht war, mich zu unterstützen und mich für die wenigen Tage der gemeinsamen Reise vor den Übergriffen zu beschützen. Ich wünsche jedem Beutetier so ein wundervolles Erlebnis und dieses Gefühl weit weg von daheim geborgen zu sein und mit normalem Menschenverstand von einem Fremden gesehen, wahrgenommen und geschätzt zu werden. Ich habe auf dieser Reise nicht nur durch Ali, sondern auch durch die anderen Menschen, denen ich begegnet bin, viel über den Islam gelernt und Vorurteile abbauen können. Eine sehr wertvolle Erfahrung für mich und lehrreich obendrein. Ich bin nicht nur den anderen, sondern auch mir selbst begegnet, meiner Lebenseinstellung, meinen Vorurteilen, meinen Qualitäten und der Fähigkeit, stets flexibel auf äußere Umstände reagieren zu können. Irgendwie hat das alles dazu beigetragen, Dankbarkeit für die Fülle in meinem Leben zu empfinden, auch wenn es mir einmal nicht gut ging. Ich kann beispielsweise einfach den Wasserhahn aufdrehen und habe sauberes Wasser – was für ein Luxus! Das ist nur eines von vielen Dingen, für die ich jeden Tag dankbar bin.

Falls dir jemals solche Engel wie die netten Guides auf meinen Reisen begegnen, dann nimm das als Geschenk an, denn die werden dir als Gegenpol zu deinem Klappzahnträger geschickt, damit du siehst, dass es noch schöne und irgendwie normale Momente geben darf. Spiel dann nicht die „Ach, mir geht‘s gut!", denn das nimmt dir eh kein Mensch ab, sondern gib dich dem Mitgefühl anderer hin, die es in dem Augenblick wirklich gut mit dir meinen – so wie unsere Guides Ali im Oman oder Jia Ji in Myanmar. Wenn sie nicht gewesen wären, hätte ich nicht die schönen Reisen und Momente erleben dürfen, die sie durch ihr Dasein und ihr Mitgefühl daraus für mich gemacht haben. Sie haben mich von der Aggressivität und Egozentrik meines Säbelzahntigers abgelenkt. Dafür bin ich wirklich dankbar, denn sie haben mir Menschlichkeit gezeigt. Ihnen ist sicherlich nicht bewusst, wie wertvoll die Begegnung mit ihnen in meinem Leben war, denn sie waren im Nachhinein wie Leitplanken, die mir meinen Weg gezeigt haben sowie die Tatsache, dass meine Wahrnehmung richtig war, meine Ehe schlecht und die Art meines Mannes schlicht unangemessen, um es gelinde zu formulieren. Sie haben dazu beigetragen, mich darin zu bestätigen, dass ich einem Säbelzahntiger als Beute zum Opfer gefallen war und ich keine andere Überlebensmöglichkeit hatte, als ihn zu verlassen. Ich habe noch viel mehr solcher Hinweise gebraucht, aber immerhin habe ich irgendwann die Entscheidung getroffen bzw. treffen müssen, zu gehen, um zu überleben, und dadurch habe ich Missbrauch und Misshandlung hinter mir gelassen. Darüber bin ich sehr froh und dankbar, denn jetzt fange ich an, mein Leben in meiner Kraft zu leben.

Ich erzähle dir das, damit du erkennen kannst, dass das, was dir passiert, auch anderen auf die gleiche oder sehr ähnliche Weise zustößt. Du bist nicht allein. Sei dir sicher, dass dein Schmerz vergehen darf, wenn du anfängst, mehr und mehr darüber nachzudenken, wessen Leben du lebst – deines oder das deines Säbelzahntigers.

Wenn du dich fragst, warum ich denn die Reisen mitgemacht habe, wenn meine Ehe doch so schlecht war, dann kann ich dir nur antworten: Ich hatte ein Versprechen abgegeben, dass ich mit meinem Mann glücklich alt werden will, in guten und schlechten Tagen. Dieses für mich heilige Versprechen wollte ich nicht zum zweiten Mal in meinem Leben brechen. Ich habe die gemeinsamen Reisen stets als Chance gesehen, um doch noch zu dem Mann zurückzufinden, in den ich mich einst verliebt und den ich geheiratet hatte.

Jedes Kapitel soll dir ein Hinweis sein, dass du kein Einzelexemplar als Partner oder Partnerin hast, sondern dass Wesen der Gattung Säbelzahntiger stereotyp so ticken, wie sie ticken. Ich will, dass du viele „Aha-Erlebnisse" in diesem Buch hast, die dazu beitragen, dass die starken Stirnfalten durch deinen fragenden oder zornigen Gesichtsausdruck verfliegen dürfen, da in dir mehr und mehr der Mut wächst, eine Exitstrategie aus der Beziehung anzudenken und einen Schritt nach dem anderen in Richtung Freiheit zu tun. Nur Mut! Erlaube es dir, denn es ist ok und wahrscheinlich das Richtigste und Wichtigste, was du jemals in deinem Leben für dich unternehmen wirst.

Willi und Geld – Dagobert Duck versus Pleitegeier

Wenn ich eines bei meinem Säbelzahntiger beobachtet habe, dann ist das Sparsamkeit bis zum Exzess. Man könnte es auch Geiz nennen. Falls ich dieses Wort jedoch während unserer Beziehung in den Mund genommen habe, dann gab es höchst beleidigten Klappzahnalarm!

Über den Unterschied zwischen Geiz und Sparsamkeit kann man vielleicht streiten. Dies gilt jedoch nicht mit einem Klappzahnträger. Diese Gattung ist stets der Meinung, lediglich sparsam zu sein. Meine Wahrnehmung ist eine andere.

Natürlich mögen Säbelzahntiger und ihre weiblichen Artgenossen durch berufliches Einkommen über ein gut gefülltes Konto verfügen, da sie jedoch stets unzufrieden, neidisch und bedürftig sind, halten sie sich immer für arm. Mein Klappi hatte beispielsweise eine Viertelmillion auf einem seiner Konten und nannte es sein „Spendenkonto“, auf das ich nach der Trennung auch einiges einzahlen durfte. Gleichwohl nagte er am Hungertuch und konnte sich nichts mehr leisten. Kein Witz, – Ernst! Er musste schließlich nach unserer Trennung Miete zahlen. Der Jammer darüber war groß! Er wusste auf der anderen Seite jedoch auch einfach nicht, was er mit der Summe am besten anstellen sollte. Mein Mitgefühl hielt sich diesbezüglich in Grenzen, wie du dir sicherlich vorstellen kannst.

Wenn Gier in der rechten Hosentasche eines Klappzahnträgers steckt, dann befindet sich Geiz hundertprozentig in der linken!

Da mein Säbelzahnträger kaum Einkünfte hatte, weil ihm seine Freizeit am See liegend, auf Reisen oder beim Sport sehr wichtig war und er daher nur wenig Zeit fand, einer erfolgreichen beruflichen Tätigkeit nachzugehen, schrumpfte natürlich dank der schlechten Zinssituation sein vormals noch besser bestücktes Konto. Diese Tatsache machte ihm große Sorgen, und er erinnerte mich stark an Dagobert Duck, wie er ständig auf seinem Geldhaufen sitzt und nachzählt, ob noch alles da ist. Währenddessen geht das Leben einfach vorbei. Glück schaut in meinen Augen anders aus.

Ein Beispiel, das bezeichnend ist für das Kaufverhalten von Säbelzahntigern, ist folgende Geschichte:

Willi oder Willine brauchen Fellschutz. Sie gehen wahrscheinlich erst mal allein auf die Pirsch und schauen sich in verschiedenen „analogen" Geschäften um. Vielleicht fahren sie auch noch in einen anderen Ort, um zu vergleichen. Sie lassen sich von netten Verkäufern gut beraten. Danach schauen sie daheim auf digitalen Vergleichsportalen nach den empfohlenen Angeboten und speichern diese nach der Beratung durch nette Servicemitarbeiter diverser Kundenportale ab. Anschließend darf das Beutetierchen ihn oder sie nochmal analog begleiten und begutachten, was gesichtet wurde, wobei sie die netten Verkäufer wiederum gut beraten. Dir gefällt ein Exemplar bereits schon am Anfang und trotzdem musst du als Beutetierchen die ganze Pirschroute mit dem Tigerle durchgehen, viele Stunden oder gar Tage. Am Ende kaufen Willi oder Willine ein weniger schönes Trumm, weil es 20 € billiger ist, oder sie bestellen im Internet. Das Begleitopfer fühlt sich bescheuert, da der Rat und die gesamte Begleitung völlig überflüssig waren und die Zeit anderweitig hätte genutzt werden können. Oft gibt es dann auch noch Streit, weil sich Willi oder Willine durch irgendeine Kleinigkeit gekränkt fühlen und es kommt zur Klappzahninkontinenz. Es werden nicht nur einkaufspezifische Punkte „bestritten", sondern gleich die ganze Litanei aus der Vergangenheit aufgewärmt, die den Säbelzahn gewaltig zum Beben bringt.

Voller Triumph freuen sich Klappis nach dem Einkauf über das Schnäppchen, das sie gemacht haben. Dass Zeit auch Geld ist, ... ähm ... nö, war da was? Das Beutetier soll gefälligst auf dem Bauch liegend, die Füße des Säbelzahnträgers küssend froh sein, so viel Zeit mit seiner königlichen Hoheit verbracht haben zu dürfen. Natürlich kann man in die Ehe, sprich den Einkauf, gerne investieren, weil das Beutetier natürlich schuld ist an dem entsetzlichen Konflikt und Schmerzensgeld als Wiedergutmachung nun wirklich erwartet wird.

Die Größenphantasie eines Säbelzahntigers kennt keinerlei Grenzen – wie bei Kleinkindern halt auch. Diese wissen allerdings noch nicht, was Grenzen sind. Den Lütten kann man das noch beibringen, den Säbelzahnträgern leider nicht.

Spätestens zwei Wochen nach dem Kauf, also innerhalb der Rückgabefrist, findet sich sicherlich eine Kleinigkeit am erworbenen Produkt, die dazu führt, dass der nette Berater des Kundenservice einen gar nicht netten Klappzahnalarm erlebt. Das wiederum hat einen weiteren Preisnachlass oder die Rücksendung der Ware zur Folge, worauf ein besseres Produkt zu einem noch günstigeren Preis mitsamt „Entschuldigungsbonus" für die erlittenen Unannehmlichkeiten retour kommt. Wieder ein Triumph!

Ja, so kommt man auch zu Geld. Mir persönlich macht das keinen Spaß, und ich halte diese Verhaltensweise für ausbeuterisch und respektlos den Menschen gegenüber, die im Verkauf arbeiten. Aber was will man auch von Säbelzahntigern anderes erwarten?

Der Kunde ist König, Willi und Williné sind Götter. Sie bestehen darauf, alles kostenlos zu bekommen. Ähnlich wie Kinder, die den Wert des Geldes noch nicht kennen und schließlich auch vieles von ihren Eltern geschenkt bekommen, was sie sich wünschen, ohne natürlich etwas dafür tun zu müssen. Als Kind normal, als erwachsener Säbelzahntiger auch ... leider ... normal. Da hat sich wohl irgendwann irgendwo ein Fehler im System dieser Gattung eingeschlichen. Ja, und das macht unsere Säbelzahntiger wirklich zu etwas ganz Besonderem, nicht wahr?

Leider kommen sie mit ihrer Masche immer wieder durch, weil ein Verkauf schließlich von zufriedenen Kunden abhängt. Ich würde mir wünschen, dass solchen Mauschlern öfter einmal Grenzen gesetzt werden und im Verkauf ein besseres Selbstbewusstsein zum Tragen kommen darf, welches auch von höherer Ebene aus abgesegnet ist. Auch Geschäftsinhaber sollten in ihrer Fürsorgepflicht ihren Angestellten den Rücken freihalten und sie nicht zum Sklaven machen für die Anspruchshaltung und Respektlosigkeit unverschämter, gieriger Säbelzahntiger. Auf solche Kunden kann man verzichten, denn sie machen nur Probleme. Da hilft auch Nettsein nicht.

Säbelzahntiger können im ausgeklappten Säbelzahnmodus sehr beleidigend und heftig sein. Ich musste dies oft miterleben und habe den Servicemitarbeitern am anderen Ende der Leitung viele Male gewünscht, dass sie beim Gebrüll meines Säbelzahntigers keinen Gehörschaden bekommen mögen. Während er laut seiner Wahrnehmung stets an inkompetente, unfreundliche Idioten kam, hatte ich dieses Problem noch nie. Ich denke, da ist schon was dran an dem Sprichwort: „Wie man in den Wald hineinruft, so schallt es zurück."

Schnäppchen sind für manche Klappis wirklich das Höchste und nähren ihr Gefühl der Macht und des Triumphs, weil sie anderen vermeintlich eins ausgewischt haben und somit billig davon gekommen sind. Leider beachten sie nicht, dass die Qualität günstiger Produktangebote oft nicht so gut ist und daher das so heiß geliebte Schnäppchen recht schnell und allerspätestens zeitig nach Ende der Garantiezeit im Eimer ist und dort auch landet. Nachhaltigkeit ist nicht der Tiger Sache. Sie kaufen dann öfter und geben dadurch wesentlich mehr Geld aus als bei einem vermeintlich teuren, qualitativ hochwertigen Produkt. Falls du das als Beutetier ansprichst, dann droht, ... na du kennst es ja eh, ... der Klappzahnalarm, weil du ja so viel Geld hast, das du einfach in Willis oder Willines Augen zum Fenster hinauswirfst. Da kann aus dir ja nichts werden!

Gnade dir Gott bzw. der Säbelzahntiger, wenn du finanziell von ihm oder ihr abhängig bist, da du dich um den Nachwuchs kümmerst, gerade noch studierst oder eine Ausbildung machst, welche dir noch kein eigenes Einkommen sichert. Da wird geknapst, was das Zeug hält. Spaß schaut anders aus! Jeder ausgegebene Cent ist förmlich zu protokollieren. Ein Haushaltsbuch ist Pflicht, und alles muss sauber erfasst werden, damit das Beutetier nur ja nicht über die finanziellen Stränge schlägt und sich einmal für sich selbst etwas gönnt.

Selbst wenn ein gemeinsames Haushaltskonto besteht, werden Geschenke an das Beutetier von diesem Konto bezahlt. Diese sind natürlich als großzügige Geste der „Ab"-Wertschätzung zu sehen.

Der Ehegattin mal einen Blumenstrauß vom Floristen zu schenken, geht für Willi gar nicht. Das Grünzeug vom Discounter tut es schon lange, besonders dann, wenn es von der Beschenkten zur Hälfte aus der gemeinsamen Haushaltskasse bezahlt wird. Man muss ja schließlich sparen! Das soll nicht heißen, dass ich mich nicht beispielsweise auch über Blumen aus dem Supermarkt freue, aber halt nicht immer und schon gar nicht zu besonderen Anlässen. Da ist man dann in Willis Augen als Beutetier mit eher verhaltener Freudereaktion ganz schnell undankbar und der Klappzahnträger mit den hohen Anforderungen durch die Beute – also dem Wunsch nach einem schönen Floristenstrauß – sehr schnell völlig überfordert. Dieses arme Klappzahnwesen!

Falls Nahrungsmittel vom gemeinsamen oder auch getrennten Konto eingekauft werden, dann werden diese rationiert und nicht selten beschriftet, damit klar ist, wer was essen darf und was allein dem Säbelzahntiger gehört. Teilen ist nicht so seine Stärke, aber das können viele Kleinkinder auch nicht von Natur aus. Dieses Verhalten ist folglich für die Klappzahngattung nicht verwunderlich, jedoch sozial inakzeptabel.

Leider haben Willi oder Willine mit dem, was andere lieben, kein Problem und freuen sich, weil es ihnen selbst so wahnsinnig gut schmeckt. Da geht dann das Beutetierchen schon mal leer aus und darf sich einfach nur darüber gönnerhaft freuen, weil es denselben Geschmack hat wie der Säbelzahnträger.

Ich habe in meinen Ehen mit Säbelzahntigern den Umgang mit Geld und Sparsamkeit, gepaart mit gesundem Menschenverstand, gelernt. Letztgenannter ist natürlich mein eigener, denn ein Klappi hat keinen! Wobei ich lustigerweise zu denen gehöre, die immer an das teuerste Stück hin langen, das im Laden unter den Sonderangeboten hängt. Wenn mir etwas gefällt, dann ist damit zu rechnen, dass es im hohen Preissegment liegt. Was mir das wohl sagen soll? Mein Säbelzahntiger konnte darüber nur den Kopf schütteln und mich als Luxusweib bezeichnen. Allerdings wirkt meine Eigenschaft wohl ansteckend, denn irgendwann ging es meinem letzten Klapperl genauso wie mir, was für Willis natürlich fürchterlich sein muss. Denn einerseits ist da die Tatsache, dass sie die Größten, Besten, Tollsten sind, andererseits würden sie sich ja was vergeben, wenn sie einmal als Obersparer vor den Augen des sonst so klein gehaltenen Beutetierchens richtig zuschlagen würden.

Dies passiert lediglich für beispielsweise eigene Hobbys, Süchte oder Vorlieben des Klappzahnträgers. Dafür ist immer genug Geld vorhanden bzw. hat vorhanden zu sein und wird häufig der Versorgung der Familie vorenthalten. Schließlich steht das Wohl des Säbelzahntigers über dem seiner Untertanen, denn das erarbeitete Geld steht ihm zu, auch wenn es sich um das erarbeitete Geld aus Beutekonten handelt. Da werden schon mal Schulden gemacht, die die Familie in den existenziellen Ruin treiben, weil Klappi das Gewünschte einfach unbedingt zum Überleben braucht – und zwar sofort!

Ein gut eingesetzter Klappzahnalarm bedrohlichen Ausmaßes mit allem, was der Säbelzahntiger zu bieten hat, hält die Umgebung in ängstlichem, traurigem, traumatisiertem Zustand, sollte das Opfer oder ein Nachkomme die Forderung oder das Verhalten des Säbelzahntigers auch nur im entferntesten Ansatz infrage stellen. Die Bisswunden sind nachhaltig, die Misshandlung, ob physisch oder psychisch, schwerwiegend. Sie hinterlassen immer wieder Spuren, die weit in die Zukunft der Angehörigen reichen. Kredite müssen abbezahlt und die psychischen Verletzungen verarbeitet werden. Jemand, der das noch nie erlebt hat, kann sich das fürchterliche Szenario nicht vorstellen. Ich wünsche niemandem, so etwas je erleben zu müssen.

Dieses Verhalten in Bezug auf Geld erinnert mich wieder an das von Kindern in Bezug auf ihr Taschengeld. Auf der einen Seite wird gespart und gegeizt wie verrückt, aber auf der anderen Seite wird das mühsam Ersparte für richtigen Mist ausgegeben, wobei man als Eltern oder Beobachter nur den Kopf schütteln kann. Nun ja, wie oben schon erwähnt, bei Kindern normal, bei Säbelzahntigern auch, und darin liegt der fatale Systemfehler, weil es sich bei letzteren um Erwachsene handelt.

Sich selber eine Freude zu gönnen, wenn man einen Säbelzahntiger zum Partner hat, ist wirklich schwer. Für ein schönes neues Kleidungsstück, ein Buch – bei mir handelt es sich meist nur um Fachliteratur, und die ist nun einmal recht teuer – oder sonstige Dinge, die ich mir vom eigenen Geld gekauft hatte, hörte ich wiederholt nur abschätzige Worte. „Hat dein Geld wieder Ausgang!“ „Du musst ja Kohle haben! Und ich schau, dass ich für dich immer Einsparungen finde, damit du finanziell frei wirst!“ „Musste das sein?“ „Kannst du dir nicht mal was Vernünftiges kaufen, was nichts mit deiner Arbeit zu tun hat?“ „Kannst du dir die Bücher nicht leihen oder gebraucht kaufen?“ „Schau mich an, ich leihe mir nur über die Bücherei und exzerpiere den Inhalt!“ Irgendwann habe ich meinem Säbelzahntiger nichts mehr von meinen Einkäufen berichtet und ihm auch sonst immer weniger von mir erzählt. Dieses ewige Gestichel hat mich wirklich zunehmend freudloser werden lassen.

Falls der Säbelzahntiger nicht betraut ist mit der Überwachung der Ausgaben für deine Dinge oder das von dir Erworbene nicht seinem Geschmack entspricht, dann behandelt er dich mit all seinen Manipulationstechniken: eisernes Schweigen, Demütigung, Zynismus, Vorwürfen und Sticheleien. Das macht er so lange, bis du an dir selbst zweifelst und am liebsten alles Gekaufte wieder zurückgeben würdest oder dir der Spaß daran gründlich vergangen ist. Für mich war das oft sehr traurig und führte dazu, dass ich mich immer mehr in mich selbst zurückzog. Irgendwann habe ich meinem Mann geglaubt, dass ich nicht mit Geld umgehen kann, völlig inkompetent und dumm bin. Seine wiederholten hypnotisch wirkenden Äußerungen führten fast dazu, dass ich meinen geliebten Beruf nicht mehr ausüben wollte, weil ich mich dazu nicht mehr in der Lage fühlte. Meine Unsicherheit wurde immer größer und schlug sich in allen Lebensbereichen nieder. Nur durch mein liebes Umfeld, das mich immer wieder auf meine Erfolge hinwies und mich auffing, sowie meine tägliche Meditation und die Auseinandersetzung mit mir selbst fand ich mein Potenzial und meine Herzenergie wieder, die mir erlaubten, das zu tun, was ich gerne mache: mit Freude für andere da sein und das so gut wie ich eben kann.

Bitte, liebes Beutetierchen, glaube nicht alles, was dein Säbelzahntiger zu dir sagt! Es sind der Neid, die Missgunst, der Hass und absolute Lieblosigkeit, die aus ihm sprechen. Du bist nie gemeint! Du dienst lediglich als Projektionsfläche für sein Versagen, seine Unzulänglichkeit, seine Perversion und seine Aggression. Soll er seine Bilder an die Wand schmeißen und nicht auf dich! Geh dem Säbelzahntiger aus dem Weg und geh deinen Weg! Such die Wahrheit in dir selbst! Als Empath ist sie hundertprozentig eine völlig andere als die Story, die dir der Klappzahnträger weismachen möchte.

Außer den Dagobert Ducks gibt es unter Willis und Willinen auch die säbelzahntragenden Pleitegeier. Ein nettes Bild, findest du nicht auch? Allerdings nur, wenn du davon nicht betroffen bist.

Diese Unterart der Säbelzahntiger hat nie Geld und kann auch nicht damit umgehen. Das müssen andere für sie tun. Ihr Anspruchsdenken erlaubt es schlichtweg nicht, dass es jemanden im Umfeld geben sollte, der ihnen für ihre überzogenen Anforderungen kein Geld zur Verfügung stellt.

Sie müssen im Außen glänzen. Den königlichen Klappzahnhoheiten ist immer und jederzeit zu dienen! Wenn dies verweigert wird, dann werden sämtliche Register der Manipulation gezogen. Das reicht von Betrug, Erpressung, Erbschleicherei, Heiratsschwindel, übler Nachrede – die sozialen Netzwerke sind ihre besten und buntesten Spielwiesen – bis zu Gewalt. Die Tiger der übelsten Sorte schrecken selbst nicht vor Mord zurück. Das Schlimme daran ist, dass der Täter häufig mehr geschützt wird als die Opfer. Der arme Säbelzahntiger hatte eine schlechte Kindheit und konnte nicht anders handeln, ist psychisch nicht zurechnungsfähig und dadurch schuldunfähig. Die Opfer sind in den Augen der Rechtsprechung oder des Umfelds ja selbst schuld an der Situation. Sie haben einfach nicht aufgepasst. Sie waren so naiv! So ein Pech! Wieder wird das Beutetier gedemütigt, wo es eigentlich Schutz bräuchte. Das ist unmenschlich und in hohem Maß traumatisierend.

Da Säbelzahntiger sich nur über Außenreize spüren, haben sie ein erhöhtes Suchtpotenzial. Ob Alkohol, Drogen, Spiel- oder Kaufsucht: Es gibt nichts, wonach sie nicht süchtig werden können. Bei meinem Mann war es Eiscreme, Rennradfahren, Reisen und in der Sonne brutzeln. Gut, dass diese Süchte, außer dem Reisen, recht kostensparend waren!

Als Beutetier möchte man ja helfen. Der Süchtige gelobt nach jedem Zusammenbruch Besserung, vor allem dann, wenn das Gegenüber am

Ende der eigenen Kräfte mit Beendigung der Beziehung und damit dem Ende der Energie- bzw. Geldzufuhr droht. Da Säbelzahntiger jedoch stets unbelehrbar und uneinsichtig sind, läuft fast jeder Entzug ins Leere. Die eine Sucht wird mit etwas anderem kompensiert, was das Leben in der Partnerschaft nicht leichter macht. Es ist ein sich ewig wiederholendes Schauspiel.

Der ständig bedürftige Säbelzahntiger oder seine weibliche Artgenossin lassen nicht selten einen völlig verschuldeten Harem zurück.

Sie leihen sich in wunderbarster Lovebombingmanier Geld, indem sie das Gegenüber nach allen Regeln der Kunst anmaunzen, fast zu Tode zuschleimen mit ihrem für Beutetiere unwiderstehlichen Geschlecke und Gesabber. Sie können ja so jammern oder einfach nur die Kreditkarte daheim vergessen haben. Das Beutetierchen springt natürlich ein. Sie lassen sich einladen, wo es nur geht, ohne Skrupel zu haben, wenn sie sich nicht revanchieren. Sie sind so richtige Schmarotzer, die es für ganz natürlich und selbstverständlich halten, bedient zu werden und nichts dafür tun zu müssen. Niemals!

Falls da jemand kommt und sie an ihre Pflicht erinnert, Schulden zu begleichen oder auch mal eine Restaurantrechnung zu zahlen, dann endet das mit massivem Klappzahnalarm, Gebrüll und allem, was Klappi zu bieten hat.

Säbelzahntigerinnen sind in ihrer Weibchenrolle natürlich darauf angewiesen, ein reiches oder wenigstens dummes, spendables Beutemännchen zu haben. Manchmal fungiert auch der Beute-Papa lange als Geldgeber. Da müssen es schon die teuersten von den teuersten Klamöttchen sein, hier und da – möglichst wöchentlich – der Genuss eines Spas für das gestresste Tigerkindchen, das Cabrio, nur erlesenes Fresschen und solche Dinge mehr. Natürlich wissen alle davon, denn von allem, jedem und zuallererst von ihr muss ein Foto gemacht und über die sozialen Medien gepostet werden. Ihre Majestät la Tigresse wirkt sehr oberflächlich und ist es auch. Ihre Spezialität ist ihre

Berechnung, zu dem zu kommen, was sie sich vorstellt – vor allem Luxus. Weil sie ja so lieb schnurrt und es für manche Männer wirklich toll sein muss, so ein Tigerpüppi ihr eigen nennen zu dürfen, das ihr Ego und ihre Potenz sicherlich aufpeppt, öffnen sie bereitwillig ihren Geldbeutel. Sie ahnen nicht, dass sie niemals die Einzigen sind, sondern vieler Männer Eigentum. Allein auf sich gestellt ist dieses weibliche Klappzahnbaiser nicht lebensfähig.

Solltest du dich für diese Gattung interessieren, dann schau auf die Influencerkanäle. Dort findest du außergewöhnliche Individuen, die unter ihren farbenfrohen Lippen Klappzähne verstecken. Wirklich schlimm finde ich, dass es solchen oberflächlichen, meist mit wenig Bildung begabten Säbelzahntigerinnen gelingt, Menschen für sich und ihre Meinung zu gewinnen, die für die Geinfluenzten wichtiger wird als die Informationen gut recherchierender Medien. Da wird polarisiert und polemisiert, was das Zeug hält. Hauptsache Klicks und Likes. Dafür geht Tigresse über Leichen! Da ist wohl manche Influenza weniger schädlich als solche Influencer. Beides breitet sich jedoch viral aus. Gesellschaftlich gesund geht anders.

Da Säbelzahntiger nur schwarz oder weiß und niemals eine Mitte kennen, hinterlassen sie sehr oft finanziell völlig ruinierte Menschen. Beutetiere handeln aus Liebe und Mitgefühl. Den Irrtum erkennen sie erst sehr spät, wenn sie den Fellen beim Davonschwimmen zusehen müssen, der Lohn gepfändet ist und der Strick schon fast zum Greifen nah erscheint. Die Scham über diese Naivität, die Unfähigkeit, nun nach der Trennung auf den eigenen Beinen zu stehen, obwohl man als Beute einen guten Job hat, ist einfach unerträglich. Der tiefe Absturz des geschändeten, ausgeweideten Beutetiers endet nicht selten im Grab. Das ist hochdramatisch! Den Säbelzahntiger und seine weibliche Artgenossin kümmert das nicht. Sie laben sich am nächsten Opfer und fressen sich weiter in ihrer maßlosen Gier satt.

Liebes Beutetierchen, achte ganz fest darauf, dein Konto dem Klappi nicht zur Verfügung zu stellen. Keine gemeinsamen Konten, auch wenn er bzw. sie noch so fauchen, brüllen und die Zähne zeigen!

Passwörter unter Verschluss halten und aufhören zu unterstützen! Dein Gegenüber ist meistens ein erwachsener, erwerbsfähiger Mensch mit zwei gesunden Händen und Füßen.

Grenzen setzen! Du musst dir dein Geld hart verdienen und trägst selten den Namen Rockefeller auf der Stirn eintätowiert.

Falls du Kinder hast, dann sorge dafür, dass du Geld für sie auf ein separates Konto schaffst und ansparst. Dein Klapperle achtet nicht einmal die Gelder, die für die Nachkommen zurückgelegt sind. Ihm oder ihr ist nichts heilig außer der Befriedigung der eigenen Bedürfnisse. Falls du mal Geld brauchen solltest, so ist das ganz allein deine Angelegenheit. Der Säbelzahntiger verhält sich hierbei sicherlich außergewöhnlich zurückhaltend. So darfst du ihm erst wieder unter die Augen treten, wenn du „flüssig" bist.

Falls du die Trennung planst, dann sorge gut für dich und lenke deinen Geldfluss in deine Richtung, so dass dir genug bleibt, um nach dem Exit zu überleben. Deinem Tigerle ist sehr daran gelegen, dich um dein Bestes zu bringen. Seine Devise lautet frei nach dem wohl bekanntesten, größten und mächtigsten Klappzahnträger weltweit: „Tiger first!"

Ich habe das Gefühl, dass Geld das Einzige ist, woran Säbelzahntiger ihren wirklichen Wert messen. Misst du ihnen zu wenig materiellen Wert bei, dann fühlen sie sich entwertet. Sie können nie fühlen, dass ein Mensch liebenswert ist, weil er ist, denn das würde bedeuten nach innen zu lauschen und dem Herzen zuzuhören. Dieses werden sie schwerlich finden, da sie stets an der verkehrten Stelle im Außen danach suchen. Es ist so schade, aber ich gebe die Hoffnung niemals auf, dass jeder irgendwann einmal diesbezüglich fündig wird, wenn es für ihn Zeit ist. Ich denke, für Säbelzahntiger muss das fast ein Zustand größter Verirrung sein, der sie kolossal durcheinander bringt. Na ja, es gibt sicher Schlimmeres!

Lügen haben Tigerpfoten – Willis kreativer Umgang mit der Wahrheit

Meine Erfahrung hat mich gelehrt, dass Säbelzahntiger eine ganz besondere Sichtweise auf das Thema Wahrheit haben. Egal, was sie sagen, es ist immer richtig. Wenn einer lügt, dann stets der andere. Auch wenn du Willi oder Willine in flagranti erwischst, während sie etwas tun, was sie laut eigener Aussage niemals machen würden, dann sagen sie immer noch: „Ich wars nicht!"

Dieses Verhalten erinnert sehr stark an ein kleines Kind, das ganz genau weiß, dass es etwas angestellt hat und die Konsequenzen fürchtet. Wie so oft zeigt sich auch hier im Säbelzahntiger diese kindliche Seele, die einfach nicht mitwachsen wollte und schließlich in einem erwachsenen Körper allerlei Unfug treibt.

Während beim Kind die Erziehungsberechtigten für ein angemessenes Verhalten ihres Nachwuchses Sorge zu tragen haben, gibt es beim Klappzahnträger niemanden und auch keine innere höhere Instanz, um Verantwortung zu übernehmen, am allerwenigsten Willi oder Willine selbst. Ihnen fehlt die Fähigkeit zu Transzendenz, Introspektion und eine Art Kontrollebene oder schlicht ein Gewissen, welches sie davon abhalten würde, Unrecht zu tun oder zu lügen. Dahinter steckt sehr viel kriminelles Potenzial, das letztlich vor nichts zurückschreckt und über Leichen geht, um die eigenen Ziele zu erreichen, die eigenen Bedürfnisse zu erfüllen. Nur diese sind es, die den Säbelzahntiger am Leben halten.

In der Partnerschaft mit Säbelzahntigern lernst du sicherlich früher oder später, wie es sich anfühlt, auf die eine oder andere Art betrogen zu werden.

Anfangs hast du nur eine leichte Ahnung, dass irgendwas im Busch ist.

Sollte er beispielsweise ein anderes Beutetier im Auge haben, merkst du vielleicht, dass dein Klapperl sich öfter mal zum Telefonieren zurückzieht, heimlich auf sein Smartphone schaut und vielleicht sogar damit aufs Klo geht, um ungestört chatten zu können. Er hält dich für so blöd, dass du das nicht mitbekommst. Sobald du ihn auf sein seltsames Verhalten ansprichst, dann erklärt er dir, wie paranoid, eifersüchtig oder sonst irgendwas in der Art du bist.

Dein schlechtes Gefühl lässt dich immer misstrauischer werden. Du fängst vielleicht an zu spionieren und wirst fündig. Selbst wenn du ihn mit einer anderen im Bett erwischen solltest, dann ist das nicht, wonach es aussieht. Letztlich bist du nämlich schuld daran, dass er fremdgehen muss, weil du was auch immer, wer auch immer, wie auch immer ... bist. Ja, da wird er, Zähnchen zeigend, sehr kreativ.

Glaub ja nicht, dass du die Einzige bist, die er verscheißert. Seine „Beglückte“ denkt nicht selten auch, sie sei Willis einzige große Liebe, oder die Säbelzahntigerehe existiere nur auf dem Papier und du bist lediglich noch Geschichte, oder du bist so krank, dass er dich pflegen muss und dir nicht zumuten kann, dich zu verlassen. Da stehst du dann in voller gesunder Pracht, wahrscheinlich ziemlich kraftvoll, stinksauer, enttäuscht und so gar nicht „Geschichte“. Sie wird dein Gefühl recht schnell teilen.

Das soll nicht heißen, dass du Mitleid zu haben brauchst, sondern dass ihm alle Menschen egal sind. Hauptsache ihm geht es gut und er hat seinen Spaß! Natürlich muss es sich gut anfühlen von mehreren angehimmelt zu werden und für jede „Sparte“ das geeignete Dienstpersonal zu haben – ohne Lohn versteht sich. Die Auszeichnung für getane Dienste liegt darin, in Willis Dunstkreis sein zu dürfen. Das ist schon eine unermesslich große Auszeichnung!

Solltest du nach dem Aufdecken des Betrugs dem Säbelzahntiger Grenzen setzen, ihn verlassen oder ihm seine Sachen vor die Türe stellen, dann wird er den Beleidigten mimen, dem ganz viel Unrecht geschieht, oder so zerknirscht tun, dass er dich wieder weichklopfen wird. Er schwört dir hoch und heilig, so etwas niemals wieder zu tun – der andern schwört er was anderes – und an sich arbeiten zu wollen, sich zu ändern und aufzuhören ein Arschloch zu sein. Ja, das wird er dir in seiner ganzen Aufrichtigkeit versprechen, und ja, er glaubt selber sehr fest daran in dem Augenblick, in dem er das sagt. Jeder Meditationsprofi wäre gerne so sehr im Hier und Jetzt wie der Säbelzahntiger in dem Moment, wenn er lügt ... also eigentlich immer ...! Für mich ist dieses Verhalten jedoch nicht zum Nachahmen zu empfehlen.

Glaub mir, ein Säbelzahntiger ist ein Raubtier! Der wird niemals zum Vegetarier und er wird seinen Fleischkonsum damit rechtfertigen, dass er nur Tiere isst, die Grünzeug fressen. Ja, da ist er ganz und gar Vegetarier und da gibt es nichts daran zu zweifeln, denn er glaubt das wirklich!

Da er dich als Beute an der Leine führt, wirst du nach diesem missglückten Trennungsversuch und, in seinen Augen, diesem kolossalen Irrtum seine Sachen von der Straße räumen, Schadenersatz zahlen für die Dinge, die dabei vielleicht zu Bruch gegangen sind und deinen Part suchen und verändern, der dazu geführt haben soll, dass er fremdgehen musste.

Liebes Beutetier, manchmal sind wir auch nicht ganz gesund zwischen den Ohren, wenn wir so etwas tun, aber leider tun wir es aus Gutmütigkeit, aus Liebe oder dem Bedürfnis, geliebt zu werden von genau diesem Exemplar eines Säbelzahntigers, der dir die Sterne vom Himmel verspricht und damit deinen Weg in die Hölle pflastert.

Solltest du dich von ihm scheiden lassen, dann pass gut auf dich auf!

Ich selbst hatte Glück und mein Mann stand zu seinem Kaufmannsehrenwort, welches er mir bei unserer Eheschließung gab. Sollte es seine dritte Scheidung geben, so würde es zu keinem Rosenkrieg kommen, sondern zu einer einvernehmlichen Trennung mit Unterstützung eines gemeinsamen Anwalts. Manchmal ist die Rigidität eines Säbelzahntigers wirklich praktisch, denn wenn Willi was will, dann zieht er das auch durch. Das soll nicht heißen, dass dann alles zum gegenseitigen Wohle läuft. Sein Wohl wird immer oberste Priorität genießen, das ist klar. Solange ich getan habe, was er wollte, hat er mich immerhin nicht bedroht. Er empfand und empfindet sich stets als Gutmensch, dem ich für den Rest meines Lebens möglichst finanziell und auch sonst wie dankbar zu sein habe. Natürlich ist diese Einstellung für ihn leichter zu ertragen, als sich eingestehen zu müssen, dass das eigene negative Verhalten maßgeblich dazu beigetragen hat, dass die „Frau meines Lebens“ nun den Club seiner Exen vergrößert. Zumindest war es mal umgekehrt zu den anderen Ex-Ehen meines Gatten. Mit mir hat er seinen finanziellen Verlust aus den ersten beiden Scheidungen sicher wieder wettgemacht. Für mich galt jedoch: „Meine Freiheit und mein Überleben sind unbezahlbar! Ich werde es schaffen, was immer es mich kosten mag, mein wundervolles Leben zu leben und auf meinen eigenen Füßen zu stehen!“

Solltest du Kinder mit deinem Säbelzahntiger haben, dann sichere dich gut ab. Lass nicht zu, dass er sie dir wegnimmt.

Entweder sind Kinder für Säbelzahntiger selbstgemachte Energielieferanten oder werden für andere Zwecke funktionalisiert. Mit Liebe zum Nachwuchs hat das Vatersein für den Klappzahnträger nichts zu tun. Sollte Willi etwas für seine Sprösslinge tun, dann nur deshalb, um sie instand zu halten, damit sie seinen Erwartungen entsprechen und ihm seine narzisstische Zufuhr zur Verfügung stellen können. Sie sind quasi sein Eigentum, mit dem er machen wird, was er will, denn er ist schließlich Willi.

Seine Kinder können noch so alt sein: Die Abhängigkeit von ihrem Vater begleitet sie für den Rest ihres Lebens. Allein die Leine, an der er sie hält, variiert in der Länge. Auch wenn sie ans andere Ende der Welt fliehen, so wird er sie verfolgen, und sei es nur epigenetisch in den psychischen und physischen Mustern, die er in seiner Schöpferkraft bei seinen Nachkommen gestaltet hat.

Falls die Mutter seiner Kinder sich getrennt hat, dann stellt das für seine Majestät eine unsagbare Kränkung dar. Man trennt sich nicht von einem Säbelzahntiger. Das ist ein Affront!

Er wird lügen, wenn er schmeichelt und anscheinend kooperiert. Das dicke Ende wird kommen, garantiert!

Die ehrlichste Reaktion eines Klappzahnträgers auf eine Trennung ist, sich vom Acker zu machen und den Unterhaltszahlungen nicht nachzukommen. Aus den Augen, aus dem Sinn! Die Energielieferanten sind weg, und er muss sich demnach nicht mehr darum kümmern, da er wahrscheinlich schon andere Beutetiere mit entsprechendem Reservoir in petto hat. Pflichten kennt ein Säbelzahntiger nicht und schon gar nicht die Fürsorge für andere. Er sorgt für sich selbst und basta! Verantwortung? Was ist das? Er kann das Wort wohl lesen, aber irgendwo fehlen die neuronalen Verbindungen dazu, und somit kann er nichts mit dem Begriff anfangen. Er weiß nur instinktiv, dass andere wohl irgendwie damit etwas zu tun haben müssen, niemals er selbst.

Solltest du durch die Trennung einem Säbelzahntiger Spielzeug und Zufuhrquellen wegnehmen, ist seine Antwort: Rache mit allen Mitteln!

Da wird vor dem Richter und dem Jugendamt gelogen, dass sich die Balken nur so biegen. Du wirst als Mutter hingestellt wie die letzte Hure, Versagerin, Egoistin (Da weiß er, wovon er erzählen muss!), psychisch Kranke und auf alle Fälle nicht als die vertrauenswürdige

Person, denen er seine Kinder anvertrauen will. Er wird aus der Vergangenheit alles aus seinem Gedächtnis herausholen, was du jemals erzählt hast, wenn du mal übernächtig von deinen Kindern völlig entnervt sie lieber mal kräftig geschüttelt hättest, als noch länger ihr Schreien beim Zahnen oder in der Trotzphase auszuhalten. Du bist eine gefährliche Person, die unberechenbar seine Kinder misshandeln wird.

Vor sehr langer Zeit hatte ich eine Patientin, deren Mann ihr in der Stillzeit den wenige Wochen alten Säugling von Jugendamt und Polizei wegnehmen ließ, weil er sie bezichtigte, unter dem sogenannten Münchhausen Stellvertreter Syndrom zu leiden und noch dazu schizophren zu sein. Die Frau kam in Begleitung der Mutter zu mir und war völlig zerstört. Sie musste beweisen, dass sie ihr stets gesundes Kind nie krankmachen würde, um dann als große Retterin dazustehen. Das Kind war acht Wochen alt. Der Vater hatte sie während der Schwangerschaft misshandelt und sie floh noch vor der Geburt zu den eigenen Eltern. Es dauerte sehr lange, bis sie Psychiatern und dem Jugendamt beweisen konnte, dass sie geistig gesund war und ihr Mann alles nur erfunden hatte, um sie zu zerstören. Ich konnte sie homöopathisch begleiten und stabilisieren, so dass sie diese schwere Zeit gut überstehen konnte. Sie tat mir so leid. Ihr gutes und liebevolles Umfeld gab ihr den Halt und die Unterstützung, die sie dringend brauchte, um wieder auf ihre Füße zu kommen. Das Schlimme war, dass sie irgendwann durch sein Gaslighting so sehr an sich zu zweifeln anfing, dass sie glaubte, was ihr Exmann über sie sagte. Viele helfende Hände brachten letztlich das Kind wieder zur Mutter zurück. Der Säbelzahntiger wurde jedoch für den Schaden, den er über viele Jahre durch seine Lügen sowohl bei der Mutter als auch beim Kind angerichtet hatte, nie zur Rechenschaft gezogen. Wie es weiter ging, habe ich leider nie erfahren, aber ich bin mir sicher, dass es sich hierbei um das schaurige Spiel einer klappzahntragenden, gekränkten Raubkatze handelte.

Bei weiblichen Artgenossen des Klappzahnträgers funktioniert das Lügen im Falle der Trennung viel subtiler.

So ist Williine ja niemals verantwortlich für die Trennung, und der Rabenvater ist an allem Schuld. Sie wird Unterhalt verlangen bis in die nächste Steinzeit, denn aufgrund ihrer Schwäche, Krankheit und den Kindern, die durch die Scheidung so unendlich leiden, dass sie psychisch labil der ständigen Aufmerksamkeit der aufopferungsvollen Mutter bedürfen, kann sie niemals wieder einer geregelten Arbeit nachgehen.

Da Müttern immer noch mehr Glauben geschenkt wird als Vätern, stellen Jugendamt und Gericht die besten Bühnen für „Mamas Best Show Ever" dar – sehr zum Leidwesen der Kinder und des Vaters.

Frei nach dem Motto „Keine Frage, noch 'ne Klage" wird Williine ihren Ex aussaugen bis zum letzten Cent. Dafür ist ihr jedes Mittel, jedes Gesetz und besonders der smarte Anwalt recht, der sich von ihren Lügengeschichten einwickeln lässt und das große Geld wittert, das er mit seiner treuen Mandantin verdienen wird. Den Kindsunterhalt wird sie natürlich für sich verwenden und bei den Kindern sparen. Schließlich braucht sie ihr Verwöhnprogramm, um fit für den Alltag und ihre famose „Schauspielkarriere" zu sein. Sie wird alles Mögliche erfinden, damit der Kindsvater zahlt. Sie wird die Kinder funktionalisieren und manipulieren, um sie auf ihre Seite zu ziehen. Sie werden sich vom Vater abwenden und nichts mehr mit diesem grausamen Menschen zu tun haben wollen, dem sie nichts wert sind, der sie verachtet und bestimmt nicht lieb hat, weil er sie doch verließ. Es sind Dramen, die sich hier abspielen. Unglaubliche Geschichten, die erfunden werden, um den anderen zu diffamieren. Die Leidtragenden sind immer die Kinder, die erst später, wenn überhaupt, merken, dass sie um den Vater betrogen wurden, weil die Mutter nichts anderes zu tun hatte, als Rache zu üben und ausschließlich für ihr eigenes Wohlbefinden zu sorgen.

Falls du ein männliches Beutetier bist, dann pass gut auf dich auf! Höre auf damit, arglos zu sein! Falls du Kontakt zu Willine hast, dann nur und ausschließlich unter Zeugen! Sie wird alles gegen dich verwenden und kein gutes Haar an dir lassen.

Es ist wichtig, egal ob männliches oder weibliches Beutetier, dass du selbst niemals an dir zweifelst und zu dir stehst. Du und deine Kinder sind Opfer eines Säbelzahntigers, und je mehr Menschen sich nach außen hin dazu bekennen, dass sie zum Beuterudel gehören, desto eher findet an den wichtigen Stellen in Recht und Politik eine Veränderung statt in Richtung Ahndung dieses betrügerischen und kriminellen Verhaltens von Klappzahnträgern.

Ich persönlich glaube an das Gute im Menschen, ja sogar in Willis und Willinen, und ich werde mir diesen Glauben niemals nehmen lassen. Jedoch werde ich, und hoffentlich auch du, niemals damit einverstanden sein, die Schäden einfach hinzunehmen, die diese Bestien oft anrichten. Beutetiere ertragen lange sehr viel, aber irgendwann muss Schluss sein, und der Verantwortliche zur Rechenschaft und Verantwortung gezogen werden. Dies ist wichtig, um den Geschädigten die Möglichkeit zu geben, aus der Opferrolle herauszukommen und sich selbst wieder zu ermächtigen, ein gutes, selbstbewusstes und schönes Leben führen zu können.

Was dein privates Umfeld betrifft, so kannst du dich von den klappzahntragenden Zeitgenossen durchaus befreien. In der Arbeit oder im gesellschaftlichen, politischen Umfeld ist das schon weitaus schwieriger.

Meiner Beobachtung nach befinden sich Säbelzahntiger immer zahlreicher in gehobenen Positionen, in denen sie ihr Unwesen treiben. Ihr Talent und ihre Kreativität bezüglich Manipulation und Wahrheitserfindung befördert sie in den Hierarchien nach oben, da sie unten zu nichts taugen, außer ...? Da fällt mir jetzt nichts ein, und allem anderen werde ich ein späteres Kapitel widmen.

Auch hier wird gelogen und gedreht, damit nur ja alles für den Säbelzahntiger passt, er aber absolut nicht verantwortlich ist für irgendwelche Fehler. Beutetiere werden zuerst auf strategisch günstige Positionen gestellt, um abgeschossen zu werden, sobald Klappi Gefahr wittert oder zur Verantwortung gezogen wird. Die so missbrauchten Opfer werden meist zuerst wie Vertraute und Freunde behandelt. Sie entwickeln dann wirklich durch diese Form der Gehirnwäsche, der eigenen Verführbarkeit und der Hoffnung auf eine gute Stellung so etwas wie Verbundenheit zum Klappzahnträger. Dieser wird seine Beute beobachten, um an Schwachstellen zu kommen, mit denen sie erpressbar ist. Er wird nicht vor dessen Familie zurückschrecken und alles speichern, was im Falle eines Falles zu verwenden ist, um die eigene Haut zu retten. Was menschlich mit dem Opfer geschieht, ist dem Säbelzahntiger egal. Wenn es sich das Leben nimmt, weil es an der Scham, der Schuld und dem Schmerz zerbricht, das stört ihn nicht. Willi geht über Leichen. Was seine Pfoten einst berührt und gestreichelt haben, werden seine Krallen und Säbelzähne zerfleischen. Das besonders Schlimme daran: Es gibt Zeugen dieses Unrechts, die dabei tatenlos zusehen, einerseits verblendet durch die Lügengeschichten, die Verharmlosung des Geschehens und die Schuldumkehr, andererseits voller Angst, der nächste zu sein, dem dieses Schicksal widerfährt. Ein Säbelzahntiger wird niemals ein Freund sein. Alles, was er für sein Beutetier tut, das tut er, weil er sich einen Nutzen davon verspricht. Das ist sein Lebenselixier: Macht, Geld, Kontrolle, Prestige.

Selbst die Medien werden dazu missbraucht, um in der Öffentlichkeit in einem guten Licht zu stehen. Falls die Journalisten jedoch allzu investigativ zu Gange sind, dann wird zensiert oder gefaked. Manche bezahlen ihre ehrliche, gute Arbeit sogar mit dem Leben.

Menschen, die sich leicht beeinflussen lassen, – und das ist meiner Meinung nach leider ein Großteil der Gesellschaft – werden dahingehend manipuliert, kritiklos Dinge als normal und richtig hinzunehmen, indem ihnen nur die halbe Wahrheit gesagt wird. Die großen Lügen finden sich immer dort, wo einseitig informiert und eine Alternative entweder gar nicht zugelassen oder als gefahrvoll hingestellt wird. Das passiert beispielsweise beim Thema Impfen, der Leugnung von krankmachenden Giften in Pestiziden und Insektiziden, dem Herunterspielen von Schäden, die durch Strahlen entstehen und vieles mehr. Es kann nicht sein, was nicht sein darf, und die dummen Opfer haben die „seriösen“ Wahrheiten hinzunehmen, damit es ihnen, der Wirtschaft und den Managern gut geht. Egal wie du zu diesen Themen stehst, so sind es nur Beispiele hochgradig wahrheitskreativer Sägelzahnmanier.

Liebes Beutetier, hör auf, so verlockbar zu sein! Lass dich nicht vollschwurbeln mit allerlei halbseidenen Informationen! Höre genau zu und fang an, zu hinterfragen, was dir als „richtig“ verkauft wird! Auch mein Buch ist nur eine Zusammenfassung all dessen, was ich erlebt, erlesen und beobachtet habe. Bitte sei so gut, und hinterfrage, zweifle, schau nach und informiere dich weiter! Das ist gut, denn dadurch wirst du weise und nicht Opfer irgendeiner fundamentalistischen Idiotie und Verdummung. Letztlich wird dein Bauchgefühl dir sagen, dass etwas nicht stimmt, und diesbezüglich darfst du misstrauisch deinen Informationsradius erweitern, um dadurch dein Verhalten im Bereich Konsum, Politik und Gesundheit so zu verändern, dass es für dich und auch andere gut ist. Du darfst jederzeit die Welt zu einem besseren Ort machen und den Schaden ein wenig ausgleichen, den Klappis mit ihrem arroganten, ignoranten, verlogenen, dummen, ausbeuterischen, respektlosen, aggressiven und lieblosen Verhalten anrichten.

Säbelzahntiger werden Mutter Erde in ihrem eigenen Überlebenswillen nur dazu veranlassen, die Spezies Mensch wie Flöhe abzuschütteln. Dazu wird sie beben und alles Mögliche veranstalten. Ihr stehen nämlich alle Elemente zur Verfügung, und sie wird uns überleben, weil sie uns nicht braucht. Säbelzahntiger sind da anderer Meinung, und leider ebenso viel zu viele Beutetiere, die den Inhalt ihres Kopfes noch in den Waschmaschinen von Willis und Willinen im Weichspülprogramm stecken haben. Falls du nicht dazu gehören solltest und ein Beutetier in dieser misslichen Lage siehst, dann schalt doch bitte die Waschmaschine aus und hol das Hirn aus der Trommel. Hab Geduld mit dem Geretteten, denn nach der Strapaze braucht es etwas, um die Folgen des Schwindels zu erkennen und wieder gerade gehen zu können.

Auch Heuchelei gehört zum Lügenrepertoire der Säbelzahngattung. Wenn sie von jemandem etwas brauchen und dafür geeignetes Beutematerial gesichtet haben, dann können sie ja so nett sein. Ganz nach Gentlemanmanier werden Höflichkeiten ausgetauscht, Komplimente gemacht und eine Schleimspur gesetzt, die jede Schnecke vor Neid erblassen lassen würde. Vielleicht ist es ja wirklich eine Art Camouflage. Da zieht sich der Säbelzahntiger sogar mal das Schneckenkostüm an. Die Hauptsache ist das Erreichen des von ihm gesteckten Ziels. Da Willi und Williine eh kein wahres Selbst besitzen, ist es schließlich egal, was sie zeigen. Sie sind da sehr flexibel und kreativ.

Das Schlimme dabei ist jedoch, dass man ihrem Geschwafel und ihrer vorgetäuschten Kompetenz Glauben schenkt. Beutetiere ohne Selbstbewusstsein tun dies allemal weitaus eher, denn diese sind so arg verführbar, wenn es darum geht, dass ihnen jemand sagt, wie schön, toll, super, ein Experte auf ihrem Gebiet und derlei Gesabber sie sind. Vor allem, wenn der Eindruck entsteht: „Ich bin wie du!" „Meine Ziele sind auch deine Ziele!" „Du bist der wichtigste Mensch in meinem Leben!" „Ich will mein Leben mit dir teilen!" ... und Letzteres ist wirklich wahr, denn der Säbelzahnträger will teilen, und du hast nichts mehr zu sagen, denn was du zu teilen hast, das interessiert für den Rest deiner Zeit mit Willi oder Williine niemanden mehr.

Man kann sich als Otto Normalmensch gar nicht vorstellen, wie viel Größenphantasie jemand so gut als real „verkaufen" kann, wie es Klappis tun. Das ist wie bei Kindern, die mit vier Jahren meinen, dass sie Arzt, Raumfahrer, Lokführer oder sonst was werden wollen, obwohl sie gar nicht wissen, was diese Menschen tun. Als Kind ist das eine normale Phantasie, als Säbelzahntiger im Erwachsenenalter leider Gottes auch. Sie glauben selbst ganz fest daran und überschätzen sich oder werden durch andere überschätzt, was sich als durchaus gefährlich oder auch kriminell entpuppen kann. Wenn dieses Verhalten Folgen hat, das andere Menschen in den Ruin treibt, politische Fehlentscheidungen nach sich zieht und letztendlich auch Menschenleben kostet, sind oft Klappzahnträger am Werke. In diesem Fall wird ein Säbelzahntiger garantiert keine Verantwortung für das Geschehen übernehmen, anderen die Schuld geben und selber wahrscheinlich noch die fette Kohle einstreichen oder weiterhin ein hohes politisches Amt behalten, um weiter mit einem tiefen Gefühl von Zufriedenheit und Genuss sein Unwesen zu treiben.

Das läuft auch auf anderen Ebenen so. In Familien ruiniert das Kartenhaus aus Lügenmärchen, Größenwahn und Inkompetenz nachhaltig ganze Generationen. Einerseits, weil Säbelzahntiger oft in ihrer Gier enorme Schulden anhäufen, die irgendwer auch posthum abzahlen muss, andererseits, weil der Missbrauch und die Misshandlungen der Angehörigen die Krankheits- und Verhaltensmuster der Nachkommen sehr stark prägen. Was sich da an negativen Glaubenssätzen weiter vererbt, ist wirklich erstaunlich und wirkt auf die Entwicklungsfreiheit der Nachkommen genauso hemmend, wie der Efeu, der sich um einen Baum windet und ihm seine ganze Wachstumskraft raubt.

Liebes Beuteopfer, höre gut zu und prüfe nach, wenn dir jemand das Blaue vom Himmel erzählt! Werde ruhig etwas misstrauisch, wenn jemand gar so kompetent daher kommt! Woher hat er sein Wissen, seine Kompetenz? Ist das, was da gesagt wird, realistisch? Macht es den Anschein, dass hier ein Ego poliert werden soll, oder spricht wirklich ein Mensch, dem das Wohl anderer über sein eigenes geht? Frage ruhig nach und habe den Mut, auch infrage zu stellen!

Ein Säbelzahntiger wird sich gekränkt geben und dich mit deinen Zweifeln als dumm oder misstrauisch hinstellen. Schließlich muss man einem Säbelzahntiger blind vertrauen, denn bist du nicht für ihn, dann bist du gegen ihn. Sehr schnell werden ihm die Argumente ausgehen.

Ein wahrhaft kompetenter und integrer Mensch wird deine Zweifel in Fragen verwandeln und beantworten können. Was er nicht gleich verständlich beantworten kann, das wird er geduldig erklären und sich bemühen, die für dich passenden Worte zu finden. Er will wirklich Vertrauen herstellen. Sicherlich wird er dich niemals infrage stellen oder herabwürdigen mit deinen Ansichten, Ängsten und Bedenken. Solche Menschen sind eine wahrhaftige Bereicherung für die Menschheit. Sollten Säbelzahntiger wirklich einmal nahezu ausgestorben sein, dann werden sie hoffentlich auf die Positionen nachrücken, die ihrer würdig sind. Leider sind sie meist viel zu bescheiden, um sich auf diese hoch zu kämpfen, und wenn sie in einer Führungsposition sind, dann treten sie eher in den Hintergrund und lassen Taten sprechen.

In Familien ist das genauso. Meine Omi war so jemand. Sie war eine einfache Frau mit sehr hoher emotionaler Kompetenz, einer reinen Kultiviertheit und einer guten Portion liebevollen, gesunden Menschenverstands. Ihre Art hat sie dazu befähigt, als Kriegswitwe ein liebevoll strenges Familienoberhaupt zu sein. Sie ist mein Idol, denn letztlich weiß ich, dass ich, sofern ich mal so werde wie sie, in meinem Leben menschlich alles richtig gemacht und Spuren von Menschenliebe, Mitgefühl und einer grundlegenden Freundlichkeit des Herzen hinterlassen werde, die das Energiefeld in der Umwelt unglaublich gut gedüngt hat. Meine Mutter wurde durch meine Großmutter schon geprägt, und ich weiß, dass das die guten Anlagen sind, die ich in mir trage und achte. Ich komme jedoch stark nach meinem Vater, dessen Gene eher narzisstisch angehaucht sind. Dieser Veranlagung bin ich mir ebenso bewusst und achte sie, denn auch sie birgt ihre positiven Qualitäten, wenn man sich ihrer bewusst wird. Die negativen nehme ich hin und lasse sie einfach ruhen so gut ich kann. Meine langjährige Meditationspraxis und meine Psychotherapie Ende des letzten Jahrhunderts – klingt irgendwie gut – haben mir dabei sehr geholfen und tun es noch.

Dir, liebes Beutetierchen, wünsche ich auch die Erkenntnis deiner guten Anteile und den Mut, die eigenen narzisstischen Ecken im persönlichen Handeln zu erkennen.

Hab den Mut, dich als Opfer zu outen! Hab den Mut, Lügen und ihre Produzenten als solche zu entlarven! Hab den Mut, ja zu dir selbst zu sagen, indem du nein zu anderen sagst! Hab den Mut, aus dem ganzen Schlamassel mit deinen Säbelzahntigern auszusteigen! Auch wenn es noch so schwer erscheint, die Folgen des Aushaltens sind weitaus schlimmer, als der Ausstieg aus diesem Lügensumpf, in welchem du lediglich untergehen wirst. Damit ist niemandem, wirklich niemandem geholfen!

Säbelzahntiger bei der Arbeit – möge das Chaos mit mir sein!

Team = Toll, ein anderer machts!

Das ist Klappis liebster Spruch und für ihn die Ausrede dafür, nicht teamfähig zu sein. Diese Denke befällt diese Spezies aus der Angst heraus, irgendwann einmal der „andere“, der es macht, sein zu müssen. Das geht für einen Klappzahnträger schon mal gar nicht! Deshalb ist er in Führungspositionen zu finden, in die er hochgeschoben

wurde, damit die anderen in Ruhe arbeiten können, oder, weil er sich aus Prestigegründen nach oben manipuliert hat.

Wie wir alle nun bestimmt schon allein im Laufe meines Buches erfahren haben, will ein Säbelzahnträger eines: Prestige und Macht um jeden, wirklich jeden Preis! Dafür ist Willi bereit, auch das Nötige zu tun. Dafür kann er tatsächlich aktiv werden und so etwas wie arbeiten. Jedoch wohlgemerkt, niemals zu einem höheren Wohl, sondern immer und ausschließlich, weil es ihm oder seinem weiblichen Willinependant nutzt.

Um Säbelzahntigerziele zu erreichen, wird geschauspielert, was das Zeug hält, und leider hält es am Ende selten das, was Klappi versprochen hat. Es gibt heutzutage tatsächlich Wirtschaftsprofiler, die sich im Auftrag von Firmen um Bewerber für Posten in Führungspositionen kümmern, um Säbelzahntiger oder sonstige Psychopathen zu entlarven, damit ausschließlich Leute die Stelle erhalten, die im Sinne der Firma dafür geeignet sind. Natürlich kosten solche Profiler Geld, aber der Schaden durch Klappzahnträger wird sicherlich um ein Vielfaches höher sein, wenn er die Firma in den Sand setzt und Verluste einfährt, für die er letztendlich hundertprozentig keine Verantwortung übernehmen und sich die Millionen an Abfindung ebenso hundertprozentig sichern wird. Diese Menschen werden immer fein raus sein und einen auf Opferplay machen. Es wird immer Beutetiere geben, die ihren Sprüchen Glauben schenken. Es wird Staatsanwälte geben, die sie des Betrugs anklagen, und leider wird es teure Anwälte geben, die durchboxen, dass es ein „in dubio pro reo“ gibt, der Ärmste nur Opfer von Verleumdungen, mangelnder Information durch Firmenmitarbeiter, der Wirtschaftslage und der Mitbewerber geworden ist. Niemals, wirklich gar niemals nicht, wird er wirklich, wirklich, wirklich zur Rechenschaft gezogen werden. Die paar Euro, die ihn ein eventueller Vergleich kostet, wird er siegessicher lächelnd aus seiner Portokasse zahlen. Anschließend wird er sich dem nächsten Ziel widmen, welchem er sich schon vom sinkenden Schiff aus zugewendet hat. Dort hat er seine Fans bereits im Vorfeld an den geeigneten Stellen so manipuliert, – um sie später gnadenlos abzuschießen –, damit sie ihm in der neuen Firma in Erwartung auf gute eigene Posten den Weg frei räumen.

Ob Arbeitsplätze verloren gehen, Menschen ihre Existenzgrundlage verlieren, oder eine anerkannte, geachtete Marke ihren Wert durch in Kauf genommene Fehlinformation der Kunden erheblich an deren Vertrauen einbüßt, worunter sowohl diese als auch unzählige Subunternehmer leiden, das ist Säbelzahntigern einfach nur völlig egal. Sie haben ihr Möglichstes – nämlich nichts – getan und damit basta. Die Hauptsache ist, ihre Kohle passt. Das ist einfach nur grausam.

Ich würde mir so sehr wünschen, dass jeder Manager sich der Prüfung durch Profiler unterziehen müsste, um den oft globalen Schaden so gering wie möglich zu halten. Bei Medikamenten heißt es ja auch für die Millionen an Patienten, denen sie schaden können: „Zu Risiken und Nebenwirkungen ...".

Säbelzahntiger überzeugen anfangs meistens durch ihre charismatische Art und Eloquenz, gleichgültig wo sie in der Arbeitswelt zu finden sind. Erst spät fällt auf, dass sie absolut nicht stressresistent sind. Niemals werden sie sich fragen, was sie für die Firma tun können. Die oberste Priorität hat die Frage, was die Firma für sie tun kann und natürlich tun muss, um der Leistung eines Säbelahntigers würdig zu sein. Falls das nicht wie gewünscht funktioniert, dann gilt: je säbelzahntiger, desto brüll!

Klappzahnalarm gibt es sofort, wenn die Not und das Chaos am schlimmsten sind. Demütigungen und Beschuldigungen anderer fleißiger Kollegen und Assistenten sind in diesem Szenario an der Tagesordnung. Mangels Informationen über das Verhalten von Säbelzahntigern nehmen diese als Beutetiere alles persönlich, stellen sich und ihre Leistung infrage, übernehmen die Schuld, die ihnen vom Klapperle in die Schuhe geschoben wird, demütig auf sich und landen nicht selten in der psychosomatischen Klinik, weil sie ausbrennen oder durch die immense Belastung depressiv werden. Was den Firmen hier an Kosten und personellen Leistungseinbußen entsteht durch die Machenschaften von Klappzahnträgern, ist meiner Meinung nach bestimmt immens.

Falls, liebes Beutetierchen, ein Klappzahnträger in den Reihen deiner Kollegen steht, dann wirst du ihn erkennen, wenn du mein Buch bis hierher gelesen hast. Er glänzt durch Unproduktivität mit dem Talent, seine Kolleginnen und Kollegen gut dazu zu erziehen, diese durch deren Mehrarbeit auszugleichen. Dafür wird er die Kompetenz, die Leistungsbereitschaft oder sogar die menschliche Seite in den Himmel heben und das geeignete Opfer, dem er so schmeichelt, gleich mit. Wer will denn nicht gut und toll sein? Wer fühlt sich denn nicht geehrt und anerkannt, wenn die eigenen Leistungen wertgeschätzt werden? Wie soll man als Otto-Normal-Mensch diesem Gesülze widerstehen? Da mag zwar so eine Art Zweifel im Bauchraum aufkommen, aber der Kopf schüttelt sich und hält es nicht für möglich, dass es solche Manipulatoren gibt, die es alles andere als ernst meinen. Ja, sie meinen es sogar in dem Moment ernst, da es ihrem Ego und der eigenen Faulheit dient. Säbelzahntiger lieben die getane Arbeit, und die innere Stimme der Beutetiere bekommt wegen Heiserkeit mal wieder eine Ration Hustenbonbons – aber das kennen wir ja bereits ...

Klappis haben ein Anspruchsdenken, das sie so selbstverständlich rüberbringen, dass einem spontan nichts einfällt. Sie haben stets ein Recht auf Bevorzugung, was Dienstpläne, Urlaubstage oder Arbeitszeitregelungen angeht, dass einem die Ohren rauchen. Damit stellen sie sich von Natur aus in ihrer Größenphantasie über ihre Kollegen, denn die müssen dann einfach tauschen oder natürlich einspringen. Dass das mal klar ist! Umgekehrt geht nicht, denn Unkollegialität hat einen Namen: Säbelzahntiger Willi und Williне.

Pünktlichkeit ist da auch so eine Sache. Nicht, dass Willi oder Willine die Uhr nicht lesen können, sie sind schlicht im Umgang mit der Zeit anderer sehr großzügig.

Zu Meetings kommen sie unentschuldigt zu spät, erwarten jedoch, dass es länger dauert, weil sie ihre Belange ja auch noch vorbringen müssen oder ihre Fragen – die meist vorher schon beantwortet wurden, aber der Säbelzahntiger muss ja schauen, wieviel Klicks er auf Instagram hat – noch zu beantworten sind, damit sie sich mit ihrer Arbeit schleimig effizient ineffizient großtun und wichtig machen können. Falls du das kennst, dann sind solche Kollegen einfach nur widerlich, gell? Schau in ihre Gesichter: Hinter den Oberlippen könnte dir vielleicht auffallen, dass es manchmal zu Klappzahninkontinenz kommt, wenn in Meetings etwas nicht so läuft, wie es sich Klappi Willi und Willine vorstellen. Besonders groß ist die Gefahr des Klappzahnalarms, wenn sie eine Arbeit aufgehalst bekommen. Oh je!

Säbelzahntiger fangen später mit der Arbeit an – sie gleiten also weit nach Gleitschichtende ein –, denn schließlich reicht es ja völlig aus, dass sie sich herablassen, in der Firma vorbei zu schauen. Sie brauchen für ihren Luxus-Castle-Body schon mindestens das Doppelte an Pause und Erholung im Vergleich zu anderen, und natürlich gleiten sie dann recht zeitnah nach der Kernzeit wieder nach Hause. Im Grunde fehlen sie keinem, und jeder ist froh, wenn sie weg sind, aber sie bekommen Gehalt wie die Kollegen auch. Das ist alles andere als fair und wird meistens stillschweigend betrieblich geduldet.

Leichte Beute haben Säbelzahntiger mit ihrem Anspruchsdenken, wenn die Beutetiere sich im Helfermodus befinden. Sobald Säbelzähnchen jammern und um Hilfe der tollen, netten, lieben Beute bitten, dann hilft die Helferkompanie an lieben, empathischen Beutetierchen. Das ist eine besonders scheußliche Art der Ausbeutung durch Klappzahnträger, denn jeder hat von Natur aus ein gewisses Maß an Hilfsbereitschaft, die jedoch von Klappis absolut kaltschnäuzig ausgebeutet wird. Dieses Verhalten liegt weit jenseits normal denkender Menschen. Helfer sind am Ende nach solcher Manipulation einfach nur bitter enttäuscht oder fassungslos, denn sie haben aus guter Absicht heraus pro Klappi gehandelt und erhalten von ihm weder Dank noch Anerkennung, sondern meist sogar mit sadistischem Grinsen einen

Tritt in den Hintern. Da braucht man sich nicht wundern, warum so wenige Menschen noch helfen wollen. Schließlich gibt es zu viele, die die Abartigkeit im Ausnutzen anderer bereits zu spüren bekommen haben. Manipuliert und ausgebeutet zu werden ohne Dank, sondern noch mit Demütigung einhergehend, macht wirklich nicht glücklich, sondern mürbe und misstrauisch. Das trägt sicherlich nicht zu einem guten Miteinander bei, – weder im Arbeitsumfeld noch im privaten Bereich.

Dabei wäre es so einfach: Säbelzahntiger erkennen und sie hilfreich in die Verantwortung zwingen, die sie haben! Grenzen setzen und sich den lieben anderen Mitarbeitern zuwenden! Arbeiten und Aufgaben vertrauensvoll in die Hände des in dieser Situation sicherlich klappzahninkontinenten Kollegen legen! Dieser hat zwei gesunde Hände und Füße, mit denen er sicherlich fähig ist, als erwachsener Mensch seine Anforderungen erfüllen zu können. Wenn nicht, dann gelten wirklich die gleichen Regeln wie für alle anderen, denn nur weil sie Klappzähne tragen, sind sie nichts Besseres und haben kein Recht auf Sonderbehandlung. Niemals!

In Studien konnte man beobachten, dass Kleinkinder sofort helfen, wenn sie Not sehen. Das ist ein absolut natürliches, angeborenes Verhalten der menschlichen Spezies. Leider wird es oft wieder aberzogen aus Angst der Eltern, dass ihr Kind ausgenutzt wird oder schlicht, weil es für Unterstützung andere gibt, die dafür bezahlt werden. Deswegen schauen viele mittlerweile weg, wenn jemand offensichtlich leidet, und lassen ihn in seinem Elend liegen. Das Perverse unserer Zeit ist jedoch, dass man es noch filmt und ins Internet stellt. Was ist nur mit unserer menschlichen Spezies passiert? Das macht mich so traurig, und ich freue mich, dass ich selbst nicht so bin. Helfen macht Freude und ein freundliches Wort hinterlässt ein Lächeln beim anderen. Das ist mir selbst mit meinem Lebensziel, die Welt um mich herum ein wenig schöner zu machen, der größte Spaß!

In der Arbeitswelt von hilfesuchenden Säbelzähnchen wird Helfen schamlos ausgenutzt. Da wird krankgefeiert, wenn in der Arbeit mal viel los ist. Gerade dann kommt die depressive Verstimmung, das kranke Kind daheim, der Rücken oder sonst irgendeine Ausrede, um gerade mal die zwei Tage daheim bleiben zu können, für die man keine Krankschreibung braucht. Die Kollegen rödeln sich dann einen ab, obwohl da auch die eine oder andere Nase läuft, der Rücken zwickt oder sonst etwas die eigene Leistungsfähigkeit einschränkt. Oft ist es wirklich nur eine Folge der Säbelzahntigerschwächen, die den Rest des Teams krank machen. Wenn nicht jeder an einem Strang zieht, dann ist das heutige Arbeitspensum mit den Personalschlüsseln, die irgendwelche Wirtschaftler errechnet haben, die von Tuten und Blasen der effektiven Arbeitsbelastung oder Arbeitsabläufe der Arbeitnehmer keine Ahnung haben, völlig unmöglich.

Ich erinnere mich da nur an die Pflegestandards in der Krankenpflege. Wie kann der Dienst am Menschen in Minuten berechnet werden? Mundpflege, Waschen, Essen eingeben oder sonstige Tätigkeiten für den kranken Menschen sehen diesen nur als Roboter, der von einer „Pflegemaschine“ versorgt werden muss. Das ist Horror und von Menschlichkeit den Schwächeren gegenüber galaxienweit entfernt. Als ich noch in der Pflege war, gab es auch solche Kollegen, die gekonnt die eigene Arbeit den anderen Mitarbeitern aufs Auge gedrückt haben nach dem Motto: Da ist viel los – da geh ich wohl lieber, und wenn wenig los ist, dann muss ich mich echt ausruhen – das musst du schon verstehen! Und der Helferdepp versteht auch noch – und macht die Arbeit, weil sie getan werden muss.

Falls bei diesen Jammerzahnträgern mal was passiert, dann brauche ich dir jetzt sicher nicht mehr zu sagen, wer garantiert keine Verantwortung für etwaige Fehler übernimmt. Natürlich sind die anderen schuld, denn die haben schließlich in ihrer Überforderung durch die Faulheit des Säbelzahntigers Fehler gemacht. Ich muss dir jetzt auch nicht erzählen, wer dafür geradestehen muss oder vielleicht sogar vom Arbeitgeber eine Abmahnung bekommt. Willi oder Willine sind fein raus, und die fleißigen, verantwortungsvollen Kollegen, die sich ausnutzen lassen, die haben das Nachsehen und den Schaden. Da lacht sich Säbelzahn ins Pfötchen!

Der ein oder andere Klugscheißer mag zwar jetzt sagen: Wenn diese dummen Beutetiere halt so blöd sind, dann gehört es ihnen nicht anders! Aber diese „Cleverlen" können einfach nicht mitreden. Die Manipulationstechniken von Säbelzahntigern sind so ausgefeilt, dass es für jeden nicht Aufgeklärten sehr schwer ist, dem zu entkommen. Die Kollegen, denen es gelingt, haben ein dickes Fell und einen eigenen, guten Selbstschutz, der in Kauf nimmt und aushält, dass die Stimmung am Arbeitsplatz in ein absolutes Tief rutscht durch das Nichterfüllen der Säbelzahntigerbedürfnisse und der sich daraus entwickelnden Stresssituation. Weil der Klappzahnalarm entweder durch Gebrüll und Terror oder durch Silent Treatment mit der Suche nach Mitstreitern im Kampf gegen diese bösen, intriganten, kalten, egoistischen Mitarbeiter, die dem Säbelzahntiger weh tun und nicht helfen wollen, jede Energie auf sich zieht, die somit den Arbeitsabläufen nicht mehr zur Verfügung steht. Das zersetzt jedes Gemeinschaftsgefüge.

Die Hauptsache, es gibt energetische Zufuhr für Willi oder Willine! Wo sie sind, ist Mobbing nicht weit! Besonders interessant dabei ist, dass Säbelzähnchen immer wieder erzählen, dass sie bei jedem Arbeitgeber oder in jeder Abteilung gemobbt worden sind. Ihnen fällt nicht auf, dass da etwas komisch ist und sie jedes Mal wohl das Thema Mobbing mitgenommen haben. Der Geisterfahrer, der sich wundert, warum ihm alle entgegenkommen, obwohl er doch in der richtigen Richtung unterwegs ist?! Du erinnerst dich ...

Ich würde mir mehr aufmerksame Arbeitgeber oder säbelzahnologisch aufgeklärte Personaler wünschen, die Mobbing am Arbeitsplatz durch sofortige Abmahnung solcher Angestellten den Garaus machen. Das würde die Effizienz des Teams stärken und auch das menschliche Miteinander erheblich verbessern. Diese oft schon kriminellen Machenschaften dürfen nicht geduldet, sondern müssen aufgedeckt werden, damit Säbelzahntiger langfristig aufhören, anderen Menschen im kleinen Umfeld und dem gesamten Wirtschaftssystem in solch großem Maße zu schaden, wie sie es tun. Ich finde, es müsste Studien geben, wie viel Säbelzahnfaulpelze und deren Klappzahninkompetenz die Wirtschaft Geld kosten. Ich glaube, die Summen sind immens! ... Was man damit nicht alles Effektives machen könnte?

Es ist schließlich auch erwiesen, dass glückliche Mitarbeiter in einem menschlich harmonierenden Team viel mehr Spaß an der Arbeit haben, zu mehr Leistung fähig sind und durch den Erfolg auch noch weitaus motivierter hinter der Firma stehen. Tja – es wäre ja so einfach!

Aufklärung tut wohl not, damit sie wohltut.

Bitte, liebes Beutetierchen, decke auf, schau hin, mach den Mund auf und halte aus, dass es vielleicht einen Riesenärger nach sich ziehen wird! Wenn du als aufgeklärter Säbelzahntigerspezialist das nicht tust, wer denn dann? Wir müssen handeln, wenn Unrecht passiert, und vielleicht schon, wenn wir es am Horizont erahnen können. Wir aufgeklärten Beutetierchen dürfen einen kleinen Teil Welt retten, wenn wir es können – und durch das Wissen, das du jetzt allein mit meinem Buch erwirbst, kannst du es auch! Hab Mut! Dein Erfolg wird dich und andere glücklich machen.

Was ich nun sage, wird dir weniger gefallen: Auch wenn du deinen Arbeitsplatz wechseln musst, weil ein Säbelzahntiger die Strippen zieht, dann sei froh, denn alles ist besser, als in der Falle eines Klappzahnträgers zu sitzen. Dein neues Umfeld wird nur besser werden! Deine körperliche, geistige und seelische Gesundheit ist unbezahlbar, und dein Gehalt in der Umgebung von Willis oder Willine niemals, wirklich niemals hoch genug, um es in diesem Raubtierkäfig aushalten zu müssen. Hab Mut und es wird gut! 100 %!

Kein Gott neben mir – Säbelzahntiger und Spiritualität

Ich bin der Meinung, dass nirgendwo so viele Säbelzahntiger herumlungern und ihr Unwesen treiben, wie im Bereich Spiritualität. Nirgendwo gibt es schließlich mehr willige, verführbare Beutetiere als hier.

Warum? Beutetiere sind auf der Suche nach Transzendenz und Anbindung an etwas Höheres, das sie trägt. Sie sind offen für das Geistige, wollen sich selbst in ihrer Spiritualität entwickeln und brauchen dazu einfach Anregungen, Wege und Werkzeuge, die sie ihrem Ziel näher bringen.

Jede Religion bietet die „Anleitung" dafür, den Weg zu Gott zu finden. Im Grunde sind sich darin alle Richtungen in meinen Augen einig.

Seit meiner Kindheit beschäftige ich mich mit Religionen und vergleiche die Wege und Möglichkeiten, die sie den Gläubigen anbieten. Ich selber gehöre keiner Religionsgemeinschaft mehr an und glaube einfach an Gott, ohne Bodenpersonal dafür zu brauchen. Ohne meinen tiefen Glauben könnte ich nicht arbeiten, geschweige denn, hätte ich meine Ehe überlebt. Immer wieder überrascht mich die Dreifaltigkeit, die überall in den Lehren der verschiedenen Glaubensrichtungen mehr oder weniger präsent ist. Da stellt sich mir häufig die Frage, warum es in diesen allgemein gültigen Grundwerten der Religionen so schwer ist, in Frieden als guter Mensch in Liebe, Mitgefühl, Freude und Glück zu leben. Ich kann mir oft nicht vorstellen, dass meditierende Menschen sich von ihrem Geistesstudium erheben und kämpfen, weil sie glauben, sie stehen über anderen Lebewesen. Es ist die Interpretation durch die Wertungen und Filter des menschlichen Egos von zumeist dummen Säbelzahntigern, die in ihrer Größenphantasie eine Religionsgemeinschaft zu fundamentalistischen Glaubenskriegern aufbauen mit der Idee, ihre Überzeugung und damit ihren Machteinfluss zu verbreiten. Koste es, was es wolle!

Jemand, der sich entwickeln will und auf der Suche ist, der ist auch willens, etwas dafür zu tun. Wenn diese Menschen an Klappzahnträger kommen, dann geraten sie in die Mühle des narzisstischen Zyklusses ohne Aussicht, da schadlos wieder herauszukommen. Egal in welche Beziehung du mit Klappzahnträgern gerätst, ob privat oder beruflich, die spirituelle ist meines Erachtens die grausamste von allen.

Im Glauben daran, dass das, was der Geistliche, der spirituelle Führer oder Guru sagt und fordert, sei richtig und wichtig, um sich im Glauben zu entwickeln, werden Dinge befolgt, die zu Beginn harmlos, später brutal in die emotionale Abhängigkeit führen. Psychischer und körperlicher Gewalt werden durch die Manipulationen dieser sogenannten geistigen Führer Tür und Tor geöffnet. Wer sich einmal mit Sekten beschäftigt hat und der Tatsache, wie hier bereits bei Kindern die Seelen gebrochen werden, wie hier mit Samtpfoten gedemütigt, misshandelt und missbraucht wird, oder wer die Missbrauchsfälle in den christlichen Kirchen verfolgt, der weiß, was ich meine. Hier sind ausnahmslos Säbelzahntiger am Werk, die leider nie wirklich vollkommen zur Rechenschaft gezogen werden. Zu bedeutend werden die Alternativfakten, die durch die Täter selbst und deren Täterschützer gestreut werden, sprich, zu groß das Verdrehen der Wahrheit, so lange, bis keiner mehr glaubt, dass da was Schlimmes passiert sein soll, bis der arme beschuldigte Säbelzahntiger letztlich als Opfer dasteht. Oft wird er selbst von seinen unter dem Stockholmsyndrom leidenden Beutetieren, die noch mit Traumabändern am Täter hängen, gedeckt.

Taten werden verharmlost und die Opfer dadurch weiterhin gedemütigt, denn die Zeit lässt ja leider Verbrechen verjähren. Das ist einfach nur scheußlich und jeder Religion unwürdig.

Das Selbstbild des Säbelzahntigers, der sich immer überhöht, erlaubt ein höheres Wesen nicht, das über ihm steht. Klappzahnträger sind zur Transzendenz nicht fähig, da ihr dummes Ego, glaube ich, gar nicht versteht, was das überhaupt ist. Da werden viele Bücher gelesen, weil Willi sich selbst als Gott finden will. Manchmal wäre jedoch die Suche nach dem Selbst, dem tieferen Wesen, der Weisheit oder eher dem inneren Kind sicherlich geschickter. Oft muss man als Klappzahnträger allerdings einsehen, dass da in der Tiefe schlichtweg nichts ist, außer einem schwarzen Loch, das alle Energie um sich herum förmlich aufsaugt. Für die Autorität seiner Größenphantasie, seiner Gottgleichheit, sucht er Beweise in der Literatur oder den heiligen Schriften, die er beistimmend abnicken kann, und die ihm Möglichkeiten oder Argumente an die Hand geben, anderen diese Göttlichkeit so zu erklären, damit sie jeder sehen kann, um seinem Holzweg zu folgen. Er hat schließlich die Weisheit mit dem Löffel gefressen und kann keine anderen Götter neben sich dulden.

Um sein Ziel zu erreichen, erhebt er erst seine „Schüler" oder „Schäfchen", indem er sie dadurch, dass sie ihm folgen, zu etwas ganz Besonderem macht. Dadurch öffnet er ihr Herz und ihr Hirn, um sie danach in die emotionale und spirituelle Abhängigkeit zu bringen. Erst spät, wenn überhaupt, merken die Opfer, dass sie ihm dienen müssen und dafür gebrochen werden. Niemals geht es um den Weg der Hingabe an Gott oder die Religion. Die eigene Mission des Säbelzahntigers wird zur Mission für seine Gemeinde. Egal was er sagt und wie menschenverachtend es sein mag, er hat sein Gefolge, das ihm blind gehorcht aus Furcht vor der Strafe, die es zu erwarten hat. Was daraus wird, das sehen wir täglich, wenn wir uns Kriegsschauplätze anschauen: Horror im Namen Gottes, der Säbelzahntiger und ihrer Gefolgsleute, die die Welt zerstören.

Ein freier, gesunder Geist wertet erst einmal nicht und betrachtet, was ist und was die Situation gerade mit der Person, die da denkt und erfährt, gefühlsmäßig anstellt. Danach folgt die Entscheidung aufgrund des gesunden Menschenverstands und der Erfahrung aus den Ereignissen des Lebens, was zu tun ist, um gesund, dem eigenen Wohle und dem aller Wesen förderlich zu handeln.

Bei Willi und Willine gilt nur und ausschließlich: Was dient mir? Was müssen die anderen tun, damit sie mir dienen und mich noch mehr in meiner Göttlichkeit erheben? Was muss ich tun, um die anderen dazu zu bringen, mir zu dienen und mich noch göttlicher fühlen zu lassen?

Falls du jetzt gerade mal mental oder emotional aussteigst, liebes lesendes Beutetierchen – das ist leider eine Realität in vielen Religionen. Beuteopfer werden halt, wie vorher bereits erwähnt, als Werkzeug benutzt, um ein überhöhtes Ego zu stützen im Streben nach Ruhm, Geld und Macht, und das dem Worte Gottes folgend. Dies ist einfach nur schrecklich und schadet allen, die in ihrer Glaubensgemeinschaft wirklich Gutes tun und aus tiefem Glauben heraus handeln.

Verdeckte Klappzahnträger sind bei den geistlichen „Führern“ besonders stark zu Gange. Sie sind ja so liebevolle, gütige und tolle Seelsorger. Sie sind immer da, immer freundlich, immer was auch immer – aber im Grunde blasen sie durch die Bewunderung ihrer Schäfchen nur ihr Ego auf.

Falls ein verseelsorgter Mensch jedoch einmal nicht positiv auf den geistlichen Superman ansprechen sollte, dann wird dieser verachtet und ist schlichtweg nicht mehr würdig, von ihm als Mensch gesehen und begleitet zu werden. Dies alles passiert subtil und kaum merklich. Das macht es jedoch am Ende umso schauerlicher, weil die Grausamkeit dieser Monster für das Umfeld so unermesslich unvorstellbar ist. Sie missbrauchen oder strafen wahrlich mit Samtpfoten. Sie demütigen mit Worten und schrecken auch vor körperlicher Gewalt nicht zurück. Ihre liebevolle Art, ihre Maske und die Show, die sie abziehen, schützen sie davor, dass auch nur irgendwer glauben könnte, zu was diese offensichtlich so wunderbaren, spirituellen, liebevollen Menschen fähig sind, wenn sie wie eine Katze mit der Maus spielen, die um ihr Leben rennt und doch bei lebendigem Leib ihrem tödlichen Schicksal sehenden Auges wehrlos ausgeliefert ist. Schließlich würde keiner einer überlebenden Maus glauben und sie eher wegen ihrer Blödheit verurteilen, weil sie sich hat fangen lassen, und ihr somit die Schuld geben für das Geschehen. Die Katze ist fein raus – so zu handeln ist nun einmal ihr Trieb.

Ich kannte einen solchen verdeckten Klappzahnträger und war mit der Zeit erschüttert über die Eiseskälte hinter seiner nach außen hin so sanften Art. Das ist schwer zu fassen und ein richtig verlogenes Spiel. Ich hatte es erst begriffen, als ich anfing, ihm genau zuzuhören und die mangelnde Tiefe seiner so schönen Worte zu erkennen. Gut reden konnte er schließlich, aber es war kein wahres Herz dahinter, sondern nur die Suche nach Bewunderung. Es war seine Größe im Kleinsein und seine zur Schau gestellte, gespielte Bescheidenheit. Grusig!

Liebes Beutetier: Ein wahrhafter Guru wird dich vom Dunkel ins Licht führen, ohne zu werten. Er wird dich mit sanfter Strenge in seiner natürlichen Autorität fördern und liebevoll begleiten. Er wird dich sein lassen in allen deinen Anteilen und dich respektvoll behandeln mit aller Bescheidenheit. Seine Worte sind einfach und klar, denn sie wollen dich dort abholen, wo du stehst, um dich auf deinem Weg zu begleiten. Wenn er zu einem Zeitpunkt merkt, dass er nicht mehr der Richtige ist, oder dass du weitergehen musst, um deinen weiteren Weg zu finden, dann wird er dich segnend entlassen. Da ist keine Wertung, da ist lediglich liebevolle Begleitung und Schulung, egal in welcher Religion.

Solltest du jemals fühlen, dass das Verhalten deines spirituellen Führers oder deiner spirituellen Führerin nicht dem entspricht, was sie vorleben, auch im Bewusstsein der eigenen Schwächen, dann wende dich ab. Denk daran, dass deine innere Stimme sofort schreit, wenn sie Säbelzahntiger wittert! Denk auch daran, dass sie es nicht verdient hat, immer nur unter Heiserkeit zu leiden, zum Schweigen gebracht und mit Hustenbonbons abgespeist zu werden! Gerade im Bereich deiner spirituellen Entwicklung ist dies ganz besonders wichtig, denn hier schädigen die Manipulation und Gewalt durch Säbelzahntiger immens und nachhaltig. Das Vertrauen ins Leben und eine göttliche Führung, die hier missbraucht werden, können oft nur schwer und mit viel Mühe wieder aufgebaut werden. Das ist so traurig, denn die Geschädigten verlieren durch Misstrauen ihren Zugang zu den wichtigen Werten wie der Wahrhaftigkeit, der Schönheit in allem, dem Glück, der Liebe und dem Göttlichen, das uns trägt.

In meiner Ehe hatte mein Glaube keinen Platz. Anfangs unterhielten wir uns vor der Heirat noch über Spiritualität, aber nach der Hochzeit, als ich in den Klauen meines Säbelzahntigers festsaß, durfte ich das Wort Gott nicht mehr aussprechen. Mein Partner verband damit die katholische Kirche und somit viel Lüge. Erst spät wurde mir bewusst, dass ihm, obwohl Yogalehrer, nie bewusst war, dass Gott nicht einer Religion angehört, sondern darüber steht. Ich konnte ihm das nicht begreiflich machen und wurde letztendlich wegen meines Glaubens und meiner Art damit zu leben, wozu für mich eben tägliche Meditation und Gebet gehören, zutiefst gedemütigt. Irgendwann waren mein Glaube und mein Vertrauen größer und ich sah in der Demütigung durch meinen Säbelzahntiger lediglich die Aufforderung, bei mir und meinem Weg zu bleiben. Ich habe aufgehört, mich diesem verschlossenen Säbelzahntigergeist noch mehr hinzuwenden und akzeptiert, dass er kein wirklicher Yogi war. Allerdings bin ich nach wie vor der Meinung, dass ihm durch eine höhere Macht ein großes Werkzeug in die Hand gelegt wurde, um aus seiner Dunkelheit ins Licht zu kommen und zu erkennen, wer er ist, damit er sich transformieren kann. Ich gehöre, wie du siehst, zu den gnadenlosen Optimisten!

In meiner anfänglich eigenen Größenphantasie, einem Menschen helfen zu können glücklich zu werden und die eigene Spiritualität zu entwickeln, habe ich nur Demut gelernt und die Tatsache erkannt, dass man auch sein lassen muss, was nicht zu ändern ist, ohne sich dabei als schlechter Mensch zu fühlen. Ich habe mich vermehrt auf die Menschen konzentriert, die mich mehr gebraucht haben und mich annehmen konnten. Meine Energie hat sich nicht mehr nur auf einen gerichtet, der sie in sein schwarzes Loch gezogen hat, sondern auf mich selbst und andere. Dadurch wurde ich glücklicher und konnte wesentlich mehr Menschen dienen.

Selbst die Pflanzen in der ehemals gemeinsamen Wohnung merkten die Verbesserung der Energie und beschenkten mich mit wahrer Pracht in ihrem Wachstum, nachdem mein Säbelzahntiger ausgezogen war. Die Stimmung ist besser, die Schwingung viel höher als vorher. Es ist ein Segen für mich und mein Daheim mitsamt meinem Meditationszentrum und meiner Praxis, die ich nun ebenfalls dort habe. Ein Traum!

Im Verlauf meiner missbräuchlichen Ehe machte ich wirklich große Bekanntschaft mit meinen Anteilen – den liebenswerten und den weniger sympathischen – und konnte sie integrieren, respektieren und anfangen, mich selbst zu lieben, um anderen wirklich liebevoll begegnen zu können. Ich erlaube mir seitdem, alle meine Patienten zu mögen. Dadurch fühle ich mich freier und kann je nach Situation viele meiner Talente und Werkzeuge einsetzen, die der Lebenspflege meiner Patienten und mir selbst dienen. Jeden Tag reflektiere ich, was ich erlebt und gelernt habe. Für die Erfahrungen, die ich dabei mache, bin ich zutiefst dankbar, denn sie bringen mir mehr, als jedes Buch, das ich lese, oder jede Fortbildung, die ich besuche; denn sie sind in meinem und dem Leben meiner Mitmenschen präsente Realität, auf die ich zu reagieren habe. Für mich bedeutet das, dem Leben zu begegnen in allen seinen Formen – und damit gleichzeitig Gott. Diese Erfahrung wünsche ich wirklich jedem. Wobei ich natürlich weiterhin Bücher zu meinen Themen lese und Seminare besuche, damit mein Werkzeugkoffer wachsen und ich noch mehr zum Wohle aller Wesen beitragen kann.

Ja, so bin ich halt ... und dir, liebes Beutetierchen, wünsche ich dieses spirituelle Erlebnis ebenso von ganzem Herzen, denn ich bin mir sicher, dass du es haben wirst, wenn du aus der Reichweite der Klappzähne deines Tigers bist und wieder Vertrauen gewonnen hast ins Leben, in deinen Glauben und in die Menschen. Die Welt ist ein schöner Ort! Egal, was die Medien dir sagen! Wir haben nur diese eine Welt, die wir durch unser Sein bereichern können, weil wir ihrem Erhalt dienen mit den Mitteln, die uns zur Verfügung stehen.

Mein Motto ist: Ich will Leben pflegen! Was deines ist, das weiß ich nicht, aber schau, was deine Qualitäten sind und setze sie bewusst für dich und das Wohl aller ein. Kleinvieh macht Mist, und wenn viele einen wohlriechenden tollen Mist machen, dann wird das ein großer Haufen ..., wenn der richtig schön ist, dann freu dich auf einen schönen großen Haufen schönen Mist als Dünger für eine bessere Welt, ... denn Scheiße zieht Fliegen an und Blumenwiese Schmetterlinge – wozu soll unser Haufen als Dünger dienen? ... It‘s up to you und du hast die Empathie und Liebe in deinem Herzen, die Welt zu einem besseren Örtchen zu machen! ... Amen ... Wort zum irgendwie Sonntag!

Klappis in der Krise – Retter des Klopapiers!

Der Umgang mit Krisen zeigt den wahren Charakter der Menschen.

Manche wachsen über sich hinaus und werden für andere wundervolle Leitfiguren. Säbelzahntiger jedoch stehen eher nur im Weg, bringen andere oder die eh schon desaströse Lage durcheinander und behindern sogar durch ihr Verhalten viele Maßnahmen, die zur Rettung von Menschenleben wichtig wären. Gerade eine Krise, wie sie

die Menschheit 2020 durch das Coronavirus gebeutelt hat, zeigt das ichhafte Handeln dieser persönlichkeitsgestörten Menschen besonders deutlich.

Ein Säbelzahntiger hat in diesen Zeiten nichts anderes zu tun, als wie immer ausschließlich für sich selbst zu sorgen, denn sein Mangel ist der schlimmste und größte überhaupt, und keiner leidet so sehr wie er oder seine weibliche Artgenossin. Beide verfallen in tiefe Depression, weil ihnen klar wird, dass sie nun nicht mehr diejenigen sind, um die alle Planeten kreisen. Allerdings schaffen sie es häufig dennoch, selbst Planeten wieder auf Tigerkurs zu justieren, denn es hat sich ja schließlich alles um sie zu drehen. Da müssen auch mal Planeten ihre Laufbahn ändern – und wenn es nur im Hirn der Säbelzahntiger stattfindet, denn sie glauben da ganz fest an ihre Macht.

Ihre Krise kann entweder in die totale Isolation führen, in der ihnen bewusst wird, dass sie von niemandem gemocht werden, und ihnen die Sinnlosigkeit und Leere ihres Seins begegnet, der sie schwerlich gewachsen sind, oder sie glauben, sich in ihrer Größenphantasie überall als Besserwisser einmischen zu müssen. Egal was immer auch sein mag: Es geht nur und ausschließlich um sie!

Da ihnen die Mitte und der gesunde Menschenverstand fehlen, gehören Klappzahnträger sicherlich zu denen, die ohne Ende horten. Ich bin mir sicher, dass genau bei ihnen hier in Deutschland die meisten Packungen an Klopapier, Desinfektionsmittel oder Mundschutz zu finden waren. Entweder zum Eigenbedarf oder um es teuer zu verkaufen – somit also auch zum Eigenbedarf. Dass sie anderen Menschen durch ihr egoistisches Tun schaden, weil sie ihnen oft lebensnotwendige Dinge vorenthalten, ist ihnen egal. Teilen, so wissen wir ja bereits, ist nicht so ihr Ding, genauso wenig wie Rücksicht oder auch Vorsicht. Vorsichtig müssen nur die anderen sein, damit Klappzähne schön gepampert nichts tun müssen und die Verantwortung für das, was ihnen geschieht, schön beim Umfeld bleibt – wie immer halt.

Gerade in der Politik haben sich Säbelzahntiger in ihrer wahren Größe gezeigt. So haben einige Klappzahnträger die Ausbreitung des Virus heruntergespielt und die erforderlichen Maßnahmen herausgezögert, oder quasi „hintenrum“ ihr politisches Süppchen gekocht und sich zum Alleinherrscher gemacht, indem einfach mal so nebenbei die Verfassung ihres Landes zu ihren Gunsten geändert wurde – in Krisenzeiten ist alles möglich und die anderen Länder sind gerade anderweitig mit dem Schutz ihres eigenen Volkes beschäftigt. Da ist für einen Aufschrei und Sanktionen durch andere EU-Länder gegen solche demokratiefeindlichen Vorgehensweisen keine Kapazität frei. Man kann ja auch mal in Feindesgebiet notdürftig errichtete Krankenhäuser zerstören und der Einrichtung habhaft werden, ohne dass diese menschenverachtende Tat international in irgendeiner Form geahndet wird.

Die Liste dieser säbelzahntigerpolitischen Machenschaften ist lang und würde sicher ein eigenes Buch füllen. Allerdings überlasse ich das Schreiben hierüber investigativ arbeitenden Journalisten oder Fachleuten, die das sicher wesentlich besser beurteilen können als ich.

Für mich ist es wirklich erstaunlich, wie viele Spezialisten es unter Säbelzahntigern gibt, die sich via Internetblogs, sozialen Medien, YouTube oder auch Leserbriefen bemüßigt fühlen, sich als solche aufzuspielen. Sich anzumaßen, über wissenschaftliche Fakten zu urteilen oder die Maßnahmen, die zur Eindämmung der Virusausbreitung nötig sind, ist meist nur klappzahntechnisches Dampfgeplaudere. Säbelzahntiger können sich bekanntlich sehr gut darstellen, aber bei genauerer Betrachtung dessen, von wem eine Rundmail, ein Blog oder sonstiger Erguss kommt, merkt man schon, hinter welchen Äußerungen nur die klappihafte Anmaßung steckt. Da fehlt die Tiefe, und im Grunde ist der Text nur oberflächlich und hohl. Das Pseudowissen aus verschiedenen, häufig polarisierenden Medien zusammengetragen und mit eigener Ideologie versehen, wird verbreitet, ohne Sinn und Verstand. Gerade ängstliche und einfache Gemüter, die sich leicht von solchen Fake-News beeindrucken lassen, ohne in einen vernünftigen Abstand zu gehen und sich aus verschiedenen Informationen eigene

Gedanken zu machen, plappern dann diesen Klappzahnblödsinn schlichtweg nur nach und sorgen in der Form für zusätzliche Verbreitung. Der Verfasser wird dann von beutetierveranlagten Menschen geliked und ehrfurchtsvoll bewundert. Er kann sich angesichts der Likes und Klicks auf den sozialen Medien in seiner Isolation über die vielen Anhänger, Freunde und sein Schauspiel freuen. Dass das alles nur Show ist und nicht real, fällt ihm dabei gar nicht auf. So oberflächlich wie die Infos, so oberflächlich ist sein Leben, so oberflächlich ist der Säbelzahntiger. Für ihn sind die Feedbacks real und je mehr positive Kommentare, desto mehr baut ihn das auf und er kann sich genüsslich über seine Klappzähne lecken. Negative Reaktionen werden von Säbelzahntigern nicht zur Kenntnis genommen, denn diese sind für ihn lediglich Äußerungen absolut dummer Menschen, die – wie alle außer ihm natürlich – nur die Hirngröße einer Waldameise haben und folglich nicht ernst zu nehmen sind.

Sollte ein Klappzahnträger perfektionistisch veranlagt sein, so wird er akribisch genau über jeden Keim wachen und wahrscheinlich sogar daheim den Mundschutz nicht ablegen, wenn er im Fernsehen oder auf sonst einem Bildschirm ein menschliches Wesen sieht. Sicherlich wird er auch jeden in seiner Familie mit seinem Hygienewahn nerven und der erste sein, der andere denunziert, wenn sie sich etwas herausnehmen, was er gerne tun würde, aber nicht darf. Nach dem Motto: Wenn ich schon keinen Außenkontakt haben soll, dann die andern erst recht nicht! Es geht nicht darum, dass Treffen vieler Menschen auf engem Raum der Ausbreitung von Viren jeder Art Tür und Tor öffnen, sie sich schneller ausbreiten und anfällige Menschen wirklich massiv schaden können, sondern es geht um Klappis eigenen Neid – folglich wieder um ihn selbst.

Da ich ja nun von meinem Klappzahnträger getrennt und in dieser Hinsicht kein wahrer Insider mehr bin, so kann ich nur vermuten, wie es dir geht, wenn du noch mit deinem Säbelzahntiger oder seiner weiblichen Artgenossin auf engem Raum in der Ausgangssperre leben musst. Das ist bestimmt alles andere als eine reizvolle, sondern eher wohl eine gereizte Stimmungslage. Der meist eh schon unzufriedene Klappi wird sich alles Mögliche einfallen lassen, wie er seinen Frust an dir oder den Kindern auslassen kann. Solltet ihr beide Homeoffice machen, dann ist seine Arbeit sicherlich wichtiger als deine und die Erziehung deiner Kinder ganz alleine deine Aufgabe – stimmts? Deine Kinder – er hatte bei der Zeugung nur seinen Spaß, der Rest ist ihm egal, wenns anstrengend wird – werden ihm zu laut, zu ungezogen, zu fordernd oder sonst was sein, wofür natürlich du verantwortlich bist. Da sieht man dann deutlich dein Versagen als beutetierlicher Elternteil. Ich glaube, du bist noch nie so viel spazieren gegangen wie zu Coronazeiten, und dies eher ohne den Klappi, weil der seine Ruhe braucht, und mit den Kindern, um sie aus der Schusslinie zu bringen. Das Schlimmste an der Situation ist, dass du keinen hast, der dich unterstützt und mit dem du reden kannst. Als die offiziellen Stellen geschlossen wurden, hat keiner an die Opfer gedacht, – wie immer – und die Beutetiere so den Säbelzahntigern auf dem Tablett serviert, wo er sie genüsslich quälen und verspeisen konnte.

Falls du und deine Kinder die Krise einigermaßen heil überstanden haben, wird es dir sicherlich jetzt leichter fallen, den Exit durchzuziehen, denn jetzt hattest du wirklich den Säbelzahntiger eng und in ganzer Pracht vor dir. Ich denke, die Wahrheit kann dir nicht gefallen und muss es auch nicht. Bitte nimm das zum Anlass, endlich deine Sachen zu packen und aus der Beutehaltung deines Klappzahnträgers zu gehen! Nur Mut – die Kraft, die dich immer wieder aushalten ließ, ist letztlich die Kraft, die dich beim Exit unterstützt und die dein Leben auf neue, freie und glückliche Bahnen bringt.

Säbelzahntiger – wilde, brutale Bestien

Sie können genauso lieb sein, wie sie böse sein können!

Säbelzahntiger in männlicher oder weiblicher Form sind zu Taten fähig, die wirklich unglaublich erscheinen und Beobachter einfach nur fassungslos machen.

Surreal wirkt es, wenn wir Verbrechen und Taten von Säbelzahntigern in den Medien präsentiert bekommen und denken, so etwas würde uns selbst nie betreffen. Je länger du jedoch mit einem Klappzahnträger liiert bist, desto wahrscheinlicher wird es, dass dich seine Grausamkeit in zunehmendem Maße trifft.

Zuerst kommt allerdings der dafür bei der Beute notwendige Gewöhnungseffekt zum Tragen.

Steter Gifttropfen durch den Säbelzahntiger höhlt den Stein, oder besser gesagt, das Hirn des Beutetiers. Dies führt dazu, dass du psychische, verbale Gewalt durch Manipulation oder Demütigung nicht mehr als schmerzhaft empfindest. Es wird geradezu normal, dass du dich ständig hinterfragst. Du glaubst irgendwann, dass es sicher wahr sein muss, was Tigerle sagt, und hörst auf, dich zu schützen. Selbst wenn dein Umfeld dir immer wieder spiegelt, dass es nicht normal ist, was in deinem Beziehungsleben – sei es beruflich oder privat – passiert, dann geht das bei tigermäßig verschwurbelten Beutetieren zum einen Ohr hinein und zum anderen wieder hinaus. Die Menschen, die es wirklich gut mit dir meinen, könnten sich auch mit einer Klagemauer unterhalten. Da geht nichts in Resonanz und wenn, dann nur sehr zart, so dass es un-er-hört bleibt. Das ist eine echte Herausforderung für Menschen, die hilflos zusehen müssen, wie eine geliebte Person unaufhaltbar ins Verderben rennt: diese Person, die immer wieder entschuldigt oder beschönigt, was so gar nicht mehr schön ist; die von Willi oder Williné verschlungen wird, bis nichts mehr von ihr übrig bleibt außer einem Häufchen geschundenen Elends ohne eigene Persönlichkeit, tief verletzt, tief verunsichert, körperlich und oft auch noch finanziell am Ende.

Niemand kann sich am Anfang einer Beziehung mit einem Säbelzahntiger auch nur im Geringsten vorstellen, dass am Ende so fatal sein kann, was so schön begonnen hat. Genau diese Tatsache ist es, welche die Beute dazu veranlasst, so lange in dieser toxischen Beziehung zu bleiben. Es ist unglaublich, dass derselbe Mensch, der noch vor nicht allzu langer Zeit so freundlich und zugewandt war, plötzlich so anders tickt und alles, was vormals gut war, nun ins Gegenteil verkehrt.

Dies geschieht meist zuerst in seltsamen Bemerkungen. Hier fängt der Klappzahn an zu wackeln und sich im Ausdruck von Zynismus, Sarkasmus oder reiner Boshaftigkeit seines Trägers zu zeigen. Ganz kurz nur spitzt der Klappzahn aus den Mundwinkeln und schon ist der Spuk wieder vorbei. Die Beute glaubt nicht, was sie zu Gesicht bekommen hat, glaubt, das Gehörte war ein irrtümlicher Ausrutscher des Gegenübers, weil es so gar nicht passend zu der Person ist, die sie kennen gelernt hat. Da wird nur der Kopf geschüttelt und gar nicht weiter nachgefragt.

Die ersten Demütigungen werden als Witz vom Säbelzähnchen hingestellt, den du als Beute nur nicht verstehst, weil du zu „blöd“ dafür bist, und du Spaßbremse mit Eigenleben dich doch bitte gefälligst nicht so anstellen sollst. Basta und Ende der Diskussion!

Das Wort „bitte“ gerät übrigens im Laufe der Beziehung zu Klappzahnträgern zunehmend in Vergessenheit, da sie dieses aufgrund ihres überhöhten Anspruchsdenkens nicht mehr für nötig halten, denn schließlich ist es ja eine Ehre, ihrer Heiligkeit zu dienen. Diese muss fürderhin nur befehlen. Da braucht es weder ein Danke noch ein Bitte. Das musst du, liebe Beute, schon einsehen. In den Augen deines Klapperles bist du „minderbemittelt-unterprivilegiert“. Deine Aufgabe ist der bedingungslose, selbstlose und aufopferungsvolle Dienst an ihrer hoheitlichen Säbelzahnmajestät. Selbst der Tritt in deinen Allerwertesten ist schon als höchster Lohn anzusehen, denn immerhin nimmt sie dich wahr. Das muss dir reichen. Der erbarmungslose Klappzahnalarm erfolgt, sobald du auch nur irgendwas Minikleines erbittest oder einforderst. Das geht nicht! Nicht mit diesem astralgleichen ... nun ja, du weißt schon ...

Es geht eine Zeitlang für die Beute alles weiter, wie gehabt. Die innere Stimme grummelt ungehört vor sich hin und das Opfer fordert sich meist selbst dazu auf, nicht so spießig oder humorlos zu sein. Die erste Seelenschwiele bildet sich, die Haut des Beutetiers wird dicker, die Stimme verstimmter und verstummter. Ach ja, und die Hustenguzzis nicht vergessen ...

Diese verletzenden Situationen kommen sodann immer häufiger vor, und die „Witze“ des Säbelzahntigers regen immer weniger zum Lachen an.

Bei männlichen Klappis zeigt sich nun häufig die ihnen eigene Frauenfeindlichkeit und es wird über das weibliche Wesen gelästert, was das Zeug hält, obwohl er ja ein weibliches Gegenüber hat, das er genau wegen dessen Weiblichkeit und Frau-sein gewählt hat. Die Beute weiß noch nicht, dass sie nur deshalb interessant ist, weil der Säbelzahntiger sie als Triebbefriedigung benutzt wie eine Gummipuppe. Nur dazu ist sie da. Nur dazu hat er sie sich in seine Klauen geholt. Mehr ist es nicht, auch wenn die Beute lange Zeit etwas anderes denkt. Ja, das ist schon grausam, aber das Wildkatzenspiel geht weiter.

Beleidigungen, Demütigungen und übergriffiges Verhalten, sowohl verbal als auch körperlich, nehmen im späteren Verlauf der Beziehung stetig zu.

Da wird beispielsweise in aller Öffentlichkeit an den Busen oder den Hintern gegrapscht, denn beides ist ja mitsamt der daran hängenden Person das Eigentum des Säbelzahntigers, und die Beute hat diese unerhörte Peinlichkeit willig über sich ergehen zu lassen, denn es handelt sich um eine Art Macht-, Anspruchs- und Besitzdemonstration. Wehrt sich das Opfer, dann folgt der Klappzahnalarm in den vier Wänden des „sicheren" Daheims. Nicht selten wird dieser durch weitere sexuelle Übergriffe begleitet, gegen die sich die Beute nicht wehrt aus Angst, durch die Bedrohlichkeit der Situation weitere Gewalt erfahren zu müssen. Gibt nämlich die Beute nach, so meint sie, Ruhe zu haben. Diese Ruhezeiten werden allerdings nie von langer Dauer sein. Im Gegenteil: Die Gewaltspirale dreht sich mit der Zeit immer schneller. Das Stresslevel der Opfer wird immer größer, da sie ständig damit beschäftigt sind, zu befrieden, sich oder die Familienmitglieder zu schützen und den Säbelzahntiger vermeintlich irgendwie in Schach zu halten. Dies führt zu einer zunehmenden Schwächung der Persönlichkeit und der Gesundheit von Säbelzahntigers Energielieferanten. Ein negativer Regelkreis, aus dem nur der rigorose Ausstieg hilft. Dazu aber später mehr ...

Eine beliebte „Nadeltechnik" des Säbelzahntigers und seiner weiblichen Artgenossen ist die Demütigung vor anderen. Da wird sich über die Schwächen lustig gemacht und letztendlich auch nicht davor zurückgeschreckt, Dinge zu äußern, die anfänglich im Vertrauen erzählt wurden, weil sich die Beute vielleicht selbst dafür schämt.

Da Säbelzähne keine Ahnung von menschlich hohen Werten haben, sondern nur Spezialist ihrer eigenen Wertewelt sind, welche bekanntlich ja über allem steht, wissen sie natürlich nicht, was Vertrauen oder sogar Loyalität sein sollen. Dadurch kommt es zu fürchterlichen, entwertenden Szenen im Freundeskreis auf Feiern oder im Berufsleben bei Besprechungen und so weiter. Je blöder der andere dasteht, je größer die Scham und Demütigung, desto besser für den Säbelzahntiger. Dieser hat mit der Aktion die Energie für sich verbucht, die seine Beute verloren hat.

„Komischerweise" begehen gerade Eltern, und insbesondere Mütter, solche Verbalverbrechen an ihren Kindern. Während des Kaffeekränzchens werden alte, mit Scham besetzte Geschichten der Kinder breitgetreten, selbst wenn diese schon erwachsen sind. Oder sie werden als Erwachsener vor anderen wie ein Kleinkind behandelt und zurechtgewiesen. Äußere „Mängel", der Kleidungsstil, das Makeup oder die Figur werden vor anderen, oft wildfremden Menschen, kritisiert oder dienen der Belustigung des Publikums. Das Kind schämt sich und entwickelt seine Glaubenssätze, die sich erst sehr spät in der Entwicklung manifestieren. Sie führen zu Verhaltensweisen, die mit diesem Trauma niemals in Verbindung gebracht worden wären, würden sie nicht in der Therapie oder im Coaching aufgedeckt, sofern sich das Opfer später denkt, dass sich etwas in Bezug auf die eigene berufliche oder private Erfolglosigkeit, mangelnde Beziehungsfähigkeit oder Gesundheit ändern muss.

Allerdings sind nicht alle diese rücksichtslosen Eltern Säbelzahntiger. Oft ist es einfach aus Unachtsamkeit daher gesagt und schlichtweg dumm gelaufen. Außerdem verschmerzt das eine Kind so etwas besser als das andere. Da kommt es stark auf das sonstige Umfeld und Verhalten an, und auch, wie liebevoll in der Regel miteinander umgegangen wird.

Wenden wir uns wieder den Säbelzahnträgern zu. Es ist seltsam, dass bei solchen öffentlichen Demütigungsaktionen vor Publikum selbiges nichts sagt. Das verstehe ich persönlich nur insofern, weil Klappi mehr Lobby hat als sein Opfer. Ich weiß nicht, was in der Situation schlimmer für den Gedemütigten ist: wenn alle lachen, oder wenn es plötzlich so still wird, dass man eine Stecknadel fallen hören würde. Letzteres habe ich mit zwanzig Personen im Raum erleben müssen, und das war fürchterlich – und damals auch der Anfang vom Ende einer Beziehung mit einem harmlosen Miniklappi.

Die Geschwindigkeit der Gewaltspirale ist unterschiedlich, nimmt aber mit der Zeit ständig an Fahrt auf.

Die anfangs im Buch beschriebenen Manipulationstechniken wie Schweigebehandlung durch tagelanges Nicht-Reden (= pseudoerwachsenes Bocken auf hohem Niveau), verschwinden und unerreichbar sein, immer wieder dieselben Themen wiederholen, die man schon geklärt wähnte, immer wieder Grenzen überschreiten, ob das Gegenüber nicht doch davon zu überzeugen ist, das zu tun, was Willi oder Willine wollen.

Das sind die Einstiegstechniken, mit denen der Säbelzahntiger seine Beute immer mehr aus der Balance bringt, immer mehr in der eigenen Persönlichkeit destabilisiert. Irgendwann bringt er sein Gegenüber so weit, dass es sich verhält wie das Kaninchen vor der Schlange – nicht bewegen, sonst bin ich geliefert! In dieser Situation ist für das Opfer an Persönlichkeitsentwicklung oder freie Entfaltung nicht mehr zu denken. Es geht ab einem gewissen Zeitpunkt nur noch um das Nicht-Glauben-Wollen dieser Beziehungsentwicklung und um das nackte psychische und physische Überleben.

Ich wollte es nicht wahr haben, was mir da passiert, konnte nicht verstehen, dass mein Mann oder überhaupt irgendein Mensch so sein kann. Unzählige Male habe ich mir die Frage gestellt, ob das alles noch normal ist, was ich da erlebe. Von meinem Umfeld kam auf Anfrage stets ein klares „Nein“, von meinem Partner ein klares „Ja natürlich, du verstehst mich nicht und schließlich bist du ja paranoid, krank, depressiv“.

Letzteres war ich bereits nach einem Ehejahr und wollte mich sogar aus dem fahrenden Auto stürzen, weil ich mit meinem Latein am Ende war, nicht mehr weiter wusste, die Situation in meiner Beziehung und mein Leben nicht mehr aushalten konnte. Wohlgemerkt war ich nach einem Pfeifferschen Drüsenfieber noch nicht voll auf der Höhe gewesen, und das passte meinem Klappzahnträger nicht. Obwohl er es nicht wirklich im Urlaub als Einschränkung unserer Aktionen auf einem Yogaworkshop in Italien mitbekam, so störte ihn die Tatsache meines Erholungsbedürfnisses wegen der Rekonvaleszenz, weil es ihn „runterzog", wie er sagte. Durch meine Aktion auf dem Heimweg traumatisierte ich nach einer gemeinsamen Urlaubswoche inklusive Schweigebehandlung durch meinen Säbelzahnträger eben diesen, was ihm später das Recht gab, dass er mich schlecht und misstrauisch behandeln durfte, weil ich ja in seinen Augen eh nur als durchgeknallt galt. Hilfe in meiner Situation? Fehlanzeige!

Ich habe mich damals wegen meines Blackouts so unendlich geschämt, da ich, hätte es geklappt, auf der Autobahn sicherlich viele Menschen gefährdet hätte. Und das passierte mir, die ich doch Leben pflegen will?! Es waren Höllenqualen, in die ich da geraten bin. Ohne die liebevolle Unterstützung durch meinen Therapeuten und mein Umfeld wäre ich aus dieser Krise nicht so gestärkt wieder herausgekommen. Dafür bin ich unendlich dankbar! Leider habe ich es damals nicht geschafft, aus dieser immer toxischer werdenden Beziehung auszusteigen. Ich wollte mein Eheversprechen halten und nicht meine zweite Ehe in den Sand setzen. Meine Hoffnung war weiterhin, dass es besser wird, wenn ich mehr gebe, mehr verstehe, mehr liebe, mehr auf seine Bedürfnisse eingehe, mein Ego in den Hintergrund stelle, Liebe praktiziere und was nicht noch alles.

Scheinbar war wohl irgendwas in mir neugierig zu erfahren, wie Säbelzahntiger wirklich ticken und wie viel Gewalt ich aushalte. Bin ich Masochistin? Hm ... manchmal frage ich mich schon, da ich bis dato so eine Seite nicht an mir kannte und im Nachhinein wegen meines langen Ausharrens schon den Kopf schütteln muss. Da ich Sopranistin bin, bekommt meine äußere Stimme keine Guzzis, weil ich sie ja hören will, – meine innere Stimme habe ich lange Zeit jedoch betäubt. Fürchterlich! Sie hat sich geregt und wollte mir den Exit einreden, aber „Nein, ausharren, Klappe halten und durch“ war meine Devise. Manchmal liebe ich meine Disziplin und Sturheit – in diesem Kontext waren sie einfach nur bescheuert. Letztendlich habe ich jedoch viel gelernt, was ich nun an meine Leser und auch an meine Patienten weitergeben kann. Es gibt immer zwei Seiten der Medaille, so auch in Bezug auf diese missliche Erfahrung.

Gewaltaktionen in Tigerbeziehungen sind meist eher psychisch-verbaler Natur. Jedoch manifestieren auch diese sich körperlich in verschiedensten Formen. Negative Energie schädigt bis auf die tiefste Zellebene, kränkt das Opfer und macht es letztendlich krank. Man kann sich gegen diese Energie nicht wehren, auch wenn die Ursache für Klappis miese Laune in anderen Bereichen liegt und das Opfer im Grunde nicht direkt betrifft. Es herrscht eine negative Stimmung von bedrohlicher Ruhelosigkeit und Aggression, was man auch als ständige „dicke Luft“ bezeichnen könnte. Säbelzahntiger begründen die Folgen oder Reaktionen, welche die Toxizität ihrer schädlichen Emissionen jeglicher Art bei den Beutetieren mit sich bringt, mit deren mangelnder Abgrenzungsfähigkeit. Jedoch könnte man genauso einem Baum im Wind sagen, er soll jetzt nicht mit den Blättern rascheln. Das geht einfach nicht.

Kein Wunder, dass die Sehnsucht nach einer höheren Schwingung, nach Freude, Liebe und kleinen oder größeren Kicks, die dieses Stimmungsgift antidotieren sollen, immer größer und größer wird. Gleichzeitig rutschen jedoch die Kraft, das Selbstbewusstsein und die beuteeigene Stimmung immer mehr ins Tief. Da wird sich als Opfer im Verhalten an den Säbelzahntiger angepasst, damit ganz im homöopathischen Sinne, Ähnliches mit Ähnlichem geheilt werden soll. Ich glaube, das ist eben die oben beschriebene Kaninchenstrategie. Ja nicht mehr auffallen und kein Eigenleben mehr führen, denn das könnte ganz schlimm enden!

Da fällt mir als Homöopathin gerade was ein: Könnte ich nicht die DNA meines Säbelzahntigers verreiben und eine Hochpotenz daraus machen, um damit Opfern zu helfen, damit sie ihren Säbelzahntiger heilen? Wäre einen Versuch wert, aber die Erstverschlimmerung will, glaube ich, kein Mensch. Außerdem ist so etwas nicht erlaubt ... leider ... die Welt wäre schöner, bestimmt! Soweit zu meiner Größenphantasie, die Welt zu retten. Gedankenausflug Ende!

Der verbalen Gewalt folgt im Verlauf der Beziehung die körperliche und sexuelle Misshandlung durch den Säbelzahntiger.

Viele Säbelzahntiger vergehen sich an ihren oder anderen Kindern, weil sie glauben, ein Recht dazu zu haben, ihre Zuwendung dem Kind gut täte und auch ihm sicherlich Spaß machen würde. Es wird absolut verdrängt, dass diese Tat ein Verbrechen ist und nicht einmal die Anspruchshaltung des überhöhten Ichs des Säbelzahntigers daran etwas ändert. Die emotionale Kälte, mit der in diesem Zusammenhang agiert wird, ist grausam. Dabei ist es völlig egal, ob es sich um Missbrauch in Familien, Kirchen, Vereinen oder sonst wo handelt. Es ist die Tat völlig verhaltensgestörter Persönlichkeiten, die nur die eigene Triebbefriedigung kennen, die ihnen in ihrer Realität das Recht gibt, Unrecht zu tun. Die das jedoch so rationalisieren, dass jeder glaubt, dass das ganze Geschehen doch völlig harmlos und normal ist. Das macht doch schließlich jeder! ... Da wird mir ganz schlecht! ... Dir auch? ... Das ist normal!

Wie kalt und pervers muss man sein, um Kinderpornos zu machen oder anzusehen? Wie sehr werden diese Kinder entwertet und zu Sexmarionetten degradiert, die an den Fäden ihrer Schänder hängen und gezwungen sind zu tun, was diese wollen. Wie kann eine so geschundene Seele jemals heilen? Darauf weiß ich keine Antwort und bewundere jeden, der so eine unendlich schlimme Erfahrung überlebt hat ohne zum psychischen Krüppel zu werden.

Da die Partner als Eigentum des ichhaften Klappzahnträgers angesehen werden, hat der Säbelzahntiger natürlich seiner Meinung nach auch das Recht, seine sexuelle Befriedigung jederzeit von seiner Beute einzufordern, egal ob sie das will oder nicht. Natürlich gelten nur Willis oder Willines Regeln. Werden diese nicht erfüllt, dann sucht sich Klappi ein williges anderes Opfer, denn schließlich geht es um sein Grundbedürfnis, dem nachgegangen werden muss. Liebe ist niemals im Spiel! Das habe ich in einem der ersten Kapitel dieses Buches ja bereits beschrieben.

Aus Angst, den Klappzahnträger oder seine weibliche Artgenossin zu verlieren, macht das Opfer mit und vergewaltigt sich dadurch oft noch selbst. Ich denke, das gehört zu einem der schlimmsten Gefühle überhaupt, wenn man so ein Geschehen als Beutetier im Nachhinein realisiert hat. Als mir das passiert ist, habe ich lange geweint und ich habe schließlich gekotzt. Nicht mein Säbelzahntiger hatte mir das angetan, sondern ich mir selbst. Das ist noch weitaus schlimmer, denn es zeigte, wie weit weg ich von mir selbst war. Ich habe mich selbst verleugnet, um den Klappzahnträger zufriedenzustellen und um Ruhe zu haben. Ein lächelnder, zufriedener Säbelzahntiger bedeutet zumindest für kurze Zeit die Illusion von Nähe, Schutz und Geborgenheit. Eine Möglichkeit für das Beutetier, wenigstens kurz Luft zu holen und eigenen Raum zu finden für eine Art von Frieden. Aber es ist, wie gesagt, nur eine Illusion, die wie eine Seifenblase sehr schnell und immer schneller zerplatzt.

Man kann diese Reaktion der Opfer mit verschiedenen hormonellen Reaktionen in Verbindung bringen, die im neurovegetativen System stattfinden. Der Stress, der mit solchen Situationen beim Opfer erzeugt wird, hat Folgen im sympathischen Nervensystem. Das mag ich aber nun nicht erklären, weil es zwar eine objektive Rechtfertigung der Beutetierreaktion darstellt, aber davon hat dieses irgendwie auch nichts. Wen es also interessiert, seine Reaktion als Opfer auf die Körperchemie zu schieben, der darf sich gerne in Studien vertiefen, die zu diesem Thema gemacht wurden. Worauf ich jedoch schon hinweisen möchte, ist die Tatsache, dass die Ruhezeit zwischen den Angriffen durch Gewaltaktionen von Seiten der Säbelzahntiger nicht ausreicht, damit die Stresshormone im Körper abgebaut werden können. Das heißt, dass das Stresslevel beim Opfer permanent ansteigt mit allen negativen Folgen und vegetativen Entgleisungen, die man sich so landläufig vorstellen kann. Ob sich das in Infektanfälligkeit, Bluthochdruck, Übergewicht, Allergien, Krebs oder Autoimmunerkrankungen äußert, ist dann letztendlich egal und immer schlimm, weil meist nicht als Folge von narzisstischem Missbrauch erkannt. Ein Hinterfragen in dieser Richtung bei psychosomatischen Erkrankungen wäre eine hilfreiche Entwicklung in der Behandlung ebendieser Krankheitsformen. Jedoch ist den wenigsten Therapeuten ein Zusammenhang zwischen narzisstischem Missbrauch und deren pathologischen Folgen bei den Opfern bekannt.

Sexuelle Übergriffe und körperliche Gewalt durch Säbelzahntiger gehen meist Hand in Hand. Das Prinzip der Wahrnehmung durch den Säbelzahntiger ist dasselbe. Er fühlt sich durch seine egozentrische und abgehobene Eigenwahrnehmung im Recht, seiner Autorität gewaltsam Geltung zu verschaffen. Er überhebt sich über andere Menschen und besonders über seine Beute. Ist diese gerade mal verfügbar, dann ist sie, da sie ja sein Besitz ist, Blitzableiter für seine schlechte Laune – dafür muss nicht einmal ein Grund vorhanden sein – oder sie muss zurechtgestutzt werden, weil sie eine andere Meinung hat und sich vielleicht noch wehrt gegen seine perversen Handlungen, Demütigungen oder Manipulationen.

Ist der Säbelzahntiger im Blutrausch, macht er vor nichts mehr Halt. Er ist dann unberechenbar, und genau das macht ihn so bedrohlich für sein Beutetier. Er wird nicht aufhören, wenn sein Opfer am Boden liegt und blutet, weint, leidet. Er wird dieses Leiden des Gegenübers nicht sehen und seiner Rage erst ein Ende setzen, wenn er in seiner Blutrünstigkeit genug hat, oder sich das Opfer vehement zur Wehr setzt.

Wer einmal als Beutetier die Augen eines Säbelzahntigers im Blutrausch gesehen hat, weiß, was ich meine. Es ist der Blick eines außer Rand und Band geratenen Wesens, das nicht mehr beherrschbar ist. Da ist

Ende der Fahnenstange und nur noch Angst beim Beutetier. Diese Augen sind starr, die Pupillen eng, die Augen glänzen und sind gleichzeitig menschenleer. Meiner Meinung nach bedeuten sie nur eines: Gefahr! Höchste Alarmstufe! Möglichst schnell, möglichst weit weglaufen und in Sicherheit bringen! Er verdient das Label: Dieser Blick kann tödlich sein!

Auch wenn diese Rage mit dem Tod des Opfers endet, so ist grundsätzlich der Säbelzahntiger in seinen Augen im Recht, weil er durch das Verhalten des Beutetiers zu diesem Schritt gezwungen wurde. Reue? Fehlanzeige! Dass Willi oder Williine irgendeine Schuld trifft, eine Mitverantwortung oder sonst ein Zeichen von Selbstreflexion – das wird es nicht geben. Genau das macht es so schauerlich, so surreal. Die Tat als Affekthandlung zu bezeichnen, halte ich für nicht gerechtfertigt, denn der persönlichkeitsgestörte Täter nimmt den Tod seines Opfers in Kauf, weil er keinen Mechanismus hat, der ihn zurückpfeift und somit der Tat rechtzeitig ein Ende setzt, bevor Schlimmeres passiert. Auch die Feigheit vor den Konsequenzen seiner Handlung lässt ihn das Opfer lieber töten, denn er glaubt, dass seine Untat dann nur Selbstverteidigung seinerseits war. Schließlich ist er das Opfer! Säbelzahntiger kommen auf diese Weise häufig davon, denn man glaubt ihnen. Eines können sie nämlich aus dem Effeff: Schauspielern, dass es zum Oscar reichen könnte!

Solltest du schon Bekanntschaft mit diesen Augen, mit der Gewalt eines Säbelzahntigers gemacht haben, dann erkenne, dass es rasch an der Zeit ist, dich und auch deine Kinder, solltest du welche haben, in Sicherheit zu bringen. Es wird nicht besser werden in deiner Beziehung, auch wenn du es noch so glaubst und erhoffst. Im Gegenteil: Es gibt in dieser Gewaltspirale nur eine Richtung, und die ist ins Verderben!

Falls du bereits Gewalt erlebt hast, so wirst du auf eine Entschuldigung vergeblich warten. Wenn sie denn kommen sollte, dann ist sie mehr als nur lau, und es folgt sogleich der Satz: „Du hast mir keine

Wahl gelassen mit deinem Verhalten, als so zu reagieren. Ich konnte nicht anders!“ Das nennt man Schuldumkehr. Du hättest machen können, was du wolltest. In Gegenwart eines Säbelzahntigers sind Aktiencharts leichter berechenbar, und somit die Chance auf einen Börsengewinn, als die Reaktion eines Klappzahnträgers. Die steht nur 50/50, und du weißt niemals, welche 50 Prozent gerade angesagt sind. Es ist in seinen Augen deine Aufgabe, ja Pflicht, dich für dein Fehlverhalten zu entschuldigen und es in Zukunft besser zu machen – ihm zu Willen zu sein, ihm zu dienen, dein dummes Ego in den Griff zu kriegen und und und ... In deiner schweren Traumatisierung wirst du natürlich sofort den Fehler bei dir suchen, dich in Frage stellen, deine innere Stimme geflissentlich überhören, die dich zum Gehen auffordert, alles Geschehene herunterspielen, damit es nicht so weh tut und und und ... die Wiederholung der Wiederholung der Wiederholung ... letztendlich spielst du mit deinem Leben. Wenn es dir das wert ist, dann mach weiter, ansonsten hör endlich auf und nimm dich ernst!

Ich habe mir in den letzten Ehejahren oft gedacht, dass auf meinem Grabstein sicher stehen würde: „Sie hat sich stets bemüht!“ Ja toll! Jetzt würde da sicher etwas anderes stehen: „Sie hat aus ihren Krisen gelernt, das Beste draus gemacht und die Welt um sich ein wenig schöner werden lassen!“ Daran arbeite ich noch, und wenn es nur die fünf Quadratmeter auf meiner Shiatsumatte sind, auf der ich Menschen, die ich behandle, etwas Gutes tue. Egal, auch Kleinvieh macht Mist!

Ich wünsche dir, liebes Beutetierchen, dass du den Mut hast, dich ernst zu nehmen und dich ermächtigst, nicht mehr tatenlos zuzusehen, wie dir mehr und mehr weh getan wird, wie du bei lebendigem Leibe von deinem Säbelzahntiger zerfleischst wirst und deine Schmerzen körperlich wie seelisch immer größer werden. Ich wünsche dir, dass deine Angst vor dem Bleiben stärker wird, als vor dem, was kommt, wenn du gehst. Wenn du bleibst, wird sich nichts ändern, was auch immer du anstellst. Es wird im Gegenteil nicht einmal so bleiben, wie es ist, sondern schlimmer und schlimmer werden.

Nach meinen Erlebnissen mit meinem Säbelzahntiger bin ich mir nicht sicher, ob ich einen weiteren Versuch, meine Ehe zu retten, überlebt hätte. Ich glaube, eher nicht! Das ist sehr traurig und ich bin mir sicher, dass mein Klappzahnträger niemals auch nur annähernd in der Lage sein wird, zu erkennen, was er mit seinem cholerischen, höchst aggressiven, zutiefst persönlichkeitsgestörten Charakter mir, seiner Tochter und seinen anderen Exfrauen angetan und wie viel Leid er über uns gebracht hat. Sollte er dennoch einmal fähig sein, zu erkennen, dann glaube ich, möchte ich nicht in seiner Haut stecken, weil ich diesen Schmerz nicht aushalten wollen würde. Da braucht es kein jenseitiges Fegefeuer, das große Aua erledigt die Seelenqual im Jetzt. Das Erwachen wünsche ich ihm, damit er eine Chance auf ein glückliches zukünftiges Leben hat. Den Schmerz würde ich meinen ärgsten Feind nicht fühlen lassen wollen! Unsere Feinde sind unsere größten Freunde, denn nur durch sie lernen wir, uns in unserem Leben zu entwickeln, und es macht keinen Sinn zu hassen, was wir einmal geliebt haben. Der Hass hält nur die erlebte Gewalt am Leben und wird die Seele weiter aushöhlen, den Körper krank machen. Da kann man dann auch in der Beziehung zum Säbelzahntiger bleiben. Das ist billiger als eine Scheidung und der Gegenstand des Hasses bleibt wenigstens leibhaftig. Wer‘s mag!? Ich rate dringend davon ab, denn ich glaube, dass Glück anders geht.

Teil 2

EXIT

Den letzten Fight mit dem Säbelzahntiger überleben – mein Exit

Irgendwann kommt der Zeitpunkt, an dem ein gewaltiger Fuß auf deinem Allerwertesten so zutritt, dass du aufwachst und merkst, dass es genug ist mit dem ganzen Scheiß. Du bist so im Eimer, so verletzt und kaputt, dass du jetzt weißt, dass es nur einen Weg gibt: Raus aus der toxischen Beziehung!

Ich empfand das als einen Moment unendlicher Klarheit: So, als ob mich der morgendliche Wecker aus dem Tiefschlaf gerissen hätte.

Da war erst einmal eine unendliche Ruhe in den Gedanken, eine Art Sortieren des jetzigen Augenblicks wie in Trance mit diesem überlebenswichtigen Impuls, mich in Bewegung zu setzen. Diesmal jedoch nicht wie üblicherweise auf meinen Partner zu, sondern von ihm weg.

Sofort nach der letzten großen Misshandlung, die ich durch meinen Säbelzahnträger erlebt hatte, wusste ich, dass ich nicht länger in dieser Beziehung bleiben konnte. Ich hatte zum ersten Mal in meinem Leben Todesangst, denn mein Mann wurde in seinen Gewaltausbrüchen immer unberechenbarer. Ich glaube, ich hätte ein weiteres Bleiben nicht überlebt. Wenn auch seine Gewaltausbrüche eher psychischer Natur waren, so merkte ich immer mehr auch das Wachsen der Bereitschaft, mich körperlich schwer anzugehen.

Da ich zur Zeit dieses für mich traumatisierenden Ereignisses durch eine Lungenentzündung zu schwach war, blieb ich. Ich musste erkennen, dass mein Säbelzahntiger selbst vor kranken Menschen nicht zurückschreckte und zu Mitgefühl in keinster Weise fähig war. Dabei hatte ich ihn damals doch nur gebeten, mir etwas zu Essen zu machen. Er hätte nur etwas aufwärmen müssen. Das jedoch war ihm nicht möglich, weil er sich dadurch als meinen Deppen sah, was ihn gekränkt hatte und somit völlig in Rage brachte. Am schlimmsten für mich ist im Nachhinein, dass ich mich nicht wehren konnte, weil ich, durch meinen Zustand geschwächt, schlichtweg nicht in der Lage dazu war. Diese Wehrlosigkeit konnte er dazu benutzen, mich zu vernichten. Bei ihm gab es damals keine Instanz mehr, die ihm auf irgendeine Weise Einhalt gebieten konnte. Das war für mich der große Terror. Mein einst so geliebter Mann wurde für mich zur bedrohlichen, unberechenbaren Zeitbombe. Meine Welt brach nun auseinander. Meine Rettung war die Flucht zu meiner Mutter, die im selben Haus wohnt. Ich habe drei Tage gebraucht, um mit dem Zittern aufzuhören – und das war nicht nur dem Fieber geschuldet.

Ich wollte nur noch gesund werden und nach einer Zeit der Rekonvaleszenz gehen. Jedoch keimte nach zwei Wochen Abstand zu dem Geschehenen die Idee auf, dass ich es nochmals versuchen wollte. Hatte ich durch die Krankheit vielleicht doch eine falsche Wahrnehmung des Geschehens? War ich wirklich schuld an seinem Verhalten, wie er behauptete? Mein Verhalten an diesem Abend hätte laut seiner Worte dazu geführt, dass er so reagieren musste und gar nicht anders handeln konnte. Wieder stellte ich mich, wie so oft in der Vergangenheit mit meinem Säbelzahntiger, in Frage. Schließlich kann man sich ja erwiesenermaßen an schlechte Umstände gewöhnen, so wie der Frosch, der im Tierversuch nicht merkt, dass das Wasser, in dem er sitzt, zum Sieden anfängt und er den langsamen Verbrühungstod stirbt. Dieser Zustand dauerte bei mir genau drei Wochen. Das Wasser wurde heißer und heißer, bis mein Säbelzahntiger mich und meine Arbeit eines Morgens verfluchte, indem er mir wünschte, dass meine Praxis den Bach runter gehen sollte, damit ich endlich wüsste, was Leiden ist. Das war der Tropfen, der meinen Wasserbottich zum Überlaufen brachte und mich auf den Boden der Realität schwappen ließ. Niemand, wirklich niemand, darf mir so etwas Böses wünschen. Meine Praxis ist mein Baby, mein Herzblut, meine Berufung und meine Existenz. Besonders der Mann, mit dem ich verheiratet bin, sollte so etwas niemals zu mir sagen und es aus tiefstem Herzen in dem Moment auch meinen. So viel Hass war einfach zu viel für mich, und ich empfand meinen Mann damals als zutiefst bösartig. Es hat mir das wahre Gesicht eines Menschen gezeigt, das sonst hinter einer Maske versteckt war, die er häufig, aber selten in dieser Niedertracht, fallen ließ.

Das war übrigens bereits der zweite üble Wunsch von Seiten meines Klappis im Laufe meiner Ehe. Beim ersten Fluch sollte ich einen Autounfall mit meinem damaligen Cabrio haben. Mit Totalschaden, versteht sich, damit ich wüsste, wie schlimm ein Verlust sich anfühlen würde. Diese „freundlichen Wünsche“ kamen einfach aus Säbelzahntigers schlechter Laune und eigener Schwäche heraus. Sie hatten mit mir persönlich nichts zu tun, waren jedoch ein Ausdruck der tiefen Aggression, Perversion und des grenzenlosen Hasses, den er in seinem stets von Unzufriedenheit mit allem und jedem geprägten Zustand auf mich projizierte. Übrigens entging ich damals kurze Zeit später wirklich nur knapp einem Unfall. Ein auf der Gegenseite überholendes Fahrzeug hatte mich wohl auf nächtlicher Fahrt nicht entgegenkommen sehen, und ich musste auf ein Feld ausweichen. Es ging nochmal gut, und so trug ich nur einen Schrecken davon.

Es handelte sich bei dem letzten Fluch meines Mannes um einen simplen Klappzahnalarm, jedoch definitiv einen der heftigeren Sorte, der wie immer verletzte und ein absolut unangemessenes Verhalten zeigte, mich destabilisierte und so gar nichts mit dem zu tun hatte, was ich an menschlichem Verhalten mir gegenüber oder meinerseits gewohnt war, bin oder mir wünsche. Es gibt in meinen Augen einfach Dinge, die man nicht tut, und Worte, die man nicht spricht.

In dieser Beziehung setzen Säbelzahntiger wahrhaftig andere, sehr eigene Maßstäbe. Es gilt nicht Klappe halten, sondern raus mit den Beißern und den anderen in Alarm versetzen, bedrohen, ihm Angst machen. Ein fürchterliches, grausames Spiel der Wildkatze besonderer Art. Ja, jeder ist einzigartig, aber Klappzahnträger sind schon ganz besondere Tiere in Gottes großem Zoo!

Mir ist klar, dass du, liebes Beute-Leser-Tierchen, bestimmt noch weitaus schlimmere Dinge mit deinem Säbelzahntiger erlebt haben magst. Bei mir waren es die Dauerbedrohungen und permanenten Demütigungen, die mich psychisch zunehmend zersetzten. Ich weiß, dass ich körperlich noch gut davon gekommen bin, und dafür bin ich wirklich sehr dankbar. Sicher wäre mein Immunsystem besser drauf gewesen, hätte ich diesen permanenten psychischen Terror nicht gehabt. Ich war anfälliger für Infekte geworden während meiner Ehe, aber im Nachhinein empfinde ich das als völlig normal. Ich hätte mich ja sonst nie zur Ruhe legen und mich erholen können, hätte ich den Rückzug durch Krankheit nicht gehabt. Wie du aus Teil 1 weißt, bedeutet das nämlich, dass du für den Säbelzahntiger keinen Wert hast, da schlechtes Beutefutter, keine Zufuhr an Energie und so weiter und so fort. Leider hielt meine letzte Erkrankung einige Wochen an, so dass meinem Klappzahnträger diese „Diät" wohl zu lange wurde und er seine Beute schlichtweg gleich grob zerfleischen musste. So hat er sich die Freude der Macht und Überlegenheit gegönnt, indem er sein Opfer halbtot um Gnade winselnd am Boden liegen sah. Das mit dem Tod hat er sich, glaube ich, im Nachhinein überlegt, um sich an meinen Überbleibseln in Zukunft doch noch laben zu können – vielleicht so was für den hohlen Zahn oder den kleinen Hunger zwischendurch. Ich hatte, wie gesagt, zumindest damals zum ersten Mal diese Todesangst, da ich nicht mehr wusste, ob er mich nicht doch noch weiter quält oder nicht. Ich fühlte mich völlig ausgeliefert und wehrlos in dieser Horrorszene.

Wie oben erwähnt, vergingen danach drei Wochen wie in Trance. Ich war durcheinander, geistig wie gelähmt, körperlich schwach, weil noch in der Rekonvaleszenz, und eben wie der Frosch im langsam aufsiedenden Wasser. Ich konnte es nicht fassen, was mir da passiert war.

Dann kam an einem Montagmorgen diese seine letzte Verfluchung.

Ich fuhr anschließend in die Arbeit. Mir war erst schwindlig, und dann setzte Klarheit ein. Mein innerer Wecker schrillte: „Jetzt ist Schluss!"

Als ich in der Arbeit war, konnte ich mich anfangs, wie leider so oft in den Jahren zuvor, nicht wirklich in der Form auf meine Patienten konzentrieren, wie ich es sollte. Allerdings wurde die Ruhe in mir mit jeder Patientenbehandlung größer und größer. Der Abstand zu meinem Säbelzahntiger wuchs im Laufe des Tages immer mehr an, und der Abstand zu mir selbst wurde kleiner und kleiner. Gut, dass meine Arbeitstage meistens circa zwölf Stunden dauern. Somit hatte dieser Prozess Zeit, sich zu etablieren. Als ich abends heimkam, stand mein Entschluss fest. Ich würde am übernächsten Tag – mein freier Mittwoch – meinen Säbelzahntiger definitiv verlassen.

Nach dem Abendessen ging ich ins Bett. Es war sowieso ein Tag, an dem mein Klapperle und ich uns nicht trafen, da er Yogastunden hatte und danach wie immer seine Ruhe brauchte. Wobei man sagen muss, dass er zuvor den ganzen Tag über keinerlei Arbeit nachging, und diese zwei Yogasessions seine ganze berufliche Belastung darstellten. Ja, da ist man schon fix und fertig! Wenn dann jemand wie ich nach zwölf Stunden Arbeit – die sogar noch Freude macht – fit heimkommt, dann erträgt ein Säbelzahntiger das wohl nicht so gut ... Zumindest war dann abends Sendepause angesagt und nur, wenn überhaupt, ein kurzes „Gute Nacht" erlaubt. Das habe ich als freundlicher Mensch anstandshalber ins Wohnzimmer geschickt, bevor ich ins Bett ging.

In der folgenden Nacht hatte ich die Idee: „Sabine, du packst morgen dein Schlafzeug ins Auto und brauchst nie wieder heimkommen! Du bleibst ab morgen erst einmal in der Praxis!"

Morgens nach dem Aufstehen verfrachtete ich alles Bettzeug und einige Kleinigkeiten ins Auto. Mein Säbelzahntiger bekam das gar nicht mit. Er ist Frühaufsteher und ich durfte ihn nur zu ausgewählten Momenten in seinem Büro morgens stören, um ihm einen schönen Tag zu wünschen. Ja, wir hatten tatsächlich so etwas wie „Audienzzeiten".

An diesem Morgen teilte ich ihm nach einem kurzen „Guten Morgen" mit, dass ich nicht mehr heimkommen und am nächsten Tag meine Sachen aus der Wohnung räumen würde. Er war konsterniert, jedoch auch nicht mehr.

Ich fuhr in die Arbeit und in meine Freiheit! Jeder Kilometer ließ die Enge in meiner Brust weiter werden. Ich verfrachtete mein Bettzeug und mein Waschzeug in meiner Praxis so, dass niemand es sehen konnte und fühlte mich richtig erlöst.

Am nächsten Tag räumte ich alle Habseligkeiten aus der Wohnung, während mein Gatte beim Skifahren war. Ein Teil meiner Sachen landete im Speicher meiner Mutter, meine Wäsche in meinem ehemaligen Kinderzimmer, und was ich für eine Woche brauchte, in der Praxis. Meinem Klappzahnträger hinterlegte ich einen Abschiedsbrief mit meinem Ehering und einem zerrissenen Foto, das er mir zur Hochzeit geschenkt hatte, sowie meinen Hausschlüssel. Die Reaktion darauf war lediglich eine E-Mail, in der mir mein Säbelzahntiger mitteilte, dass ich ihm mit meiner Aktion seinen schönen Skitag versaut hatte. Ok, wenn mein Gehen keine weiteren Folgen mit sich gebracht haben sollte als einen „verkackten" Skitag, dann wusste ich ja durch seine Nachricht spätestens jetzt, wie wichtig ich ihm gewesen war. Einerseits traurig, aber andererseits eine weitere Bestätigung für meine Entscheidung zu gehen!

Ich hauste danach eine Zeitlang in meiner Praxis. Die Räumlichkeiten sollten mir Sicherheit und Abstand bieten, bis ich nach einiger Zeit wieder in die gemeinsame Wohnung zurückkehren konnte. Jeden

Morgen musste ich mich vor Arbeitsbeginn „unsichtbar" machen und meine Spuren verwischen, damit meine Patienten so wenig wie möglich von meiner „Wohnsituation" mitbekamen. Ich lebte mich in dieser Situation ein und war so froh, in Sicherheit zu sein, liebe Menschen um mich zu haben, die mich unterstützten und darüber, endlich zur Ruhe kommen zu können. Ich sortierte mein Leben. Ich zog Bilanz und brachte mich und meine Kräfte zuerst ins Hier und Jetzt zurück.

Das größte Geschenk dieser Zeit war, dass ich den Sinn meines Daseins fand: Ich will Leben pflegen!

Danach fiel mir alles zu, was ich brauchte, um meiner Bestimmung folgen zu können: die Ideen dazu; die Möglichkeit, meinem Säbelzahntiger die gemeinsame Wohnung auszuzahlen, um danach in meiner wunderschönen, großen Wohnung zukünftig meine Praxis inklusive Meditationszentrum einzurichten, was sogar schneller geschah als ursprünglich geplant; neue soziale Kontakte, die mich aus meiner Einsamkeit herausführten, in die ich während meiner Ehe durch das vereinnahmende Wesen meines Klappzahnträgers zunehmend geraten war; sowie viele große und kleine Geschehnisse, die mir immer wieder den Weg wiesen und mich darin bestätigten, dass es der richtige war.

Wenn ich total am Boden lag, dann kamen diese kleinen Helferlein oder einfachen Gesten, die mich wieder aufrichteten. Ich erlebte eine Zeit voller Höhen und Tiefen. Körperlich war ich am Ende und nannte es meinen „emotionalen Muskelkater".

Nach vielen organisatorischen Gesprächen und noch mehr E-Mails mit meinem Klappzahnträger, welche mehr oder weniger emotional ausfielen, entwickelte ich meinen „Abgrenzungsmuskel". Dieser wurde so kräftig, dass ich in der Lage war, Klappis Anwesenheit als Yogalehrer in meinem Meditationsraum auszuhalten. Ich wollte schließlich nicht dafür verantwortlich gemacht werden, dass neben unserer Ehe auch noch die Selbstständigkeit meines Säbelzähnchens den Bach runterging. Dafür sollte schon er selbst zuständig sein. Allerdings hat er mich dennoch nach eineinhalb Jahren für das Scheitern seiner Yogaschule verantwortlich gemacht, weil ich ihn angeblich gemobbt hätte. Ich weiß, dass dem nicht so war, denn das hätte nicht zu meinem Ansinnen gepasst. Da ich nun die Persönlichkeitsstörung kenne, die diese Aussage prägt, und ein Säbelzahntiger niemals Verantwortung für irgendwas übernimmt, kann ich damit ruhigen Gewissens leben. Heute weiß ich auch, dass er jeden früheren Arbeitsplatz als Mobbingopfer wechseln musste ... soso ... der Geisterfahrer lässt grüßen.

Diese Situation lehrt mich etwas: Sie lässt mich üben, die Welt in mir selbst und um mich herum besser werden zu lassen. Wenn ich schon mir selber, meinen Patienten und dir, liebes Beutetierchen, die Story von Verzeihen, Heilen und Ende von Leiden erzähle, dann sollte ich es doch auch üben, erfahren und irgendwann beherrschen. Wenn wir selbst nicht in der Lage sind liebevolle Güte, Gleichmut und Toleranz zu praktizieren, wie wollen wir es von anderen, nicht spirituell bewussten Menschen erwarten? Wenn ich nicht den Menschen in meinem Klappzahnträger sehen kann, der irgendwo auch seine positiven Seiten hat – wenn auch sehr tief versteckt oder im letzten Leben vielleicht einfach vergessen – und ihn sein lassen kann, ohne irgendwie davon im negativen Sinne beeinflusst zu werden, wie soll ich dann von mir behaupten können, ein Mensch zu sein, der dem Wohle aller dienen will ohne zu werten? Wie sollte ich dann ehrlich den Menschen in meinem Meditationszentrum begegnen können? Das ginge doch gar nicht!

Ich finde mittlerweile, dass es schon wirklich immer besser klappt, und wenn negative Emotionen hochkommen, dann kann ich sie wahrnehmen und bearbeiten. Dadurch lerne ich mich selber und meine Reaktionen oder Konditionierungen besser kennen. Meine Erfahrungen diesbezüglich kann ich weitergeben und anderen helfen, ähnliche Situationen meistern und sich selbst weiterentwickeln zu können. Das schließt den Kreis zu meinem Seelenplan: Leben zu pflegen. Schön, nicht wahr? Dafür sind Säbelzahntiger wohl gut zu gebrauchen und somit wahre Entwicklungsturbos für Empathen.

Ich habe meinem Klappi und auch mir selbst in der Weise verziehen, die zwar nicht mit dem Verhalten des anderen einverstanden ist, aber nicht mehr durch dessen Handeln leiden will. Das gibt mir tiefen inneren Frieden.

Nach einiger Zeit zog ich also in die damals noch gemeinsame Wohnung zurück. Mein Säbelzahntiger fand eine eigene Behausung und ich war allein in dem Daheim, in dem ich eigentlich mit meinem Mann glücklich alt werden wollte. Erst in dieser ersten Zeit des Alleinlebens in der einst gemeinsamen Wohnung kam wirklich die Trauer hoch um das verlorene Leben, das ich mir doch bei der Heirat vorgestellt hatte.

Vom ersten Treffen bis dahin war viel gefaked. Niemals wollte mein Klappzahnträger mit mir dort alt werden. Er hatte seinen eigenen Traum vom Haus am See in den Bergen. Nach einiger Zeit der Ehe wurde das immer mehr Thema für ihn. Ich sollte meine Praxis aufgeben und mit ihm irgendwo im Gebirge von vorne anfangen. Mein Glück war sein Trauma – unser Daheim sein Alptraum. Unsere gemeinsame Zukunft als Therapeutenpaar – er war auch in meine Praxis eingezogen als Hypnosetherapeut und Coach, ohne jedoch mit dieser Arbeit Erfolg zu haben – und mit gemeinsamen Yogaseminaren daheim und andernorts, die wir organisieren wollten. Alles war zerplatzt und niemals in seinem Sinne gewesen. Er wollte sich mit 45 Jahren irgendwie zur Ruhe setzen und nur noch arbeiten, weil er Lust dazu hatte, nicht weil er musste – hatte er sich doch ein beträchtliches finanzielles Polster durch seine vorherigen Anstellungen in leitenden Wirtschaftspositionen angelegt.

Bei mir war das anders. Ich brauchte meinen Verdienst, um mir den Lebensstandard leisten zu können, den wir hatten. Mehr und mehr merkte ich, dass sich alles, was uns vor der Heirat gemeinsam als Träume verband, nach der Eheschließung zunehmend in Luft aufgelöst hatte. Ich hatte um diese Träume gekämpft, hatte sowohl emotional als auch finanziell investiert – Willi hat nur gewollt und gefordert, allerdings hat er nie auch nur eine Kleinigkeit gegeben. Alles, was von mir kam, war selbstverständlich. Schließlich steht einem Säbelzahnträger ja alles zu, denn er ist das Zentrum der Galaxie, um das sich alles dreht. Er ist der Adler, der über allem schwebt – unbeteiligt und nur darauf aus, seine nächste Beute zu sichten, sich darauf zu stürzen, sie mit Haut und Haar zu fressen und, was unverdaulich ist, als Gewölle wieder auszukotzen. Ziemlich unappetitliche Sache, das mit dem Adler – obwohl das ja an sich ein wunderschöner Greifvogel ist!

Mein Säbelzahntiger hatte immer gesagt, dass er jemanden will, der sein Leben mit ihm teilt. Ich wollte es nur nicht wahrhaben, dass es umgekehrt nicht so sein sollte. Mein Leben und ich waren schlichtweg in seinen Augen nicht existent und wenn, dann nur eine Belästigung oder sogar eine Behinderung für ihn. Das konnte und wollte ich nicht glauben, weil es nicht in meinen menschlichen Verstand gehen wollte, noch viel weniger in mein Herz. Es war für mich so fremd, weil ich doch jemand bin, der Anteil am anderen nimmt und sich von Herzen für Menschen interessiert. Dass ich mein Leben mit niemandem geteilt habe, wurde mir wirklich erst richtig bewusst, als ich wieder in die Wohnung zurückgezogen und nach dem Auszug meines Klappzahnträgers wirklich alleine war, was sich jedoch in Summe wesentlich besser anfühlte, als die kalte Einsamkeit in meiner Zeit mit meinem Säbelzahntiger.

Zuerst empfand ich Schutz in Form meines vorübergehenden Hausens in meiner Praxis, 20 km weg von meinem Daheim, 20 km aus der Reichweite meines Tigerles, das ich nach allem Geschehenen nicht mehr in seinem Verhalten einschätzen konnte. Mir reichten die Mails, die ich bekam. Immer wieder führten sie mich in seelische Achterbahnen. Letztendlich forderte ich meinen Klappzahnträger auf, nur E-Mails mit organisatorischem Inhalt zu schreiben. Jedoch mogelte er oft unter P.S. weiterhin private Themen mit hinein.

Schließlich wusste er ganz genau, wie er mich weichklopfen, verletzen oder an die Leine bekommen konnte. Das war, wenn er, wie so oft krank oder schwach war, oder über einige der wenigen schönen gemeinsamen Momente schrieb, die für ihn so wichtig waren. Auch, dass ich für ihn immer noch eine tolle, erfolgreiche, begehrenswerte oder sonst wie geartete Klassefrau war, machte mir oft ein schlechtes Gewissen oder ließ die Tränen kommen. Warum hatte er mich nicht während unserer gemeinsamen Zeit schätzen können? ... Weil alles nur Fake war! Das musste ich mir immer wieder sagen, und ich fühlte mich betrogen und verletzt, aber letzten Endes doch irgendwie gerettet und stark, weil ich aus den Klauen und dem Revier meines Säbelzahntigers entkommen war. Mit allen Wunden, allen guten und schlechten Erinnerungen an meine verlorene Ehe, allen Tränen und seelischen Tiefs.

Tief in meinem Herzen keimte irgendwie das Gefühl, viel gelernt und mich in meinem Leben weiterentwickelt zu haben. Meine Ehe hatte eine Bedeutung und das Leid, das ich erlebte, war wichtig, um mich enorm nach vorne zu katapultieren in meiner spirituellen Entwicklung. Hätte ich meinen Glauben nicht gehabt in all der Zeit, so hätte ich wohl diese Einstellung nicht so schnell erreicht. Sie ließ mich diese Krise, mein Leben und meine Zukunft als Chance sehen. Die Wogen, die mich umwarfen, wurden immer sanfter zu mir, und ich konnte mehr und mehr meiner Vision Raum geben, wieder heim zu ziehen, dort meine Praxis und ein Meditationszentrum zu eröffnen.

Kaum lebte ich allein in der einstmals gemeinsamen Wohnung, bekam ich nach kurzer Zeit erst einmal Panikattacken und Flashbacks. Ich hätte mir nie vorstellen können, dass meine Ehe so tiefe Traumata hinterlassen haben sollte, wie ich es durch diese wiederkehrenden Erinnerungen erlebte und den damit verbundenen Schwindelanfällen, Attacken von Herzrasen, Atemnot, Alpträumen, Schlaflosigkeit und vielem mehr in dieser Richtung, was mich jedes Mal knallhart und eiskalt erwischte. Damit hätte ich nie gerechnet. Die Heftigkeit solcher Gefühlshämmer war mir gänzlich neu.

Im Schutz der Praxis hatte ich das nicht. Daheim war die Energie allerdings noch erfüllt von der Anwesenheit meines Klappis: seiner aggressiven, destruktiven Energie. Das war für mich, auch nach seinem Auszug, als ob er noch da wäre und sich nur in einem anderen Zimmer aufhielte, um einfach aufzutauchen. Das bereitete mir ein ungutes Gefühl. Ich habe in der Zeit viel geräuchert, gechantet und gebetet, um die Energie wieder auszugleichen. Das ist meine Art, damit umzugehen. Durch meine Meditationspraxis konnte ich mich meinen Ängsten, den Panikattacken und den Verletzungen stellen. Das tat mir sehr wohl, und ich bin dankbar für die Möglichkeit, die ich dadurch an die Hand bekommen habe, um langsam körperlich wie seelisch zu heilen.

Wenn mein Tiger nun kam, um in meinen Räumen Yoga zu geben, die er in seiner Größenphantasie nach über einem halben Jahr des Wohnungsverkaufs an mich und der Scheidung immer noch als seine Yogaschule, seine Räume angesehen hatte, dann bin ich froh, dass er seine Energie nach drei Stunden wieder mitnahm. Die Yogaschüler merkten es wohl Gott sei Dank nicht! Irgendwann störte es mich nicht mehr, und ich frage mich nur, wie ich diesen Stress, diese Ruhelosigkeit und das Getrieben-Sein während der Ehe so lange ausgehalten habe – na ja, man gewöhnt sich wohl wirklich an alles wie der oben schon erwähnte Frosch. Ich weiß im Nachhinein, dass Tigerle nicht anders konnte und wohl nie können wird. Ich aber schon, und das ist gut so!

Mit der Zeit und dem zunehmenden Abstand konnten meine Bisswunden heilen. Ich habe verziehen und hege keine Rache. Ich bin nicht einverstanden mit dem, was er getan hat, aber ich will, dass es nichts mehr mit mir anrichtet, mich kränkt oder verletzt. Ich will meine Energie in positive Richtungen wenden. Das macht viel mehr Spaß und zieht Menschen in mein Leben, die diese positive Energie fördern.

Manchmal komme ich mir vor wie das Kind im Märchen „Sterntaler“. Ich öffne meine Schürze und da fliegen nur so die Goldtaler vom Himmel. Gut, materiell bin ich stark ausbaufähig, aber ansonsten geht es mir wirklich fein. Die Zeiten von körperlicher Schwäche und seelischen Tiefs werden weniger. Meine Scheidung hat mir letztendlich noch einmal gezeigt, wie viel Last bis dato noch auf mir lag, denn als sie vorbei war, bin ich erst einmal krank geworden.

Die Gedankenautobahnen, die um das Thema Scheidung und Klappzahnträger absolut mehrspurig meine Hirnwindungen planiert hatten, durften und dürfen nun wieder einer natürlichen, lieblichen Blumenwiese weichen. Das braucht seine Zeit und tut letztendlich so wohl, weil es schlichtweg gut ist und alles Geschehene gut sein lässt. Ich darf mich noch ab und zu zurückpfeifen, wenn meine Gedanken wieder auf der alten Autobahn unterwegs sind, weil die ja so bekannt und einfach befahrbar ist. Natur erobert alles wieder zurück, und meine Disziplin finde ich in diesem Fall wirklich sehr heilsam – sie treibt gar manche Blüten und es oft sehr bunt zwischen meinen Ohren. Aber lieber bunt und positiv als grau und trist!

Ich erzähle dir hier meine Trennungsgeschichte, um dir zu vermitteln, dass es gut werden kann. Du brauchst Geduld, denn es dauert seine Zeit, bis die hormonell teilbedingte zerebrale Fehlsteuerung, die dich länger, als es gut für dich war, in der Beziehung gehalten hat, reguliert ist und du wieder gerade denken kannst. Ich verspreche dir, sobald du deinen säbelzahntragenden Bioroboter decodiert hast, kannst du ihn sein lassen, bist klar und wirst deinen Weg gehen. Du wirst in der Lage sein, dein Leben in naher und ferner Zukunft zu organisieren und den Teil deiner großartigen Power zu erleben, den du zuvor in der toxischen Beziehung vergeudet hast. Ich kann dir aus meiner Sicht sagen: Das ist sehr viel Kraft, die dir nun zur Verfügung steht!

1. HiLFE
BOX

Wunden lecken und Verletzungen heilen – Erste Hilfe Maßnahmen

Vielleicht hast du gerade keinen Plan, wie du dich trennen sollst, was du wie am besten machst, weil du so fertig und am Ende bist? Vielleicht magst du dir gerade denken: „Toll, was sie da für lustige Sachen schreibt, um ihr Ding zu verarbeiten. Das hat nichts mit mir und meinem Schicksal zu tun." Ok, und wenn es auch so sein mag, möchte ich mit dir meine Erfahrung teilen, damit mein Erlebtes einen Sinn hat und mein Leid dir vielleicht ein wenig weiterhelfen kann. Du kannst es annehmen oder nicht. Ich habe bis auf den Teil mit eigenen Kindern – ich hatte eine Stieftochter – alles durchgemacht und spreche aus Erfahrung in jeder Einzelheit. Ob beruflich oder privat, ob Partner oder Elternteil – ich habe schon als Kind gelernt, mit Säbelzahntigern umzugehen. Ich kannte bis dato noch nichts anderes. Jetzt hat sich das geändert, und ich fühle mich in der Umgebung anderer Tierchen Gottes äußerst wohl. Manchmal fremdle ich noch etwas, und ein neuer Partner wird es sicher nicht leicht in meinem Leben haben, denn er wird auf Klappzähne sehr genau untersucht werden – aber da muss er durch!

Auch wenn dich dein Säbelzahntiger verlassen hat und zur nächsten Beute weitergegangen ist, weil er dich bis auf die Knochen abgenagt hat und nicht mehr viel für ihn Interessantes übrig geblieben ist, so wird nach einer mehr oder weniger langen Zeit dieser Augenblick kommen, wo du bereit bist, ihn gehen zu lassen. Besonders, wenn du dieses Buch bis hierher gelesen hast und merkst, dass alles nur Show war und du als geliebter Mensch niemals gemeint, nur Energiespender und lediglich die Beute eines Säbelzahntigers warst.

Jede Trennung ist erst einmal bitter. Ja, das stimmt! Das ist, wie es ist und wird sich wahrscheinlich für niemanden gut anfühlen. Alles vergeht, auch das ist richtig, und wenn du am Anfang von „Vergehen“ stehst, dann kannst du dir das nicht vorstellen, und es entlockt dir höchstens ein stirnrunzelndes Aufstöhnen. „Verstehen geht anders“, denkst du nun vielleicht, und daher geht es nach der Erkenntnis, dass es zu Ende ist oder gehen muss, erst einmal weiter – aber anders und im Grunde besser. Jetzt kommt eine Art Reinigung, innerlich wie äußerlich in deinem Leben. Entgiften ist immer ein anstrengender Prozess, aber die Reinheit im Geiste und im Körper tut enorm wohl. Versprochen!

Nach der Trennung von einem Säbelzahntiger herrschen andere Gesetze als nach der Trennung von einem normal denkenden, sozial irgendwie mehr oder weniger kompetenten Menschen. Letzterer wird dich niemals so sehr traumatisiert haben und außerdem wird er dich in Ruhe lassen.

Nicht so beim Klappzahnträger: Da er seine Energiezufuhr braucht, wird er, falls du gehst, in Klappzahnalarm irgendeiner Art ausbrechen, und wenn er dich verlässt, wird er seine Freude daran haben, dich leiden zu sehen. Später, wenn du dich erholt hast, wird er dich noch in Reserve halten, um bei Nahrungsknappheit ein paar Knochen zum Abnagen zu haben. Falls du dann dieses Buch nicht gelesen haben solltest oder niemals darüber informiert wurdest, dass es ein Säbelzahntiger und nicht der Mann, die Frau, der Chef oder wer auch immer Otto Normalbürger ist, dann wirst du dich sogar geehrt fühlen, dass du wieder zur persona grata mutierst. Ein echtes Sch...spiel!

Egal wie deine Situation sein mag, ob du beruflich oder privat geschasst wurdest, oder ob du selbst den Cut geschafft hast, so ist jetzt oberstes Gebot: Ruhe einkehren lassen und das Eingeständnis, dass es dir passiert ist, dass du Opfer narzisstischen Missbrauchs geworden bist!

In dieser Ruhe kannst du erst einmal – wie nach einem Unfall – nachschauen, wie und ob noch alles an dir dran ist.

Wie geht es dir körperlich und seelisch just in diesem Moment?

Nimm dir die Zeit, eine Art Selbstinventur zu machen! Denk einen Augenblick oder bitte auch sehr viel länger darüber nach! Sammle dich!

Auch wenn du Kinder hast, ist dies wichtig, damit du erkennst, was du brauchst, und wer oder was dir jetzt wirklich hilft. Das ist liebevoller und überlebenswichtiger Egoismus.

Zu lange hast du wahrscheinlich nur im „Säbelzahntigermodus" gedacht, und es wird Zeit, dass du diesen ausschaltest und in deinen eigenen, unabhängigen Denk- und Lebensmodus zurückkehrst. Gerade wenn du Kinder hast, musst du dein Überleben jetzt zuallererst sichern, damit du für sie sorgen kannst. Dass du in deine Kraft kommst, wird deine und die Zukunft deiner Kinder ab jetzt maßgeblich beeinflussen.

Vielleicht hast du im Moment das Gefühl vor einer Wand zu stehen. Da mag auch eine Tür vor deiner Nase sein, die gerade noch verschlossen zu sein scheint. Hab den Mut, den Schlüssel umzudrehen und die Klinke herunterzudrücken! Diese Tür wird aufgehen und dir einen neuen Raum zeigen. Es ist dein Leben, deine Zukunft, deine Geborgenheit, deine Sicherheit, deine Weisheit, deine Schatzkammer – dein Raum, in dem du alles finden wirst, was du brauchst. Zieh dich jetzt innerlich dahin zurück und genieße die Ruhe dort! Ruhe, in der die Gedanken aufhören zu kreisen, und dir Ideen kommen dürfen, was zu tun ist.

Denk daran, dass Aktionismus im Moment eher kontraproduktiv ist und dich mehr frustriert, als er dir bringt!

In der chinesischen Medizin gibt es den Begriff des „Rennenden-Ferkel-Qi“ in der Behandlung von Angstzuständen. Der Vergleich gilt dem Ferkelchen, das vor lauter Angst gefangen zu werden, dem Bauern immer wieder quiekend davonläuft, um am Ende doch erschöpft in die Hände des Verfolgers zu fallen. Vielleicht hilft dir das Bild, wenn du anfängst, quiekend planlos irgendwohin zu rennen, um dann doch nur erschöpft festzustellen, dass du damit nichts erreicht hast, außer noch weniger Kraft zu haben. Das ist ziemlich ineffizient ...

In diesem Kapitel habe ich ein paar Erste-Hilfe-Maßnahmen als Vorschläge zusammengestellt, die ich aus eigener und der Erfahrung meiner Patienten oder anderer kompetenter Leute sowie aus verschiedenen Büchern und Vorträgen zu diesem Thema zusammengetragen habe. Du findest davon einiges im Anhang am Ende des Buches.

Wie ist dein Ist-Zustand?

Fang jetzt an, ein Tagebuch zu schreiben! Da darf es geordnet zugehen, damit du nichts vergisst, damit alles zu seinem Recht kommen darf. Hüte dich jedoch davor, zu viel in der Opferrolle zu sein, denn wenn das passiert, bleibst du in der schlechten Energie, die dir in Zukunft nichts bringen wird! Ja, du bist Opfer! Ja, das ist schlimm! Was schlimm für dich ist, das solltest du ins Buch schreiben und auch, wie du dich fühlst. Gleichzeitig führe dir vor Augen, dass du das alles überlebt hast! Du lebst und hast die Kraft, jetzt aufzustehen und endlich für dich selbst aktiv zu werden. Tröste das Opfer in dir! Nimm es an und erlaube dir, es auch gut sein zu lassen, damit es dich nicht davon abhält weiterzugehen! Lass, wie eine Mutter ihr Kind, das Opfer nicht allein und versichere ihm, dass du gut für es sorgst, wenn du jetzt deine Angelegenheiten regelst und in deine Zukunft ohne Säbelzahntiger gehst!

Pro Tag brauchst du drei Seiten in deinem Tagebuch, in das du morgens und abends deine Notizen machst. Sei sicher, der Aufwand lohnt sich, auch wenn du dir anfangs komisch dabei vorkommst. Stell dir vor, du planst dein Leben neu, und es muss sich etwas verändern, damit sich etwas ändern kann. Das macht sich leichter mit Struktur, Disziplin und Plan.

Seite 1: Da schreibst du dein seelisches Befinden hinein, Gedanken und Träume, die du in der Nacht hattest. Jede Idee und Vision hat Platz, denn sie könnten zum späteren Lebenspuzzle passen.

Seite 2: Hier kommt dein körperlicher Zustand aufs Papier.

Seite 3: Sie enthält höchstens drei Dinge – ja nicht mehr! – die du an diesem Tag schaffen möchtest oder in Bezug auf dein neues Leben bezüglich des Säbelzahntigers tun musst.

Abends – ganz wichtig! – Haken hinter das, was du geschafft hast! Außerdem schreibst du dann am Ende des Tages drei Dinge auf, für die du dankbar bist, oder was am Tag schön war und dir gut gelungen ist.

Warum das ganze Geschreibsel?

Damit baust du deine positive Energie auf und kletterst aus der psychischen Niederung heraus, in die du durch die Verletzungen und Demütigungen durch deinen Säbelzahntiger geraten bist. Beim Schreiben – mit der Hand, nicht tippen! – regst du nämlich bestimmte Hirnregionen an und diese bringen deine Endorphine und Belohnungshormone in Gang. Da Termine beim Psychologen rar sind und du wahrscheinlich gerade alleine auf weiter Flur bist, kannst du dir so deine eigene kleine Überlebenstherapie geben.

Dafür braucht es Disziplin, und die ist wichtig, damit du schneller wieder auf deine Beine kommst und laufen kannst, und zwar weg vom Säbelzahntiger!

Allerdings kennst du das Phänomen bestimmt: Als Schwangere siehst du nur Schwangere, als Träger eines Gipshaxens siehst du nur andere mit gebrochenen Gräten herumhumpeln, und wenn du lächelst, dann wirst auch du angelächelt. Gerade Letzteres tut auf der Flucht vor Klappi wirklich sehr gut.

Energie fließt dahin, wohin du deine Aufmerksamkeit richtest. Jetzt ist es Zeit, dem Positiven in deinem Leben höchste Achtsamkeit zu geben, damit du das Negative besser aushalten kannst, ohne es zu verdrängen. Das braucht etwas Zeit, und die Welt wird auch nicht plötzlich rosa, aber du lernst mit der Fokussierung auf das Positive schneller den Lichtschalter im dunklen Loch zu finden, in welchem du dich manchmal vorübergehend, mehr oder weniger freiwillig, aufhalten wirst.

Selbstmitleid mag ja ab und zu ganz toll sein, bringt dich jedoch keinen Schritt weiter. Dafür gibt es ab jetzt einen Lichtschalter, den du bitte betätigen darfst. Es ist das Blättern in deinem Tagebuch. Darin wirst du lauter feine Dinge lesen, die du erlebt hast, die du geschafft hast, dass beispielsweise ein schöner Sonnenuntergang deinen Tag verschönert hat, oder dass die Dame an der Supermarktkasse heute sehr freundlich war, oder dass du endlich einmal eine Nacht geschlafen hast, ohne ständig mit Gedanken an deinen Säbelzahntiger aufzuwachen. Es können große Dinge oder auch Banalitäten sein. Alles ist gleichermaßen wichtig und nährt dein Herz. Damit lassen sich Tränen der Trauer in Tränen der Rührung oder Freude verwandeln. Das tut gut, glaub mir!

Der Zeitaufwand für dein Tagebuch erscheint zwar mit Kindern schwierig, aber denk daran, dass jetzt Weichen zu stellen sind. Das ist nicht möglich, wenn du nicht primär erst einmal zu dir kommst, deine Energie – oder zumindest das, was davon noch übrig ist – sammelst, um eine klare Exitstrategie zu entwickeln, die zum einen dich selbst schützt und sinnvoll agieren lässt im Sinne aller möglichen und unmöglichen Ereignisse, die dir noch begegnen können, zum anderen auch bezüglich deiner Kinder oder anderer Angehörigen bzw. Menschen in deinem Leben. Es gilt zu planen, und das geht nur, wenn du dir trotz allem Schmerz oder aller Gewalt in einem möglichst sicheren Rahmen Zeit nimmst, dich zu sortieren.

Ein wichtiger Schritt ist es, falls dir die Trennung schon gelungen ist oder kurz bevor du gehen willst, dir einen Kommunikationskanal aufzubauen, der deinem Säbelzahntiger nicht bekannt ist. Eine neue Handynummer, die nur und ausschließlich an Freunde und Familienmitglieder geht, denen du vertraust. Dein Säbelzahntiger und dein Arbeitgeber dürfen dich noch auf der alten Nummer kontaktieren – du antwortest aber nur auf die Anrufe des Arbeitgebers. Warum? Dein Säbelzahntiger wird sich nicht scheuen, deinen Arbeitgeber zu kontaktieren, um ihm mit der Story vom Pferd deine Daten zu entlocken. Klappzahnträger sind da recht gewieft. Da ist es gut, wenn diese zwei Kontakte noch auf deiner alten Nummer laufen.

Auch eine neue E-Mail-Adresse und einen vorübergehenden Rückzug aus den Social-Media-Gruppen solltest du für deinen eigenen Schutz in Erwägung ziehen. Brich die Brücken ab und alle Kanäle, auf denen dich dein Säbelzahntiger erreichen kann!

Du setzt dir diszipliniert eine feste Tageszeit, zu der du deine Nachrichten liest, die auf deinem alten Account oder der alten Handynummer von deinem Säbelzahntiger eintreffen. Du solltest diese ruhig speichern, damit du später für alle Fälle Beweise hast in jeder Beziehung, sei es für eine Scheidung, wegen der Kinder, wenn du bedroht wirst oder sonstiges.

Was du jedoch nicht machen darfst: Nimm nichts persönlich! Es hat nichts mit dir zu tun, genauso wie die ganze Beziehung davor.

Dein Exklapperle ist nach der Trennung wahrscheinlich recht gekränkt und hasst dich, weil du gegangen bist. Da wird alles mobilisiert, was dich auch nur im Geringsten destabilisieren, verletzen oder zur Umkehr bewegen könnte. Da wird erpresst, gedroht, geschmeichelt, gejammert und und und. Es wird dir das Herz brechen, dir Angst einjagen und dich manchmal zum Kotzen schicken: Lies den Mist, hake ihn ab und beschütze dich davor, im emotionalen Chaos zu versinken! Das ist es nicht wert, und du brauchst deine Kraft für andere Dinge.

Außerdem suchst du dir Nummern von offiziellen Hilfen in deiner Umgebung, die du in einer „Kontaktgruppe" deines Handys zusammenfasst: zuerst mal die Polizeidienststelle in deiner Nähe; psychologische Beratungsstellen; falls du Kinder hast, sollte die Nummer des Jugendamts nicht fehlen; im Falle der Scheidung, die deines Anwalts. Somit musst du bei Bedarf nicht lange suchen und kannst schnell um Hilfe rufen.

Falls du noch mit dem Säbelzahntiger leben musst und in der Trennungsplanung bist, dann suche dir eine Möglichkeit der Unterbringung. Sei es, dass du erst einmal bei Freunden unterkommst oder dir gleich eine Wohnung suchst. Du hast Zeit, und wenn du einen klaren Kopf behältst, dann kannst du alles in Ruhe in die Wege leiten, um dann auf deiner sicheren Insel zu landen und die Brücken abzubrechen.

Denk an das Einrichten deines eigenen Kontos und kopiere alle Unterlagen von gemeinsamen Versicherungen, Heiratsurkunde, Wohnungsverträge, deine eigenen Urkunden und notiere alles, was du als Single in die Beziehung mit eingebracht hast!

Geh auch ruhig mal durch die Wohnung und mache eine Bestandsaufnahme: vielleicht sogar mit Foto, damit im Falle der Trennung dein Klappi nicht einfach gemeinsame Wertgegenstände verkauft, die dir anteilig zustehen, die du jedoch erst einmal bei ihm lassen musstest. Auch wenn es dir schwerfällt – tu es, damit du später alles Wichtige bei dir hast und dich dein Säbelzahntiger nicht über den Tisch ziehen kann – oder zumindest so wenig wie möglich. Denn er ist ja so gerissen und als verlassenes Opfer so arg bedauernswert, dass man ihm am liebsten noch ein Spendenkonto einrichten müsste. Dabei bist du meistens als Beutetier auch finanziell am Ende, weil dich dein Klappi bis aufs Hemd nackig gemacht hat – das Hemd nimmt er aber auch noch, keine Angst! Der Vorteil? Nackig gibt es in Zukunft lauter neue Kleider, auch wenn sie erst einmal second hand sind… ein neuer Stil lässt grüßen!

Die Situation vor und um den Exit herum ist wirklich nicht schön, denn du hast vielleicht das Gefühl, ständig zu lügen und etwas vorzuspielen. Der Gedanke mag richtig sein, aber wie viel Ehrlichkeit kam von deinem Säbelzahntiger? Du machst das nicht, weil es dir gut geht, sondern um dich aus deiner misslichen Lage zu befreien, ohne mehr Federn lassen zu müssen, als die, die du eh verlierst.

Wenn du jetzt glaubst, das sei zu viel verlangt und ich übertreibe, dann denk dran: Ich war auch in dieser Situation und wünsche dir von Herzen, dass du es besser machst als ich, und dass es dir besser geht, als es mir gegangen ist. Das ist alles kein Spaziergang, außer du gehörst zu den seltenen Fällen, die die Türe hinter sich schließen und nur noch happy sind, den Schritt aus der Beziehung gemacht zu haben. Dieses Glück kommt schon, aber ich gehöre beispielsweise eher zu denen, die dafür etwas länger brauchen, um wie ein Korken im unruhigen Meer nach dem Untertauchen immer wieder und länger hochzukommen und auf dem Wasser zu schwimmen. Ich dachte öfter mal, dass ich ertrinken würde, bevor eine Welle kam, die mir half aufzutauchen und meine Stärke zu fühlen, was mich dann stolz und glücklich sein ließ.

Nach der ersten Bestandsaufnahme wirst du dir deine Basis einrichten, sofern du noch irgendwie Ruhe hast.

Es ist natürlich klar, dass du bei Gewalt sofort die Polizei einschaltest und dich ins Frauenhaus oder als betroffener Mann in eines der wenigen Männerhäuser rettest. Hier ist nicht und unter keinen Umständen abzuwarten. Zögere nicht, denn es geht um dein Leben und deine Unversehrtheit! Hier musst du dich schützen, und ein Zurück darf es nach Gewalt durch den Säbelzahntiger nicht geben, auch wenn er noch so sehr Besserung gelobt. Du brauchst dich auch nicht zu schämen, weil hier vielleicht etwas Familiäres nach außen gebracht wird, was vorher im stillen Kämmerlein vor sich hin schwelte. Das ist egal! Du brauchst allerspätestens bei körperlicher Gewalt für dich und deine Kinder akute Hilfe. Hab den Mut und lass diese zu! Dafür sind Profis da! Ein falscher Heldenmut von deiner Seite ist hier nicht mehr angebracht.

Egal, ob du daheim bist oder woanders: Zögere nicht, frühzeitig bei Gefahr durch deinen Säbelzahntiger die 110[1] zu wählen, denn körperliche, psychische und sexuelle Gewalt müssen zur Anzeige gebracht werden, damit sie aufhört! Du musst das nicht aushalten! Um keinen Preis der Welt! Wir haben ein Grundgesetz, und da steht im Artikel 2: „Jeder Mensch hat das Recht auf Leben und körperliche Unversehrtheit. Die Freiheit der Person ist unverletzlich." Daran muss sich auch ein Klappzahnträger halten.

Der muss nämlich im Grunde die Wohnung verlassen, wenn er dich bedroht, nötigt, schlägt oder einfach sonst irgendwie zerfleischt, damit du deine Ruhe hast.

Wenn du die Polizei nicht rufen willst, dann geh mit jemandem – einem lieben Menschen oder einem Rechtsbeistand – ins nächste Präsidium und erstatte Anzeige.

Falls du verletzt bist, dann geh zum Arzt und lasse die Blessuren anschauen und fotografieren, damit sie als Beweis dienen können. Das

1 Die 110 ist die Notrufnummer in Deutschland.

gilt bei jeder Form der physischen Gewalt, insbesondere natürlich der sexuellen, auch wenn das für dich der Horror aus Scham und Schmerz ist. Hab bitte für dich und deine Kinder, so du welche hast, den Mut! Es ist richtig, wenn du Hilfe und Schutz suchst.

Es gibt auch Telefonnummern, die fast rund um die Uhr erreichbar sind. Dazu gehören das bundesweite „Opfertelefon" mit der Nummer 116006, oder „Gewalt gegen Frauen" 0800-116016, in Bayern und Nordrhein-Westfalen das „Hilfetelefon für von Gewalt betroffene Männer" 0800-1239900, „Nummer gegen Kummer" für Kinder und Jugendliche 0800-1110333 oder die „Telefonseelsorge" 0800-1110111 und 0800-1110222.

Der „Weiße Ring" kann dir weiterhelfen und du kannst unter www.odabs.de andere Beratungsstellen suchen, die dir dann auch weitere Adressen und Anlaufstellen nennen können, wo du Hilfe bekommst oder einen Platz im Frauenhaus findest.

Ich wäre beim letzten großen Showdown in meiner Ehe nie auf die Idee gekommen, zur Polizei zu gehen, weil ich erstens wegen meiner Erkrankung zu schwach war und zweitens das Ereignis als zu „harmlos" eingeschätzt hätte. Das war es aber nicht, denn ich fühlte mich zu Tode geängstigt und massiv bedroht. Tagelang war ich nicht mehr ansprechbar. Im Nachhinein hätte mein Klappzahnträger damals der Wohnung verwiesen werden müssen, damit ich in Ruhe gesund werde und geschützt bin. Das, was er mir angetan hatte, war eine Straftat. Häusliche Gewalt ist kein Kavaliersdelikt!

Mach bitte nicht denselben Fehler, den nicht nur ich gemacht habe, sondern viele Beutetiere begehen, weil sie sich schämen, Angst vor den Folgen haben und total blockiert diese grobe Straftat nicht als solche einschätzen! Die Säbelzahntiger kommen unbescholten davon und nehmen es sich heraus, weiterhin unbehelligt ihre Beutezüge und Gewalttaten zu unternehmen.

Sie fühlen sich im Recht, denn die anderen – sprich du – sind schuld, dass sie so handeln mussten. Egal ob es männliche oder weibliche Klappzahnträger sind: Du warst es! Du bist an allem schuld! Gewöhne dich an diese Aussage und glaub sie bitte niemals, denn es ist niemals so gewesen! Es gibt Dinge, die man nicht tun darf, niemand, niemals, basta! Egal, was auch immer du getan haben solltest, was deinen Säbelzahntiger veranlasst haben sollte, dich zu missbrauchen: Das darf man nicht, das ist sträflich und muss auch als solches anerkannt werden, auch von dir selbst!

Besonders wenn du ein männliches Beutetier bist. Steck deinen falschen Männerstolz weg und hol dir Unterstützung gegen deine gewaltbereite Säbelzahnträgerin.

Es gibt mittlerweile auch Anlaufstellen für die zunehmende Anzahl männlicher Opfer häuslicher Gewalt, wenn auch nicht so viele. Bitte informiere dich über das Opfertelefon des Weißen Rings! Scheu dich nicht, die Gewalttaten deiner Klappine zur Anzeige zu bringen! Tu es nicht nur für dich, sondern auch für alle anderen, die noch nicht den Mut dazu haben! Je mehr männliche und weibliche Säbelzahntiger zur Strecke gebracht werden, desto besser! Damit werden mehr und mehr Opfer entlastet, weil sie merken, dass sie nicht „spinnen", oder dass das, was ihnen passiert, nicht sein darf. Damit können vielleicht auch sie leichter Anzeige erstatten und sich helfen lassen.

Wenn alle Beutetiere zusammenhalten und mutiger werden, dann dürfen Säbelzahntiger endlich da ankommen, wo sie immer sein wollen: Im Zentrum der Aufmerksamkeit, im Rampenlicht! Allerdings bleibt zu wünschen, dass ihnen diese Bühne nicht gefallen mag. Sie werden sich winden und ein wunderbares Schauspiel liefern – es wird ihnen allerdings nichts nützen, denn ihr Ansehen und ihre Grandiosität werden massiv leiden, wenn aufgeklärte Beutetiere im Publikum sitzen, die die Maske durchschauen und sie ihnen vom Gesicht reißen.

Es braucht das Böse, damit wir das Gute besser sehen und schätzen können. Wir müssen das Übel – hier das Verhalten der Säbelzahntiger – als solches erkennen lernen, damit wir es meiden, denn ausrotten können wir es nicht. Irgendwann bist du dann soweit, dass du ihnen friedvoll begegnen kannst, ohne dass sie etwas mit oder in dir anstellen. Vielleicht meinst du jetzt: „Träum weiter, Tussi! Der A... kann mich mal!" Ja, ich träum dann mal weiter, denn mein Ziel ist es schon, mit meinem Ex wirklich Frieden zu haben. Wie soll Frieden auf der Welt möglich sein, wenn ich selbst es nicht schaffe, mit jedem in Frieden zu sein? Den Anspruch habe ich an mich und ich arbeite in meiner Meditationspraxis daran. Jeden Tag wird es leichter und irgendwann auch gut, denn ich will einfach nicht mehr, dass er mir weiter schadet oder Energie raubt. Das hat er zur Genüge getan – jetzt ist mal gut!

Überlege dir bitte genau, wen oder was du zum Exit aus der qualvollen Beziehung noch brauchst, denn sonst kommst du vielleicht vom Regen in die Traufe! Hüte dich vor wohl meinenden Menschen, die lediglich wissen wollen, was du so treibst oder wie es dir geht, um es brühwarm deinem Säbelzahntiger mitzuteilen, der es dann schamlos ausnutzt!

Die Menschen, denen du nun vertraust, sollten möglichst nicht mit deinem Peiniger in Kontakt stehen. Auch gemeinsame Freunde sind eher nicht so sehr geeignet, dir Unterstützung zu geben. Nicht, weil sie es nicht wollten, sondern umso mehr, weil sie deine Lage aus eigenem Unverständnis heraus nicht wirklich ernst nehmen könnten. Sie kennen euch beide und sind wahrscheinlich sogar überrascht von der Trennung. Es kann schon sein, dass sie erkannt haben, dass dein Säbelzahntiger nicht gut mit dir umgeht, aber sie befürchten, in einen Loyalitätskonflikt zu geraten. Schließlich sind Säbelzahntiger oft sehr charismatisch und pflegen nach außen hin eine Fassade, die das marode Innenleben der Beziehung gekonnt kaschiert. Da blitzt sehr wohl manchmal etwas seltsam Anmutendes nach außen, aber das wird vom Umfeld oft nur am Rande wahrgenommen und geflissentlich übersehen, um keinen Konflikt heraufzubeschwören. Das kann dir keine Hilfe sein. Du brauchst jetzt Leute, die absolut loyal hinter dir stehen. Sie sollten dir das Gefühl geben, dass du sie auch mitten in der Nacht stören darfst, wenn es dir schlecht geht.

Sie sollten einiges an Geduld dafür mitbringen, zuzuhören, wenn du ihnen zum gefühlt tausendsten Mal unter Tränen dasselbe erzählst. Natürlich dürfen sie dir das mitteilen, dich jedoch nicht abwerten, sondern in deiner Trauer oder Wut respektieren. Auch sie sollten, ohne dass du gleich beleidigt bist, bemerken dürfen, dass sie an ihre Grenze des Zuhörens und Dasein-Könnens kommen. Gib ihnen dann den Abstand, den sie brauchen, damit sie für deine Unterstützung wieder Kraft tanken können!

Ein Gegenüber mit Trennungsschmerz und in der Opferrolle ist manchmal nur etwas für Hartgesottene. Wenn sie jedoch merken, dass der Sprung in deiner Schallplatte nach und nach wieder einen anderen Text zulässt, weil du vorwärts gehst, dann fällt es den Außenstehenden leichter, an deiner Seite zu bleiben. Es gibt nämlich auch Beutetiere, die sich in der Opferrolle wohl fühlen und in der Abhängigkeit von anderen bleiben wollen, weil sie nicht gewillt sind, auf eigenen Füßen zu stehen. Diese Beutetiere brauchen sich nicht zu wundern, wenn sie irgendwann alleine dastehen, weil sie ihr Umfeld mit ihrem Gejammer vergraulen. Irgendwann kann das keiner mehr hören, denn es zieht einen runter. Warum sollte schließlich jemand einem Energieräuber entkommen und selbst zu einem solchen mutieren? Das ist alles andere als stimmig und steht eindeutig einer persönlichen Weiterentwicklung entgegen.

Solltest du selber jemand sein, der Hilfe gibt, dann sprich an, wenn du an dein Limit kommst und dich das Beutetier überfordert. Weise es nach einiger Zeit darauf hin, dass es sich im Kreis bewegt und ruhig mal aus dem Opferdasein aussteigen darf, um das eigene Leben zu beginnen, was ja wohl auch der Grund war, sich zu trennen! Da du das Opfer kennst, darfst du ihm ruhig einen leichten Tritt in den Allerwertesten geben, verbunden mit Hinweisen, was es doch vor hatte zu tun oder wirklich tun sollte. Natürlich kann es sein, dass du damit einen Konflikt heraufbeschwörst. Meistens ist dir das Beutetier jedoch am Ende dankbar dafür, weil es letzten Endes merkt, dass du es gut mit ihm meinst. Miteinander ständig in der gleichen Suppe zu rühren ist auf lange Sicht hin kontraproduktiv.

Ein Verharren im Opfermodus bringt dich nicht weiter und macht dich nur mürbe. Oft kommt dann dein Tiger und klopft dich wieder weich, so dass du – schwuppdiwupp – wieder an seiner Seite landest. Willst du das wirklich? Denk daran, dass dann alles umsonst war und sich nichts, aber auch wirklich nichts ändern wird. Nein, es wird schlimmer, denn schließlich hast du ja gewagt, den Säbelzahntiger zu verlassen. Das musst du wieder gut machen, und das macht keinen Spaß!

Es kann auch sein, dass du zwar weißt, dass du dich trennen musst, du jedoch psychisch dazu nicht in der Lage bist, dann suche dir therapeutische Unterstützung. Wie ich weiter oben schon erwähnt habe, wirst du auf einen Termin erst einmal warten müssen, aber dafür habe ich dir auch den Tipp mit dem Tagebuch gegeben, damit du die Zeit überbrücken kannst.

Frage nach, ob sich der Therapeut mit narzisstischem Missbrauch auskennt. Wenn das verneint wird, dann suche einfach das Weite, denn der kann dir nicht die Unterstützung geben, die du brauchst. Hier kommen dann meistens erst einmal die Fragen nach dem eigenen Anteil. Diese sind später sicherlich berechtigt, damit du die Anteile in dir kennenlernst, die dich in dieser Beziehung gehalten haben und mit ihnen umgehst. In der Akutphase sind diese Aspekte deplatziert, denn was du jetzt brauchst, ist, wenn du Gewalt erfahren musstest, eine sinnvolle Traumatherapie, ein Erkennen des relevanten Vorgehens in der jetzigen Akutphase und gezielte Strategien, wie du mit der Situation jetzt klarkommen kannst.

Die Kuh muss vom Eis, danach darf Ruhe einkehren in einer therapeutischen Umgebung, in der du gestützt wirst. Alles andere hat Zeit, bis du stabil bist und bereit, das Vergangene aufzuarbeiten, dir neue Ziele zu suchen und auf dem Weg zu bleiben. Jetzt ist Akutprogramm dran!

Auch alternativ arbeitende Mediziner und Heilpraktiker können dir eine gute Hilfe sein. Ich selber bin froh um die Möglichkeiten, die ich in meinem Werkzeugkoffer habe. Die Homöopathie kann in diesen Fällen wirklich gute Dienste leisten, dich zu begleiten, damit du ruhig, besonnen und möglichst ohne körperliche Schäden durch diese Zeit kommst.

Auch die Hypnose kann einiges zu deiner Stabilisierung beitragen, sowohl akut als auch in der Aufarbeitungsphase.

Für viele ist eine Körpertherapie sinnvoll, bei der sie still und bei sich bleiben können, während der Körper lernt, dass er gerade entspannen und in Sicherheit sein darf. Gerade die Tui Na aus der chinesischen oder die Shiatsu aus der japanischen Medizin arbeiten nach einer vorhergehenden Diagnose auf körperlicher und seelischer Ebene. Das kann den Patienten eine wirklich gute Hilfe sein, sowohl körperliche als auch seelische Beschwerden zu lindern.

Ganzheitliche Begleitung ist immer sinnvoll, und einen guten Therapeuten zeichnet auch aus, dass er dich, wenn nötig, weiter schickt, zu jemandem, der dir besser helfen kann als er selbst. Ich habe mein Netzwerk, um das ich wirklich froh bin, denn ich selber kann nicht für jeden die richtige Begleitung sein. Da gibt es dann vielleicht bessere Möglichkeiten, als die, die ich anzubieten habe. Du stehst schließlich als Hilfesuchender im Vordergrund und nicht das Ego eines Therapeuten, der vielleicht seine Grenzen nicht kennt, egal aus welcher Behandlungsrichtung er kommen mag.

Wenn Patienten mit chronischen Krankheiten zu mir kommen, dann habe ich in den letzten Jahren festgestellt, dass diese häufig wirklich Folgen von lange anhaltenden Stresssituationen sind, hervorgerufen durch das Leben in toxischen Beziehungen. Sei es am Arbeitsplatz oder in der Familie – oder schlimmer: beides! Das ist richtig besch...!

Die Betroffenen verlieren auf ihrem Weg zu sich und ihrem Glück meistens alles: die Familie, den Job und auch die Freunde. Aber sie gewinnen ihre Gesundheit, ihr Glück und Menschen, die es gut mit ihnen meinen und zu aufrichtigem Lieben und Geben fähig sind.

Eine andere Seite der Sache ist nur, dieser Kategorie von Opfern beizubringen, dass sie dieser Liebe wert sind. Denn in deren Leben sind die eigene Würde und der eigene Wert irgendwann auf Nimmerwiedersehen verschwunden. Manchmal stellt es den hartnäckigsten Therapiepart dar, diese Selbstliebe wiederzufinden. Aber wenn sie dann mal auftaucht – uiuiui – das ist wundervoll und es passiert ein ungeheurer Fortschritt im Leben dieser Menschen. In solchen Momenten fange ich an, an Wunder zu glauben. Da heilen auch die schwersten Krankheiten, die an diesem Menschen geklebt haben wie der Teufel an der armen Seele.

Ich persönlich habe zu diesem Thema keine wissenschaftlichen Untersuchungen durchgeführt, aber häufig sind es bei erwachsenen Beutetieren in meiner Praxis die Migräne, entzündliche Schilddrüsenerkrankungen, Herzrhythmusstörungen, Hautausschläge, Schlaflosigkeit, Panikattacken, Krebs (meistens Leukämie, Brust-, Dickdarm-oder Lebertumore) und Erkrankungen aus dem rheumatischen Formenkreis.

Bei Kindern treffe ich oft auf Asthma, Schlaflosigkeit, Einnässen tags und nachts, Ängstlichkeit oder übermäßiges Angepasst-Sein mit Helfersyndrom in jungen Jahren und Neurodermitis. Wobei sich die Behandlung von Kindern häufig als recht schwierig herausstellt, denn da wacht ein säbelzahntragender Elternteil (häufig die Mutter) oft über die wirkliche Heilung, wie der Zerberus vor dem Hades. Wenn nämlich das Kind seine Wut mal rauslässt und aufbegehrt, dann ist es mit der Therapie vorbei, denn so etwas geht ja gar nicht. Die Kleinen tun mir dann wirklich sehr leid, denn sie tragen nicht nur ihre Krankheit, sondern auch die Last des Missbrauchs. Dieser ist schwer zu beweisen, und da komme ich wirklich an meine Grenzen und fühle knüppeldick meine Hilflosigkeit.

Bitte verstehe aber nun nicht, dass jeder mit den obigen Symptomen Opfer narzisstischen Missbrauchs ist. Das wäre falsch und ein echtes Vorurteil, das ganze Familien in ein unrechtes Bild rücken würde. Das soll nicht sein!

Wenn ich im Familiensystem oder im Heilungsprozess erkenne, dass Eltern unter ihren narzisstischen Kindern leiden, dann ist das in der Therapie eine große Herausforderung. Hier versuche ich immer mit so vielen Händen wie möglich zusammenzuarbeiten, damit der Patient gesund wird und in der Familie Ruhe einkehren kann. In solchen Fällen müssen Kinderpsychologen, das Jugendamt mit Familienhilfe und bei gewalttätigen jugendlichen Klappis auch mal die Polizei eingeschaltet werden.

Die Eltern plagen häufig Scham- und Schuldgefühle, so ein „Monster" großgezogen zu haben. Ein behutsamer Umgang mit diesen Gefühlen des Versagens ist äußerst wichtig. Ein Hinwenden an die eigenen Ressourcen und die Auseinandersetzung mit den Ursachen im eigenen Leben, die Entwicklung eines eigenen Lebensziels weg von den Nachkommen hin zum eigenen Sein, ist manchmal ein langer, aber lohnender Weg. Falls dann Heilung geschieht, darf ich oft Zeuge unendlich schöner Entwicklungsprozesse werden, die richtig ans Herz gehen.

Da vergleiche ich den Heilungsprozess manchmal mit einer Art „Amputation" im Familiensystem, wenn das narzisstische Kind ins Heim gehen muss, damit die Familie zur Ruhe kommt, und die Eltern sich endlich einander wieder als Paar und eventuell ihren anderen

Kindern zuwenden können, die wegen des persönlichkeitsgestörten Geschwisters kaum Aufmerksamkeit von Mama und Papa hatten. Wenn nach einiger Zeit der Ruhe die Familienmitglieder wieder in ihre Energie gekommen sind, dann ist der Umgang mit dem Klappzahnträger ein anderer, denn dessen Manipulationen werden erkannt und nicht mehr toleriert. Aus den Beutetieren ist eine starke Truppe geworden, deren Energie sich nicht mehr nur auf einen richtet, sondern erkennt, dass es auch anderes gibt, auf das der Fokus gesetzt werden darf. Reagieren wechselt nun zum Agieren. Somit sinkt die Aufmerksamkeit für den Säbelzahntiger, der dadurch sein Verhalten manchmal sogar ändert, weil er merkt, dass er nicht mehr ankommt.

Das ist ein weiter Weg mit vielen Steilpassagen und Überhängen ohne Seil und Haken über dem tiefen Abgrund schauerlicher Erkenntnisse und Ängste, die zu bewältigen sind. Dieser Weg lohnt sich jedoch, so hart er für alle Beteiligten erst einmal zu sein scheint. Er wird leichter und leichter, denn es wird immer mehr Energie frei für die Heilung, die vorher vom Säbelzahntiger verschlungen wurde. Die Verletzungen heilen, und die Patienten können sich mehr und mehr seelisch wie körperlich in Richtung Freiheit bewegen.

Ich hoffe, ich konnte dir in diesem Kapitel ein paar gute Tipps geben, die es dir leichter machen, deinen Exit zu schaffen.

In den folgenden Kapiteln gehe ich darauf ein, womit bei dir als Beute oder von Seiten des Säbelzahntigers zu rechnen ist, damit nach dem Exit oder Discard – was dem Abschuss entspricht, wie es im Fachjargon genannt wird – die Reaktionen beider Seiten verständlicher werden, um damit um- und nicht unterzugehen. Da das Verhalten von Säbelzahntigern berechenbar ist, auch in der Unberechenbarkeit der Aggression in jeder Hinsicht, kann man planen, verschiedene Worst-Case-Szenarien möglichst verletzungsarm zu überleben, Abstand zu gewinnen, um den Beißern und Klauen des Raptors zu entkommen.

Säbelzahntiger verlässt Beute – die Kummernummer

„Was habe ich nur falsch gemacht?"

„Was stimmt mit mir nicht?"

„Ich habe doch alles getan, um ihn glücklich zu machen. Wieso ist er gegangen?"

„Jedes seiner Bedürfnisse habe ich so gut es ging erfüllt und bin über meine eigenen Grenzen gegangen, wieso hat er mich verlassen?"

„Wieso hat er mich mit einer anderen betrogen und behauptet, dass es kein Betrug war und nichts Ernstes?"

„Bin ich wirklich prüde oder komisch, wenn ich es nicht will, dass er es scheinbar braucht, mehrere Beziehungen sexueller Art gleichzeitig zu führen?" „Bin ich grundlos gekränkt, wenn ich mich betrogen fühle durch sein Absinken in die virtuelle Welt des Pornos, Cybersex und all so was?"

„Bin ich wirklich so paranoid, wie er mich immer hingestellt hat, wenn ich misstrauisch war, und musste er mich verlassen, weil ich psychisch nicht ganz richtig ticke?"

„Was hat das nächste Beutetier, was ich nicht habe?"

„Bin ich wirklich nicht gut genug?“

Das ist der Fragenkatalog – und du kennst sicher aus deiner eigenen Erfahrung noch weitaus mehr – von verlassenen Beutetieren, die sie hinter ihrem Vorhang aus Tränen und oft auch Alkohol, mantragleich immer und immer wieder wiederholen. Verständlicherweise!!

Ich denke, du hast dir bestimmt auch während deiner Beziehung mit Klappi oft die Frage gestellt, warum er dich so behandelt, wie er es tut. Alles scheint wichtiger zu sein als du selbst.

Vielleicht hat er dir das umgekehrt sogar vorgeworfen, wenn du bei der Arbeit warst und nicht daheim bei deinem Klappzahnträger, der laut dessen Aussage scheinbar Priorität 888.000 hatte.

Ja, da hat er wohl einfach sein Verhalten, sein Denken auf dich übertragen! Beim Säbelzahntiger und seinen weiblichen Artgenossen ist das so: Zuerst kommen sie selbst, immer, immer, immer! Sie erheben den Anspruch darauf, die wichtigste, einzigartigste, zentralste Figur in deinem Leben zu sein, der sich alles unterordnen muss. Selbst deine eigene Existenz, dein Lebensunterhalt und deine Gesundheit werden aus ihrer Perspektive von dir total überbewertet. Wozu brauchst du denn schon Geld, wenn du einen Klappzahnträger in deinem engen Kreis hast? Wenn du nicht 24 Stunden an sieben Tagen in der Woche nach Klappis Pfeife tanzt, dann hast du ganz schlechte Karten, dann bist du seiner nicht wert und basta!

Für die Zeit deiner Abwesenheit hat ein Klappzahnträger andere Lückenfüller. Bei mir war es insbesondere das Rennrad. Ob es andere Frauen gab, kann ich nicht sagen – außer natürlich denjenigen, die ihre Sexualität in Form von Porno oder Prostitution zur Verfügung stellen. Das wird bei dir sicher nicht anders sein? Entweder gibt es ein exzessives Hobby, dem sich alles unterordnen muss, oder andere Beziehungen, die entweder offen kommuniziert oder unter dem Vorwand, beruflich unterwegs sein zu müssen, gelebt werden. Es gibt viele

Parallelwelten in den Revieren von Säbelzahntigern. Die Welt mit dir ist nur eine davon. Das ist wie beim Fernsehen – einfach weiterzappen und da hängen bleiben, wo es gerade passt. Das Leben mit dir ist nur ein Programm von vielen.

Im Rationalisieren ihrer Bedürfnisse und verqueren Ansichten sind Säbelzahntiger sehr phantasievoll. Sie können dir irgendwie alles als sinnvoll verkaufen. Leider tut das manchmal nicht minder weh, denn es entwertet dich, nimmt dir deine Würde und ist einfach demütigend.

Wenn du verlassen wurdest, dann wirst du in der Retrospektive mit großer Wahrscheinlichkeit das Muster erkennen, mit dem Klappi den Abschuss eingefädelt hat.

Ja, denn es hat wirklich System!

Zuerst einmal werden dir Vorwürfe gemacht. Du bist nicht mehr so wie zu Beginn der Beziehung: so ernst und kurzum nicht mehr anziehend. Solche und ähnliche Bemerkungen meist demütigender Art hörst du mehr oder weniger beinahe beiläufig. Du fängst an, dich hübscher zu machen, an dir zu arbeiten. Klappi geht zwar einerseits darauf ein, aber andererseits merkst du, dass da etwas Gewisses fehlt. Auf Nachfrage ist dann doch alles gut, und du bildest dir irgendwas ein. Ja, du hast wirklich viel Phantasie in den Augen deines Säbelzähnchens!

Sex wird immer weniger: weniger schön, weniger oft und irgendwie „komisch“. Nähe gibt es gar nicht mehr, und du darfst dann irgendwann froh sein, wenn du in deinem Daheim überhaupt noch gegrüßt wirst.

Deine Reaktion: Du stellst dich in Frage und willst reden. Das Blöde ist, dass du dir das wieder alles nur einbildest. Mhmmmm ...

Dein Säbelzahntiger ist nun auch öfter weg. Die Arbeit, weißt du, und die Freunde, der Sport oder irgend so etwas, das er plötzlich tut, wo er vorher vielleicht eher ein reger Extremsportler an der Couchsüdwand mit der Fernbedienung in der Hand war.

Anfangs ist es für dich ok, wenn dein Klappi etwas für sich tut und endlich aus sich rausgeht oder mit der vielen Arbeit Karriere macht.

Irgendwann wird das Smartphone gar nicht mehr weggelegt und sogar mit aufs Klo genommen, wo der Säbelzahntiger dann lange verweilt, obwohl er sicher nicht unter Verstopfung leidet, und darauf wartet, dass da bei ihm nun irgendwo, irgendwie endlich mal was Gescheites rauskommt.

Wenn du ins Bett gehst, muss Klappi nochmal an den PC, um erst in der virtuellen Welt und dann früh morgens in den Federn zu versinken. Er braucht das unbedingt so, und du hast doch Verständnis zu haben, wenn er schon Rücksicht auf dich und die Zeit mit dir nimmt, und wirklich erst dann zu spielen anfängt, wenn du schläfst. Mhmmm ..., wärst du wach, dann könntest du vielleicht das ein oder andere Stöhnen hören, außer es werden Kopfhörer benutzt und die eigenen Laute unterdrückt.

Irgendwann wirst du misstrauisch und stellst den Säbelzahntiger zur Rede. Wie so oft wirst du als paranoid hingestellt. Das kennst du ja schon zur Genüge.

Jetzt fängst du an zu schnüffeln und guckst mal, wenn er am PC sitzt. Sei sicher, er hat Lunte gerochen und geht zunächst auf Nummer sicher. Klapperle spielt oder „arbeitet". Du bist dann natürlich wieder mal nicht ganz dicht und dein Verhalten zerstört gerade die Beziehung. Mhmmm ...

Du stellst dich in Frage, entschuldigst dein Fehlverhalten und musst zu Kreuze kriechen. Du siehst die Klappzähne wackeln, aber du willst es nicht wahrhaben, gell?

Dein Bauchgefühl macht sich mehr und mehr bemerkbar. Da sich die Situation nicht ändert und eher schlimmer wird, guckst du wieder: erst einmal in die Taschen, dann in die Kontakte und Nachrichten auf dem Smartphone, im Internetverlauf ... Vielleicht findest du zunächst nichts, aber dein Klappi fühlt sich mit der Zeit so sicher, dass er unvorsichtig wird, Mails nicht löscht, Nachrichten stehen lässt, Kassenbelege oder Hotelrechnungen nicht aufräumt oder die Pornos anschaut, wenn du gerade erst ins Bett gegangen bist. Früher oder später wirst du fündig und findest heraus, dass hier ohne Ende gelogen und betrogen wird. Dir wird ganz schwindlig, und dieses Gefühl, das innere Wissen bestätigt zu sehen, ist oft wie ein tiefer Fall. Auf der einen Seite wolltest du diese Lügen und den Betrug herausfinden, auf der anderen Seite kannst du jetzt mit dem Ergebnis überhaupt nicht umgehen. Dafür fehlt wohl jedem Menschen ein Tool. Es tut einfach nur weh. Es ist einfach nur schlimmer als schlimm, und du spürst vielleicht dein Herz förmlich brechen, während du zwischen Verzweiflung, Trauer und Wut hin und her wanderst.

Du hättest es niemals verhindern können! Du bist nicht schuld!

Auch wenn dein Säbelzahntiger dir immer und immer wieder aufs Tablett bringt, dass du 50 % der Beziehung bist und es „two to tango“ braucht, dann hat er sogar recht. Allerdings ist jeder 100 % verantwortlich für sein eigenes Verhalten, und es gibt Dinge, die man einfach nicht macht: lügen, betrügen und den anderen für dumm verkaufen gehören bestimmt dazu.

Ich habe oft bei mir selbst erlebt und aus Erzählungen von Patienten gehört, dass es erst einmal so etwas wie eine innere Starre gibt, in der man das Offensichtliche immer noch nicht wahrhaben will. Eine andere Person, die das mitbekommen würde, hätte Nackenschmerzen vom Kopfschütteln. Das Beutetier ist jedoch in Beutemanier oft so irgendwie anders als andere.

Da du wahrscheinlich den Aussagen deines Klappzahnträgers primär vertraust, und da du wahrscheinlich ein Mensch bist, der sich häufig in Frage stellt oder über wenig Selbstbewusstsein verfügt, glaubst du erst einmal, was er sehr glaubwürdig und vernünftig argumentiert. Erst sehr viel später wirst du erkennen, was für einen Bullshit du da tatsächlich gehört hast. Viel zu viel Energie hast du dahingehend vergeudet, darüber nachzugrübeln, ob das alles noch normal ist, denn dein Bauchgefühl sagt ja doch was ganz anderes. Wie ich schon des Öfteren erwähnt habe, schreit dein Inneres bis zur absoluten Heiserkeit, bevor es traurig verstummt und mit Hustenguzzis oder anderen Leckerlis wie zu viel Essen, zu viel Alkohol, zu viel Süßem oder sonst von irgendwas zu viel betäubt wird.

Dein Säbelzahntiger wird durch dein misstrauisches Verhalten förmlich gezwungen, dich zu verlassen, was er dann auch tut. Das nächste Beutetier nimmt ihn oder sie dann freudig in Empfang, denn dieses hat er in der ganzen Zeit in aller Ruhe „gelovebombt“ und funktionstüchtig hochgezüchtet, damit es für ihn oder sie passt. Du bist jetzt die kleine Öffnung am Ende deines Enddarms und fühlst dich wahrscheinlich auch so.

Säbelzahntiger können das mit der Schuldumkehr und Demütigung recht gut. Sie verlassen dich, haben ihren Spaß und die Genugtuung, einen Menschen zerbrochen zu haben, der jetzt wahrscheinlich erwartet, und das ganz schuldbewusst, dass der große Klappzahnträger ihm wieder die Hand reicht, um ihn von seinem Leiden zu erlösen. Das ist, meines Erachtens, oft ein Moment, in dem der Rest an Würde das Beutetier ebenso verlassen hat, wie der triumphierende Säbelzahntiger.

Ich hoffe, du schaffst es, dich irgendwann über diesen ganzen Mist zu ärgern, damit du aufhörst, dich als armes verlassenes Hascherl zu fühlen und dich darüber freuen kannst, dass der Säbelzahntiger aus deinem Leben verschwunden ist.

Ich kann mir vorstellen, dass dir solche Erkenntnisse wehtun. Das ist ok, denn es ist wirklich traurig. Bitte bleib aber in dieser Trauer nicht hängen, sondern wende dich der Realität zu und deinem neuen Leben, deiner neu gewonnenen Freiheit!

Du als mitfühlender Mensch hast dich um die Partnerschaft bemüht, denn dein Ziel war, eine schöne Beziehung mit Klappi zu führen, vielleicht sogar bis an dein Lebensende. Dein Leben zu teilen mit einem Menschen, den du kennengelernt hast, als er dir noch deine Ziele, deine Wünsche in jeder Hinsicht gespiegelt hat, um dich zu kriegen. Das war sicherlich eine wundervolle Vorstellung, die dir unglaubliche Flügel verliehen hat.

Jedoch: Es war nur Fake, nur Show und grandioses Schauspiel einer zutiefst persönlichkeitsgestörten, klappzahntragenden Wildkatze.

Zweifle nicht an deinen Gefühlen. Sie sind und waren echt! Sie sind und waren gut! Sie beruhten nur auf falschen Hoffnungen, gewachsen auf dem manipulativen Verhalten eines persönlichkeitsgestörten Menschen.

Jetzt ist es vorbei – oder auch nicht!?

Nun kommt nämlich der Part, wo du deinen Klappzahnträger erkennen und seine Handlungen vorausschauend beobachten darfst. Er oder sie haben dich zwar verlassen, aber sie können sich nicht von ihren Beutetieren lösen, da sie selbst ebenfalls zu den abhängigen Persönlichkeiten gehören, genau wie du es auch tust – meistens zumindest. Dein Vorteil ist, dass du das erkennen kannst – dein verflossener Säbelzahntiger nicht. Der macht weiter wie gehabt – aber bitte nicht mehr mit dir!

Obwohl du verlassen wurdest, bist du als Karteileiche noch gespeichert und wirst reaktiviert, sobald er oder sie sonst gerade niemanden hat bzw. das derzeitige Spielzeug gerade uninteressant ist.

Da kommt ein Kontaktversuch mit großem Brimborium. Es war ja nicht so gemeint, und du warst der tollste, beste Mensch im Leben des Klapperles; man könnte sich doch in aller Freundschaft treffen um der alten Zeiten willen; es geht ihm oder ihr sooo schlecht, und du bist die oder der einzige, der oder die jetzt noch da ist und ihn oder sie versteht; bla bla bla ... Da haben sie wirklich unendlich viel Phantasie. Die Amnesie dessen, was sie den Beutetierchen angetan haben, ist wirklich so grandios, wie das Bild, welches sie von sich selbst haben. War da denn irgendwie irgendwas ansatzweise, was euch auseinander gebracht hat? Es war doch alles so gut!? Mhmmm ...

Falls du jetzt den Inhalt des Buches noch nicht verstanden hast, dann wirst du auf die Masche reinfallen!

Vielleicht tust du es auch, wenn du den Inhalt des Buchs verstanden hast, weil du noch hoffst, dass es bei dir anders laufen wird? Sei sicher – du hast diese Lerneinheit dann einfach gebraucht und bist nicht das einzige Beutetier, dem das wider besseren Wissens passiert! Zu emotional ist die Geschichte aufgeladen, zu klein der Selbstwert und zu groß die verzweifelte, unendlich große Traurigkeit, von der dich scheinbar nur der Säbelzahntiger befreien kann als großer Retter und Held. Diese ach so große Liebe deines Lebens!

Sei dir sicher: Diese irgendwie pseudoliebevolle Hinwendung von Seiten des Klappzahnträgers ist nur von außerordentlich kurzer Dauer, dann wird es schlimmer als je zuvor.

Besonders, weil du dich noch mehr ärgerst, wieder auf die Manipulationen nach Beuteart reagiert zu haben. Du hast einmal mehr zu Klappi „Ja“ und zu dir selbst „Nein“ gesagt. Falls du deine dritten Zähne bereits dein eigen nennst, dann nimm sie und beiß dich damit kräftig in den Popo – wenn du das noch nicht kannst, dann kannst du üben, dich für dich selber so zu verbiegen, dass du es aus deinem Munde mit den eigenen Beißern schaffst! Lange genug hast du dich darin trainiert, dich für Klappi zu verdrehen – jetzt darfst du es mit Hingabe für dich selbst tun! Fortgeschrittene Yogis können das mit dem in den „Allerwertesten-Beißen“ sicherlich eher. Da stellt sich mir gerade die Frage, ob die eine oder andere Asana deswegen Teil des „achtfachen Pfades“ ist, damit man lernt die eigene Blödheit aus sich rauszubeißen, um letztendlich dafür frei zu werden, sich dem Höchsten hinzugeben? Hm ... darüber muss ich jetzt nachdenken!

Falls der Säbelzahntiger nun wirklich gegangen ist und du mit ihm oder ihr Kinder hast, dann kann es sein, dass – klingt jetzt wirklich hart – kein Interesse mehr an den Kindern besteht, und natürlich auch keine Verantwortung für die finanzielle Unterstützung übernommen wird. Aus den Augen, aus dem Sinn!

Da musst du kämpfen! So einfach geht es nicht! Du hast Rechte und der Klappzahnträger Pflichten, denen er nicht auskommen darf!

Das relativ Positive an der Sache ist: Lieber keinen Vater oder keine Mutter, als einen Säbelzahntiger! Diese Persönlichkeiten tun den Kindern nicht gut.

Was sind deine Werte? Was willst du deinen Kindern vermitteln? Dass Betrügen, Lügen, Egoismus, Demütigung, Hass, Missgunst, Unzufriedenheit, Lieblosigkeit, Gewalt und mangelnde Empathie gute Voraussetzungen für die Entwicklung von Kinderseelen sind? Willst du das wirklich?

Wie oft höre ich, dass Willis und Willinen ihre Kinder belügen. Ihnen wird versprochen, dass sie beispielsweise zum Wochenende abgeholt werden, dann erfolgt eine kurzfristige Absage und der Säbelzahntiger lässt das Kind auf gepackten Koffern sitzen, weil er doch was Wichtigeres zu tun hat. Wenn das aus triftigem Grund einmal passiert, dann ist das sicherlich zu lösen. Leider handelt es sich hier jedoch eher um die Regel, als um die Ausnahme.

Falls du nun in deinem Herzen einen Stich fühlst, wenn du an den Nachwuchs denkst, der ein ums andere Mal enttäuscht wird, dann fühlen wir gerade dasselbe. Wie schlimm ist diese Demütigung? Wie unendlich traurig muss diese Kinderseele sein? Kannst du dir annähernd vorstellen, was es mit dem Selbstwert eines Kindes macht, wenn es dermaßen auf Ablehnung stößt? Da ist es doch kein Wunder, wenn solche traumatisierten Kinder extrem verhaltensauffällig werden. Wo sollen sie denn mit ihrer unaussprechlichen Trauer und Wut hin? Diese Machtlosigkeit muss sie doch verrückt machen! Kinder fragen sich immer zuerst, was sie falsch gemacht haben und versuchen es zu ändern, aber das geht in diesem quälenden Zusammenhang nicht. Sie können sich nicht einfach vom Säbelzahntiger trennen, denn sie haben die Hälfte von dessen Genen. Sie können den Wunsch gesehen, geschützt und anerkannt zu werden, nicht einfach über Bord werfen.

Oft wird bei Auffälligkeiten die Diagnose ADHS gestellt und medikamentös behandelt. Ja, das ist wohl der leichtere Weg! Die Trauer und Wut bleiben beim Kind unerlöst.

Es gibt auch die Verhaltensantwort des „Überangepasst-Seins“. Das Kind verschwindet beinahe mit seinen eigenen Bedürfnissen, ist auffällig unauffällig, kümmert sich mehr um andere, als um sich selbst und zieht sich zurück. Oft fressen sie im wahrsten Sinne alles in sich hinein und werden pummelig. Da ist einer späteren Essstörung Tür und Tor geöffnet.

In meiner Praxis begleite ich die Kinder mit Homöopathie und Hypnose. Ich kann zwar das Heilungshindernis – in dem Fall den Klappzahnelternteil – nicht aus dem Weg räumen, aber die Kinder an ihre Fähigkeiten, an ihr Selbstbewusstsein und ihre Konfliktkompetenzen heranführen, damit sie mit der Situation besser umgehen lernen.

Dieses Nicht-Kümmern um den Nachwuchs ist genauso quälend wie physische Gewalt. Bitte nimm dein Kind aus diesem Trauma heraus und sorge dafür, dass so ein missratener Elternklappi kein Sorgerecht bekommt, vor allem, wenn du merkst, dass dein Kind nach jedem Wochenende mit dem Säbelzahntiger extrem verstört oder gestresst heimkommt!

Als Beutetier ist es jedoch auch hier wichtig, nicht zu vergessen, dass dein Kind trotz aller Traumata dennoch Erziehung braucht. Da muss in anderen Bereichen schon ab und zu das eine oder andere Machtwort gesprochen und Grenzen gesetzt werden. Fehlende Erziehung durch ein Schuldgefühl seitens des Beutetiers oder das Verhätscheln des Kindes werden später eher dazu führen, dass sich das Erbgut des Säbelzahntigers auf unschöne Art zeigt. Pass auf und bedenke die Folgen deines Verhaltens als alleinerziehendes Elternteil! Hol dir Hilfe, wo auch immer du sie finden kannst! Informiere dich bei der Caritas, beim Jugendamt oder bei Psychologen! Du musst keine Angst haben oder dich schämen, weil du Unterstützung brauchst. Denk daran, dass es sich hier um eine extrem belastende Situation handelt, bei der es um dein und das Wohl des Nachwuchses geht, und zwar nicht nur für den Moment, sondern auch für die Zukunft! Mit deinem Verhalten legst du die Grundsteine für die spätere Beziehungsfähigkeit deines Kindes, seiner psychischen, physischen und sozialen Gesundheit. Spring über deinen Schatten, dein verletztes Ego, deine Scham und lass dir auf jede Art helfen, die es in deinem Umfeld gibt! Es wird dir und dem Kind gut tun, und du kannst dir später nie vorwerfen, nicht alles erdenklich Mögliche getan zu haben, um unbeschadet aus der Missbrauchsbeziehung mit einem Säbelzahntiger oder seiner weiblichen Artgenossin herausgekommen zu sein.

Ich finde es sehr wichtig, sich an amtliche Stellen wie Jugendamt, Caritas oder auch Psychotherapeuten zu wenden, denn dann hat die Hilfe im Falle eines Rechtsstreits eine fundierte und hilfreiche Aussagekraft über deinen Willen und die Bereitschaft, alles zu tun, damit es dem Kind gut geht.

Leider muss ich manchmal bei meinen Patienten ziemlich kämpfen, dass sie sich an solche offiziellen Stellen wenden. Ich bin da mit meinen Methoden eine gute Begleitung, aber eben nicht mehr.

So hat sich eine Mutter quergestellt, als ich ihr sagte, sie soll sich ans Jugendamt und einen Psychologen wenden. Ihr Sohn – zwölf Jahre – hatte angefangen zu stottern, zu lügen und eine Internetsucht zu entwickeln. Sein Vater hatte ihn und seinen kleinen Bruder immer und immer wieder belogen, war einfach nicht da und hatte nur noch Zeit und Interesse an seiner neuen Familie mit neuem Nachwuchs. Ich kann das Stottern und Lügen, sprich die Kummerfolgen, mit Homöopathie und Hypnose sicher gut begleiten, aber eine offizielle Stelle muss gegebenenfalls den Vater zur Rechenschaft ziehen, beziehungsweise hier schützend eingreifen. Die Mutter wollte allerdings aus Scham diesen „Mangel" nicht an die „Öffentlichkeit" bringen. Sie wollte sich nicht gerne eingestehen, an ihre Grenzen gekommen zu sein. Einerseits kann ich es verstehen, andererseits heiße ich das mütterliche Verhalten nicht gut, weil kurzsichtig. Soll der Bub erst auf die schiefe Bahn geraten und irgendwann wegen irgendwelchem Mist vor dem Jugendgericht landen? Ich finde nicht! Bei seiner Ausgangslage wäre dies jedoch vorprogrammiert. Der Junge ist einsam, hat keine Freunde und wenn, dann lässt er sich ausnutzen. Die Spielsucht im Internet kann manchmal der Einstieg in andere Abhängigkeiten sein. Irgendwie keine rosige Prognose! Gut, dass ich manchmal sehr beharrlich und ausdauernd sein kann!

Ja, es ist nicht leicht, wenn man von seinem Säbelzahntiger geschasst wird. Zuerst kostet es viele Tränen und viel Schweiß, aber danach, wenn du dich auf deine Füße gestellt hast, wird alles viel besser werden. Versprochen!

Klar ist es oft auch so, dass mit deinem Klappi auch dein Geld verschwunden ist, oder zumindest ein großer Teil davon. Manchmal merkt die Beute des Säbelzahntigers erst im Nachhinein, wie sehr sie hintergangen und finanziell ausgenutzt wurde, respektive sich hat ausnutzen lassen, in gutem Glauben und Vertrauen, dass es sich ja schließlich um den Menschen handelt, den man liebt, den man geheiratet und mit dem man eine Familie gegründet hat. Ich habe selbst oft wegen meiner Naivität bezüglich finanzieller Ausbeutung meinem Klappzahnträger gegenüber im Nachhinein den Kopf geschüttelt. Er tat das immer damit ab, dass es sich bei meinen Zahlungen um meine finanziellen Investitionen in unsere Beziehung handelte. Dass er geldtechnisch nicht auch nur das Geringste beigesteuert hatte, das wollte ich scheinbar einfach nicht sehen. Ich bin Brillenträgerin – vielleicht waren die Gläser ja dreckig. Glaube mir, ich achte nun stark darauf, sie zu putzen, um nie wieder blind zu sein!

Nicht nur schmutzige Brillengläser oder ein großes Brett vor dem Kopf machen blind, sondern auch die Liebe. Die Abhängigkeit in einer Beziehung gesellt sich schnuckelig dazu und macht Willis oder Willines Beute noch absolut uneinsichtig für alles, was irgendwie normal wäre und sich in einer Affäre mit Säbelzahntigern definitiv nicht normal gestaltet. Ein fatales Zusammentreffen mehrerer der oben genannten Faktoren ist es, das jede Situation schon fast aussichtslos werden lässt, sollte nicht der Lichtschalter für einen gewaltigen Scheinwerfer gefunden werden, der zur „Erleuchtung" eines unterbelichteten Beutetiers führt. Das war bei mir der Fall. Ich bin im Nachhinein froh darüber, und der ganze Mist führte bei mir dazu, dass ich nebenbei eine Finanzausbildung gemacht habe, um mir Wissen zum Thema Wirtschaft und Finanzen anzueignen. Ich will in ein paar Jahren finanziell frei sein, um das finanzielle Loch zu füllen, in das mich mein Klappzahnträger in seiner absolut großzügigen Art und Weise als mein „Freund und Gönner" – er glaubt wirklich, dass er das ist – hinein manipuliert hat, und um meinen Traum noch besser leben zu können, andere Menschen zu unterstützen, ohne selbst im finanziellen Sumpf zu stehen. Wie toll muss es sein, aus finanzieller Freiheit heraus sein Geld und seine Möglichkeiten zum Wohle aller Wesen einzusetzen! Ich arbeite daran!

Schau, dass du dich und deinen Nachwuchs gut absicherst, was dein Geld und auch deinen materiellen Besitz angeht! Lass dich von deinem Klappzahnträger nicht allzu sehr beeindrucken, wenn er zwar dich, aber nicht euer Konto verlassen hat oder verlassen will!

Soll Klappi ruhig gehen! Soll er auch haben, was ihm oder ihr zusteht – mehr jedoch nicht! Auch nicht um des lieben Friedens willen, denn den wird es niemals geben! Fang also mit der Masche gar nicht erst an und setze klare Grenzen! Bitte lerne aus den Fehlern, die ich gemacht habe! Ein sehr liebevoll und gut gemeinter Rat meinerseits!

Es darf niemals ein Zurück für den Säbelzahntiger geben!!!

Kein Zurück in dein Herz, deinen Geist, deine Familie, dein Leben, deine Kontaktliste, deine Emails etc. etc.! Niemals! Es wird nicht funktionieren, genauso wenig, wie es funktioniert hat, bevor er dich verließ.

Klappis ändern sich nicht. Ihnen fehlt dazu schlichtweg die dafür nötige Entwicklungsfähigkeit einer mitfühlenden Persönlichkeit. Sie tragen Klappzahn und werden sich ihn wegen dir, deinen Kindern oder sonst jemandem niemals ziehen lassen.

Wenn du also nach der Trennung trauerst, wütend und erst einmal nicht bereit bist, die Hoffnung aufzugeben, so ist das ok. Denk aber daran, dass dieser Zustand dir selbst am meisten schadet, und nur du ihn beenden kannst! Beziehung darf eine gewisse Leichtigkeit haben. Beziehung darf dich bereichern und dir Schutz, Liebe, Halt und das geben, was du dir wünschst. Du hast einen Menschen verdient, der dich liebt.

Zuallererst bist das mal du selbst, aber danach sind es die anderen, die sich um dich bemühen dürfen, denen du erlauben darfst, wieder in dein Leben zu treten und dort zu bleiben, um dich zu bereichern, nicht, um dich zu vernichten. Denk daran, wenn du dieses Buch liest, und vielleicht schon Jahre im Kummer um den verflossenen Klappzahnträger verbringst.

Solltest du jemanden kennen, der in dieser Beuterolle gefangen ist, dann schenke ihm mein Buch und einen riesen Scheinwerfer, der ihm aus seinem schwarzen Loch heraus leuchtet.

Ja, wie oben schon erwähnt: Zuerst kommen die Tränen und die Wut, aber danach kommt die Freude darüber, dass du endlich frei bist vom Säbelzahntiger und du jetzt nur ganz allein dein zukünftiges Glück vermasseln darfst, wenn du es willst.

Beute verlässt Säbelzahntiger – der Siegeszug

Mehr oder weniger lange hat es gedauert, aber nun ist wohl ein Zeitpunkt gekommen, der dich wahrscheinlich förmlich zwingt, die Beziehung mit dem Säbelzahntiger zu beenden, um wenigstens noch einen Rest deines Selbst, deiner Würde und deiner Integrität zu retten, dich und deine Kinder in Sicherheit zu bringen.

Vielleicht hast du ein paar Dinge aus Kapitel 19 umgesetzt oder hast einfach die Schnauze nur noch gestrichen voll von dem ganzen Beziehungsstress mit Willi oder Willine. Du packst die Koffer, allerdings ohne die Hoffnung auf ein endgültiges Nimmerwiedersehen. Das liegt einfach in der Natur mancher Trennungen, die es verlangen, dass man sich des Öfteren nochmal begegnen muss – aber dies nur, wenn es für dich ok ist.

Mehr oder weniger erhobenen Hauptes verlässt du die Höhle oder besser gesagt die Hölle, die zu lange Zeit bewacht war vom Säbelzahntiger, nach reiflichen Überlegungen und dem Erleben vieler leidvoller Situationen. Ich bin mir sicher, du hast es dir nicht leicht gemacht, denn du wolltest dich diesem Menschen hingeben, hast dich ihm versprochen und nun musst du einsehen, dass du dieses Versprechen brechen musst. Das ist für Menschen mit großem Herzen sehr schwer auszuhalten.

Auf der anderen Seite würde ein weiteres Anhaften an diesen Werten einen enorm hohen Preis von dir fordern: dein Glück, deine Gesundheit und das deiner Kinder, deine Selbstachtung und Würde.

Zu lange hast du nach dem ersten „Ja" zum anderen und euch beiden als Paar „Ja" gesagt zum Säbelzahntiger und damit immer öfter „Nein" zu dir selbst und sogar zu deinen Kindern, die du dieser Lage ausgesetzt hast. Dieser Schuh drückt arg, ich weiß, aber du hast ihn dir selber angezogen. Dein Klappzahnträger hat dich dabei nach all seinen Kräften unterstützt und dir mit Vergnügen den Schuhlöffel gereicht.

Nun ist dein Mut umso größer, wenn du dich zum Gehen entschlossen hast. Das ist wirklich eine große Herausforderung, jedoch letztendlich dein Siegeszug in Richtung Selbstermächtigung für dein neues Leben in deiner Kraft und Würde, deiner Gesundheit, deiner Freiheit und die deiner Kinder und Nachfahren, die sich an deinem Verhalten ein Beispiel nehmen können.

Manchmal geschieht das mit der Würde und Freiheit besonders bei den Kindern, die bei Klappi bleiben müssen, nicht sofort, aber du wirst sehen, dass deine Liebe und Geduld sich über kurz oder – leider meistens – über lang auszahlen werden. Gib nicht auf! Bleib deinem Weg und deinen Werten treu, dann wird sich alles zu deinem und deiner Kinder Besten lösen!

Damit du dich einigermaßen vorbereiten kannst auf einige Eventualitäten nach der Trennung vom Säbelzahntiger, möchte ich dir im Folgenden mögliche Szenarien vorstellen, die dich eventuell erwarten. Diese können, aber müssen nicht so eintreten. Sie können verschiedene Facetten haben, die jedoch einem ähnlichen Grundmuster folgen.

Wenn du Grenzen setzt, auch im Geiste, dann kannst du das Szenario beobachten und verhinderst so, emotional in Strudel hineingezogen zu werden, die dir und deinen Kindern schaden, denn das sollen die Machenschaften des Klappzahnträgers letztendlich ja erreichen: Schaden, Rache, Demütigung und Verletzung, um die eigene Demütigung des Verlassen-Werdens nicht fühlen und noch weniger sich damit auseinandersetzen zu müssen.

Mit einem musst du dich arrangieren: Du, „Duer", am „Duesten" bist an allem, wirklich an allem schuld, ganz alleine, zu 100 %! Du abgrundtief böser, böser Mensch, du! Jawohl, damit musst du jetzt leben und basta! Da gibt es nie mehr etwas zu ändern, zu rütteln oder sonst etwas.

Dafür brätst du im Säbelzahntigerfegefeuer – na rate mal – mit lauter anderen fürchterlichen Beutetieren, die den Klappzahnträger verlassen haben und ihm aus der Vorratshaltung entfleucht sind. Allerdings gibt es noch ein tiefergelegtes Höllenleben, wo sich die Klappzahnträger nach dem Aussterben treffen. Die müssen dann das Fegefeuer schüren und endlich in ihrem Leben – oder so – mal was arbeiten. Dumm gelaufen!

Irgendwie fehlt mir etwas zu dem Thema, merke ich ... Ich habe kein Mitleid! Seltsam!

Aber nun zu den verschiedenen „Sad-Ends":

Szene 1:

Du bist gegangen und der Säbelzahntiger nimmt dich nicht ernst.

Dass er das tut, ist dir nicht unbekannt, aber dadurch, dass du normalerweise keine Grenzen gesetzt und diese konsequent aufrechterhalten hast, bekam er genau diesen Eindruck: Dich muss man nicht ernst nehmen. Dass du nun konsequent Konsequenzen ziehst, haben Willi und Willine in euer beider gemeinsamen Vergangenheit nicht von dir gezeigt bekommen und werden daher dein Gehen erst einmal ignorieren. Sie halten deinen Entschluss für so abwegig, dass sie dich einmal mehr als psychisch schwach, paranoid, auf Egotrip oder krank hinstellen. So in etwa: „Na ja, die oder der kommt ja eh wieder zurück, wenn sie oder er sich ausgesponnen haben."

Eines musst du nämlich wissen: Einen Säbelzahntiger oder seine weibliche Artgenossin verlässt man nicht! Das ist ein Gesetz! ... oder so ...!? Schließlich sind sie doch so toll, dass man ohne sie gar nicht überlebensfähig ist. Mhmmm ... Errare humanum est! Oder: Irren ist säbelzahntigerisch.

In diesem anfänglichen Momentum kann es sogar vorkommen, dass sie dir als verirrtes Mäuschen ihre Unterstützung anbieten, einen Psychologen suchen oder so etwas in der Art, damit du dein Wellnesserlebnis hast, dich ausruhst, wieder richtig in ihre Richtung tickst und sie weitermachen können wie gewohnt. Lass dich von der plötzlichen Fürsorge nicht beeindrucken! Es geht nicht um dich, es geht – wie immer – um das Wohl von Willi und Willine. Sie wollen ihr Spielzeug nicht verlieren, das ist alles. Du bist als Mensch – wie immer – nicht gemeint.

Du magst dich fragen, warum dein Klappi das nicht schon früher gemacht hat, warum er nicht schon in der Beziehung auch mal nett, freundlich und fürsorglich sein konnte? Erstens war es nie nötig und zweitens geht es nicht um dich, sondern nur um deine Funktion als Beute in Klapperles Leben, die er wiederhaben will. Das ist alles und basta! Bitte bleib deinem Entschluss treu, nicht zurück zu gehen, denn sonst verlierst du auf ganzer Ebene!

Szene 2:

Klappi hat kapiert, dass du nicht zurück kommst, der Groschen fällt und es kommt zum Klappzahnalarm.

Drohungen, Beschimpfungen, Verleumdungen und alles Erdenkliche an Rachemanövern werden hochgefahren, die seiner enormen Wut auf dich Luft machen sollen. In diesem Rahmen werden auch andere Personen mit hineingezogen, die dir sonst wohlgesonnen waren und sich nun absolut in die Masche des Säbelzahntigers verstricken lassen. Nicht selten erfährt sogar dein Arbeitgeber von deinen unglaublichen, verrückten, paranoiden und bösartigen Machenschaften, die einzig und allein der Fantasie des in Rage geratenen Säbelzahntigers entspringen, die jedoch so gekonnt und glaubwürdig rüber gebracht werden, dass Menschen, die dich zu kennen glauben, vergessen, dass es sich um dich handelt, und sie dem Klappzahnträger mehr glauben als dir, oder die positiven Erfahrungen schlichtweg vergessen, die sie in der Vergangenheit mit dir gemacht haben.

Hier ist es gut, sich vorab einen Schutzwall aufzubauen und vielleicht sogar andere auf solche möglichen Racheparaden vorzubereiten. Sei ehrlich mit dir und deinem Umfeld, auch wenn sich für dich herausstellen sollte, dass es einige Menschen in der Vergangenheit nur nach außen hin gut mit dir gemeint haben!

Wenn du einen Säbelzahntiger verlässt, dann verlässt du auch den Teil deiner Vergangenheit und die Menschen, die dich zur Beute haben werden lassen. Dazu gehören Menschen, die in der Vergangenheit für dich bedeutsam und wichtig waren, aber für deinen zukünftigen Weg keine Hilfe mehr sind. Es werden sich Türen schließen, und dies zu erkennen tut weh. Es werden sich dadurch jedoch wieder neue Türen öffnen für deinen Weg in die Zukunft, und dies wird förderlich sein für dich. Wirst sehen!

Wie in Kapitel 19 erwähnt, ist es oft sinnvoll, sich vor gewalttätigen Übergriffen zu schützen. Zu oft wird in den Medien von durchgeknallten Säbelzahntigern berichtet, die durch die enorme Kränkung aufgrund der Trennung des Beutetiers selbiges im Blutrausch hinmetzeln. Die Telefonnummer 110 sollte immer in erreichbarer Griffweite sein.

Stalking gehört hierbei auch zum Programm des verlassenen, gekränkten Säbelzahntigers. Er sucht die Nähe zu dir und beobachtet dich. Er legt sich auf die Lauer und spielt das Machtspiel einer Katze, welche die Maus lange genug am Leben lässt, um sich an ihrer Angst zu ergötzen, bevor sie diese tötet. Wenn du eine derartige Form des Rachefeldzugs erkennst, dann erstatte sofort Anzeige und sorge für die Einhaltung der Unterlassungsauflagen genauso konsequent, wie du es warst, als du den Mut hattest, zu gehen.

Sollte es soweit kommen, dann ist das wirklich überaus heftig. Du musst nicht den Helden spielen, hörst du?! Du spielst hier sonst mit deinem Leben oder dem deiner Kinder! Dieses Szenario ist lebensbedrohlich, krank und strafbar.

Szene 3:

Willi oder Willine drohen dir damit, sich etwas anzutun, wenn du nicht zurückkommen und du bei deinem Entschluss bleiben solltest. Sie setzen dich mit deiner Bereitschaft zu helfen immens und meisterhaft unter Druck.

Falls Willi oder Willine vor deinen Augen ihrem Leben ein Ende setzen wollen – aus dem Fenster springen, sich mit dem Messer metzeln, aufhängen oder betrunken ins Auto setzen, um gegen den nächsten Baum zu fahren – dann rufe umgehend die Polizei! Diese kommt sofort eventuell zusammen mit einem Rettungswagen und bringt den Suizidgefährdeten in die nächste Psychiatrie. Dort wird Klappi dann professionell überwacht, und du darfst tief durchatmen, dass das so glimpflich über die Bühne gegangen ist.

Mir ist völlig bewusst, dass das unmenschlich und hart klingt, besonders für ein Helferlein wie dich, das eh schon mit Schuldgefühlen zu kämpfen hat.

Denk daran: Dein Säbelzahntiger oder seine weibliche Artgenossin sind erwachsen und haben in der Regel als solche ein Recht auf ihre freien, eigenen Entscheidungen im Leben. Du bist dafür nicht zuständig. Ganz gleich, was du auch immer getan haben solltest.

Auch du hast gelitten und es bis hierher ausgehalten. Du hast ja vielleicht schon fast dein Leben aufgegeben für deine Beziehung und manchmal nur noch als Zombie vor dich hinvegetiert, als Hülle ohne Inhalt, als Marionette an den Fäden deines Klappzahnträgers, der es geschafft hat, dir sogar seine Worte in den Mund zu legen, von denen du irgendwann geglaubt hast, es wären deine eigenen. Deine innere Stimme hat es nicht mehr gepackt mit den Hustenbonbons und ist letztendlich vollends verstummt.

Bitte gib nicht auf!

Bitte halte dich zurück mit deiner Größenphantasie, den Säbelzahntiger am Leben erhalten zu müssen, indem du bleibst! Das kannst du nicht, und es ist nicht deine Aufgabe, seine Lebensverantwortung zu übernehmen. Lass dich nicht erweichen, weder übergangsweise noch sonst wie! Wenn du jetzt „Ja“ sagst zu ihm, dann ist das ein „Nein“ zu dir und letztlich vielleicht sogar dein seelisches Todesurteil.

Ich habe eine Patientin, die aufgrund solcher Drohungen jahrzehntelang in ihrer maroden Ehe geblieben ist, sich förmlich auflöst und in die Bemutterung ihrer Enkel und Kinder oder weit weg in ihre nordische Heimat flüchtet, um aus der Nähe ihres Willis zu kommen. Das mitanzusehen, finde ich sehr tragisch. Gesund geht anders!

Szene 4:

Wenn Kinder da sind, dann wird Säbelzähnchen alles in seiner oder ihrer Macht Mögliche tun, um dir die Hölle auf Erden zu bereiten.

Dazu gehört natürlich die Drohung, sie dir wegzunehmen, falls du nicht zurückkehrst. Na ja, das ist nur Blabla, denn du hast im Vorfeld bitte beim Jugendamt oder einem Familienanwalt nachgefragt, wie das mit dem Sorgerecht funktioniert. Wenn nicht, dann holst du das nach, und zwar subito!

Die Kinder werden gegen dich manipuliert. Klappi wird sie dir entfremden wollen.

Falls du der Part bist, der den Nachwuchs nur alle zwei Wochenenden und die halben Ferien bei sich hat, dann wird es schwer, sich gegen die Machenschaften des Klappzahnträgers durchzusetzen.

Ich denke, hier ist es sehr wichtig, den Kindern zu vermitteln, dass du nicht sie, sondern nur Willi oder Williine verlassen hast, und dass sie nichts damit zu tun haben. Zeige Interesse an ihnen und rufe sie an, frage, wie es ihnen geht! Höre genau hin, was sie sagen! Klappi wird ihnen predigen, dass du auch sie verlassen hast, dass du sie nicht mehr lieb hast, weil du gegangen bist und viele solcher Lügen mehr.

Verabredungen werden unterbunden und die Kinder dahingehend beeinflusst, dass sie nicht zu dir kommen wollen.

Erschrick nicht, wenn du bei ihnen plötzlich auf völlige Ablehnung stößt! Nun sind sie die Marionetten des Säbelzahntigers und sie können sich keinesfalls dagegen wehren, und du weißt das.

Ich glaube, diese Situation kann dich auf eine harte Probe stellen.

Wenn du deinen Kindern transparent machst, dass du sie sehen willst, dass du Himmel und Hölle in Bewegung setzt, um das zu erreichen, dann kommt das an, egal wie alt dein Nachwuchs sein mag.

Nimm hier alle offiziellen Hilfen an, die du kriegen kannst und dokumentiere mit, was wann passiert. Bei Übergaben der Kinder holst du dir eine dritte Person als Zeugen, um bei Bedarf beim Jugendamt oder vor Gericht Unterstützung zu haben.

Die plötzlich aufkommende „Kinderliebe“ eines Säbelzahntigers, der sich sonst nichts aus seinen Sprösslingen gemacht und dir die Erziehungsaufgaben vollständig überlassen hat, ist Fake, ist nicht echt und nur Teil seiner Rache an dir und der Kränkung, die du ihm durch dein Weggehen angetan hast.

Allein mit den Kindern wird er diese genauso vernachlässigen und mit seinem Klappzahnträgerverhalten quälen wie zuvor. Das Aufrechterhalten seiner Fassade ist für ihn viel wichtiger, als der Schutz seiner Kinder. Die Ärmsten müssen das aushalten und werden nur durch deine permanente Beziehungsarbeit mit ihnen irgendwann die Wahrheit über ihren Säbelzahntigerpapa oder die Säbelzahntigermama erkennen.

Hier heißt es für dich: Durchhalten und viel, sehr viel Geduld!

Wenn sie alt genug sind, darfst du ihnen gerne mein Buch oder andere Literatur zum Thema Säbelzahntiger schenken, damit sie sich selbst und ihre Eltern erkennen lernen, um ihre eigenen Entscheidungen frei treffen zu können.

Der Weg der Kinder ist sehr schwer, denn sie haben 50 % Säbelzahntigergene geerbt, die sie nicht mehr loswerden. Sie müssen lernen, mit diesem Nachlass umzugehen. Wenn der Nachwuchs nicht selbst schon ein Klappzahnträger ist, wird er die Gaben seiner narzisstischen Anteile sehen und sie erfolgreich transformieren, um damit Gutes zu tun – sich selbst und natürlich anderen. Dazu jedoch später mehr!

Egal, was mit den Kindern sein sollte und wie sich die Lage entwickelt, wenn du es von Herzen wohl meinst, dann werden sie irgendwann wissen, wem sie vertrauen können, und zu dir zurück kommen. Sie werden dann auch den Mut haben, dem Säbelzahntiger den

Rücken zu kehren, auch wenn es ein Elternteil ist, dem sie sich doch verbunden fühlen sollten. Sprich ihnen Mut zu, wenn sie zweifeln und stärke ihnen den Rücken, wenn sie sich immer wieder in die Höhle des Säbelzahntigerelternteils begeben, weil sie meinen, dies als dessen Kinder tun zu müssen!

Deine Stärke, Liebe und Geduld werden sich auszahlen und wisse: Die Wahrheit kennt am Ende nur Gewinner!

Szene 5:

„Du bekommst von mir keinen Cent!"

Diese Drohung ist nur hohle Luft, und du wirst jeden Cent bekommen, der dir zusteht, was nachehelichen Unterhalt und die Zuwendungen für die Kinder angeht. Auch hier hast du dich nämlich vor deinem Weggehen informiert. Wenn nicht, dann tust du das jetzt, und zwar subito! Das hast du schon mal gelesen, gell?! Ja, ja, manchmal braucht's Wiederholung, damit sich etwas im Hirn niederlassen kann.

Es gibt einfach Dinge, die müssen geklärt werden. Das ist Arbeit, und die ist unangenehm, aber sie ist extrem wichtig für dich und deine Kinder.

Wir leben in einem Land, das – auch wenn wir uns oft darüber ärgern – vieles rechtlich gut geregelt hat, besonders was Trennung, Scheidung, Sorgerecht und Unterhalt betrifft. Klar wirst du Einbußen hinnehmen müssen, aber deine körperliche, geistige und seelische Unversehrtheit, sowie deine Freiheit sind unbezahlbar. Der Verzicht auf so manches Materielle fällt dir sicherlich leichter, wenn du daran denkst, welches Leid es bedeutet hätte, wenn du deinen Klappzahnträger nicht verlassen hättest.

Rüste dich gut, denn dein beleidigter Säbelzahntiger oder seine weibliche Artgenossin werden alles in ihrer Macht Stehende tun, damit du nichts bekommst! Ihnen ist dafür jedes Mittel recht, und sie werden sich glaubwürdig als die ärmsten Kirchenmäuse hinstellen, welche die Welt je gesehen hat, nur damit sie nicht löhnen müssen.

Sie werden nicht zögern, plötzlich eine schwere chronische Krankheit aus dem Hut zu zaubern, die sie leider daran hindert, einen wie auch immer gearteten Lebensunterhalt zu verdienen, so dass du im Regen allein und mittellos zurückbleibst. Da sind Willi und Willine sehr kreativ und können jeden Arzt davon überzeugen, wie furchtbar schlecht es ihnen geht, und was für ein schlimmes Leid du ihnen angetan hast, wodurch sie so arg krank geworden sind. Die Ärmsten!

Du wirst immer, immer, immer der oder die Böse sein, egal wie es läuft. Du bist gierig, gemein und die schlimmste Person, die die Welt je gesehen hat. Es werden sich dafür Zeugen finden lassen, und du darfst mit den schlimmsten Anfeindungen rechnen.

Du hast das Recht, dich zu schützen, um zu deinem Recht zu kommen. Suche dir einen Rechtsbeistand, bei dem du dich wohl fühlst, und der dir den Rücken stärkt! Frage in deinem Bekanntenkreis herum und bei anderen, die Ähnliches durchgemacht haben wie du! Das braucht Recherche, aber die ist wichtig. Gut, dass jedem mittlerweile so viele Informationen auf so zahlreichen Kanälen offenstehen! Glaube nicht alles sofort, was du liest und hörst, sondern sammle dein Wissen, sortiere es und lass dich beraten, wo immer es geht! Dieses Thema ist sehr individuell, aber es ist zu lösen, so dass es für dich passt.

Lass dich niemals klein kriegen! Du bist so weit gekommen, und es darf nun kein Druckmittel mehr geben, das dich von deinem Weg in die Freiheit abbringt! Du hast so viel geschafft, dass du das Vertrauen haben kannst, auch diese Hürde zu überwinden.

Es mag vielleicht noch mehr Szenen geben, die dir dein Klappi inszenieren kann und wird, aber ich glaube, das sind diejenigen, die berechenbar und weitgehend beherrschbar sind, wenn man darum weiß und sie beobachtet. Ich glaube schon, dass es manchmal dem aufgeklärten Beutetier wirklich schwerfällt zu sehen und anzuerkennen, dass die Reaktionen der Säbelzahntiger so vorhersehbar sind und diese nach dem Muster ihrer Art so ticken, wie sie es nun einmal tun. Ich habe es selbst lange nicht geglaubt, und es fällt mir in Gesprächen mit Beutetieren heute noch schwer, ohne Vorurteil zu hören, was sie berichten, um nicht den Säbelzahntiger zu erkennen, der dahinter steht. Es sind immer wieder die gleichen Verhaltensmuster, und das ist unglaublich schwer zu begreifen, aber es ist wahr.

Hilfe, ich bin ein Tigerbaby!

Ich habe bereits erwähnt, dass es schwer ist, Kind eines Säbelzahntigers oder seiner weiblichen Artgenossin zu sein. Von den Genen und dem epigenetischen Einfluss des Säbelzahntigers kannst du dich nicht so einfach verabschieden, wenn du erkennst, dass dein Vater oder deine Mutter dir die Veranlagung zum Klappzahn vererbt haben. Allerdings ist es schon so, dass du dieses Erbe nicht annehmen musst. Das ist schwer!

Egal, wie alt du bist, du hast oft eine Überlebensstrategie entwickelt, die mehr oder weniger ungesund ist und mit deinem eigenen Wesen nichts zu tun hat.

Kinder von Säbelzahntigern leben als deren natürliche Beute nach den Gesetzen, die Klappzahnträger vorgeben.

Du bist vielleicht schon früh damit konfrontiert worden, dass das, was du siehst oder hörst, wenn du deine Eltern beobachtest, nicht mit dem einhergeht, was bei dir ankommt. Du hast beobachtet, was Lügen heißt, und wenn du in deiner kindlichen Naivität nachgefragt hast, dann war dies eher nicht willkommen und wurde mit Beschimpfung bestraft.

Da Streit in Tigerfamilien an der Tagesordnung ist, hast du davon so einiges mitbekommen, und das entspricht sicher nicht der Energie, in der man sich sicher und geborgen fühlt. Um selbst aus der Schusslinie zu kommen, muss sich das Kind „ducken". Das bedeutet, sich ohne Schutz durch andere als kleines Seelchen selber in Sicherheit zu bringen und zu schauen, dass das auch dort bleibt.

Das Ergebnis ist Überanpassung, Umgebungskontrolle und Stille.

Überanpassung, um keine Angriffsfläche für Schelte oder Schläge zu geben! Umgebungskontrolle, um soweit möglich alles tun zu können, was vor dem ausufernden Verhalten des Säbelzahntigers schützt! Dieses Verhalten sprengt jedoch die Kapazität eines kleinen Kindes absolut, denn es kümmert sich in viel zu jungem Alter um kleinere Geschwister oder um Dinge, die es nichts angehen. Später wird dieses Betragen zum Selbstläufer, der unbewusst zu einem Leben in Angst, Abhängigkeit von äußerem Feedback und Konfliktinkompetenz führt, häufig sogar zur Sucht und zum Burnout. Stille, weil Gesagtes hart bestraft wird! Oft sind das dann Kinder, die sehr brav sind und sich mit Entscheidungen schwer tun, aus der Abwägung heraus, was am wenigsten schlecht ankommt und zu Demütigung führt. Das Kind will auf keinen Fall zur Last fallen, besonders dem Beuteelternteil, der ja eh schon genug mit Schadensbegrenzung zu tun hat. Dies geschieht nur in Bezug auf den Säbelzahnträger und hat weniger damit zu tun, den Nachwuchs zu beschützen. Als ältestes Kind wird ein Tigerbaby häufig zum Ersatzelternteil der kleineren Geschwister und verliert dadurch selbst die Möglichkeit, Kind zu sein.

Später als Erwachsener darf sich ein Tigerbaby dem eigenen, weggesperrten inneren Kind widmen und beginnen, es kennenzulernen. Es ist ein langer und mühsamer Weg durch die ganzen Glaubenssätze, die vom Klappzahnträger eingebrannt wurden und das Leben fremdbestimmen. Sie sind gleichsam kleine Homunculi, die durch den Kopf hüpfen, und das eigene Wesen daran hindern, in sein Potenzial zu kommen, in Liebe und Glück zu leben und eigene freie Entscheidungen zu treffen. Schließlich wird den Aussagen der Eltern geglaubt, und wenn diese geprägt sind von Demütigung und Entwertung, dann bleibt kein gutes Selbstwertgefühl oder Selbstbewusstsein zurück. Das finde ich sehr traurig.

Was ist also zu tun?

Wenn du dieses Buch liest und merkst, dass einer deiner Elternteile Klappzähnchen sein eigen nennt, so erkenne es primär erst einmal an, ohne in Panik zu verfallen, denn bis hierher hast du es ja überlebt. Mir ist klar, dass das ziemlich platt klingt, aber es entspricht einer sehr einfachen Tatsache. Es soll dich übrigens auch gleichzeitig ganz nebenbei an deine Kraft erinnern, die du in dir trägst und mit der du das geschafft hast.

Danach kannst du darüber nachdenken, was diese neue Einsicht ganz speziell mit dir macht oder gemacht hat, denn manchmal hilft alleine schon eine gute Erkenntnis der Situation, anders mit Klappzahneltern umzugehen. Vielleicht siehst du dein eigenes und das Verhalten des Säbelzahntigers in einem anderen Licht und kannst bereits dadurch anders auf Manipulation oder Druck reagieren, als du es üblicherweise sonst getan hast.

Wenn du in den inneren Abstand gehst und klarer wirst, dann heißt es nicht, dass es weniger Konflikte geben wird, aber du wirst sie anders meistern und dich schneller raus nehmen, wenn es brenzlig wird. Hol dir auch Unterstützung, denn es gibt Hilfe, wie ich schon weiter oben ausgeführt habe!

Überlege, was du in deinem Leben willst, wer du bist und was die Werte sind, nach denen du strebst, nicht die äußeren, sondern die inneren wie Liebe, Gerechtigkeit, Dankbarkeit, Mitgefühl usw. Auch hier ist ein Tagebuch hilfreich und außerdem eine Person deines Vertrauens, die nicht im Rudel von Willi und Willine leben sollte. Der Beuteelternteil sollte es auch nicht sein, denn der hat seinen Teil dazu beigetragen, dass du bisher dein Wesen nicht wirklich zum Ausdruck bringen konntest.

Fang an, dich selbst ernst zu nehmen und hinterfrage, ob das, was dir gesagt wurde, wirklich den Tatsachen entspricht und mit deinem Inneren übereinstimmt!

Wurde dir beispielsweise gesagt, dass du hässlich oder dumm bist, dann schau dich genau an, ob dem tatsächlich in deinen Augen so ist, oder es sich eher um ein Problem des Säbelzahntigers handelt, das er dir übergestreift hat, um nicht selbst mit seiner hässlichen Fresse konfrontiert zu sein! Das mag nur eines von vielen – oft total unlogischen und blöden – Beispielen sein, die jedoch ein Leben furchtbar prägen und in die falsche Richtung gehen lassen können. Wenn du dich nämlich unreflektiert für dumm und hässlich hältst, dann wirst du dich wohl eher zurückhalten und dein Potenzial unter den Scheffel stellen, als im Leben richtig zu performen. Natürlich kommen solche Konditionierungen ebenso in tigerfreien Familien vor, jedoch sind sie meistens mit weniger Dramatik, Nachhaltigkeit und Terror verbunden. Werden sie erkannt, dann kann in diesen Familien sogar darüber geredet werden, weil es hier noch Menschen gibt, die ihr Herz am rechten Fleck haben, was eine Atmosphäre von „Füreinander-Dasein" und Mitgefühl zur Folge hat. Hier darf agiert anstatt nur reagiert werden. Hier darf jedes Familienmitglied wachsen. Hier darf nicht nur der Säbelzahntiger allein seinen Auswüchsen freien Raum lassen, der jeden anderen, der mit ihm zusammenlebt, denselben nimmt bis er kaum mehr Luft zum Atmen hat. Hier kann man sich Gedanken zum Thema Asthma machen ... nur so am Rande.

Beginne, dich deinen Bedürfnissen ernsthaft zu widmen! Frag dich öfter mal, was du willst, was du dir wünschst! Höre auf das, was von anderen aus deiner tigerfreien Umgebung kommt und frage dich, ob das, was sie sagen, eher dem entspricht, was du selber denkst und fühlst! Erlaube dir, deinen eigenen Weg zu gehen, deine eigenen Gedanken zu denken und daraus deine freien Entscheidungen zu treffen!

Wenn du noch abhängig bist, ist eine Trennung vom Säbelzahntiger schwer. Falls du es schaffst, dann zieh so rasch wie möglich aus deinem Daheim aus! Studiere weit weg, vielleicht sogar im Ausland, und wenn du eine Lehre machst, dann geh in eine WG oder in ein Wohnheim! Die Hauptsache, du schaffst den räumlichen Abstand! Dadurch stellst du dich mehr und mehr auf deine eigenen Füße und behältst die Energie bei dir, die sonst für Klappimama oder -papa draufgeht.

Wenn du als Tigerbaby schon erwachsen bist und deine eigene Familie hast, dann trau dich, Grenzen zu setzen, und frag dich ehrlich, ob du deinen Kindern solche Großeltern zumuten möchtest! Mach dich unabhängig und frei von deinem Säbelzahntiger! Auch wenn es für andere Menschen normal ist, einen gesunden Umgang mit den Eltern zu pflegen, so ist dem in Tigerfamilien nicht so. Du hast die Freiheit, dein Leben unversehrt zu leben und musst erst einmal gar nichts leisten, nur um nach außen hin artig zu sein und den Bedürfnissen anderer Genüge zu tun. Diese Zeiten sollten nach der Lektüre meines Buches vorbei sein. Du hast das Recht, dich mit Menschen zu umgeben, die dir gut tun und die du wirklich magst.

Meine Therapeutin sagte einmal zu mir: „Wenn Sie Urlaub haben und am Hotelpool sitzen mit vielen Menschen, unter denen auch Familienangehörige sind, dann dürfen Sie sich entscheiden, mit wem Sie diese kostbaren Tage verbringen wollen. Wenn es nicht Ihre Familie ist, dann ist das einfach so, und Sie dürfen das akzeptieren." Recht hatte sie! Erst als ich den inneren Abstand hatte, wuchs auch die Bereitschaft und Fähigkeit, mich für meine Familie zu entscheiden. Es dauerte fast zehn Jahre, bis ich mit 44 Jahren wieder eine Mama bekam. Als Beutetier hatte sie sich mehr um die Belange ihres Mannes gekümmert als um den Schutz ihrer Kinder. Sie sah wohl aus ihrer Vergangenheit als Halbwaise aus dem Krieg keine andere Option, denn ein normales Elternhaus hatte sie nie kennengelernt und sich daher wohl einen Partner gesucht, der genauso unerreichbar war wie ihr verschollener Vater. Um meinen Vater nicht zu verlieren, hat sie eher weggesehen und verdrängt. Das ist Geschichte, und ich konnte vieles mit ihr klären. Die Beziehung, die wir nun haben, ist wirklich gut und liebevoll. Darüber bin ich sehr froh, denn es steht nichts mehr zwischen uns. Ich genieße jeden Moment, den ich mit meiner Mutter zusammen sein darf. Sie ist so ein liebevoller, gütiger Mensch. Das konnte ich erst sehr spät erkennen. Aber lieber später als nie! Ich gehöre halt einfach zu den Spätzündern, da braucht alles ein wenig mehr Zeit.

Falls es dir gelingt, deine Eltern aus dem Abstand zu sehen, dann kannst du entscheiden, was du dir für ein Verhältnis wünschst und danach handeln. Du darfst den Elternteil, der als Beutetier agiert, durchaus „aufklären". Allerdings immer ergebnisoffen! Es muss nicht so laufen, wie es bei mir der Fall war. Jedoch kannst du dann ruhigen Gewissens sagen, alles getan zu haben, was in deiner Macht steht, die Familienbande aufrecht zu erhalten und die Karten offen auf den Tisch zu legen, damit jeder dein verändertes Verhalten verstehen und vielleicht sogar annehmen kann. Akzeptiere, wenn deine Familienmitglieder, auch wenn sie unter dem Klappzahnträger leiden, lieber in ihrer Komfortzone bleiben möchten! Dort haben sie sich eingerichtet, und du weißt sicher selber, wie schwer es ist, aus dem gewohnten Trott rauszukommen, auch wenn er nicht förderlich ist für unsere körperliche, geistige und seelische Gesundheit. Dogmatismus und Polarisierung bringen hier gar nichts, weder dir noch irgendjemandem sonst.

Natürlich wird dein säbelzahntragender Elternteil auf deine Pflichten hinweisen, die du als Kind hast. Du bist dazu da, den Eltern zu dienen, dich um sie zu kümmern und zu machen, was sie sich vorstellen. Ja, unter normalen Umständen mag das so sein, aber nicht unter solchen, die von Säbelzahntigern geprägt sind. Die Forderungen können so weit gehen, dass sie dich absolut ans Limit bringen, denn Williine und Willi kennen in ihrem Wollen keine Obergrenze, und sie beherrschen es so großartig, dir Schuldgefühle einzureden, dass dir das Herz bricht. Kreislaufstörungen sind in dieser Hinsicht ein absolut häufiges Krankheitsbild, das ich bei Beutetieren in meiner Praxis sehe. Die Herzrhythmusstörungen kommen meist abends, wenn das Tigerbaby sich hinsetzt und sich erlaubt, zur Ruhe zu kommen. Ja, dann kommt das Herz und klopft ganz fest, denn es gibt doch noch so viel zu tun. Außerdem mag die Angst vor der Begegnung mit der gefühlten Unzulänglichkeit, die einem Beutetier von Willi oder Williine eingeimpft wurden, dich manchmal in Panik geraten lassen, weil du irgendwann einmal daran glaubst, niemals in Ruhe einfach „sein" zu dürfen, trotz der Arbeit, mit der du nicht fertig geworden bist, weil du im demütigen Gehorsam deinen Eltern gegenüber deine eigene Beziehung, deine Kinder und deinen Haushalt hintangestellt hast. Falls du dann noch aus perfekt konditioniertem Verhalten und Gewohnheit einen Säbelzahntiger als Partner hast, dann pendelst du zwischen Regen und Traufe hin und her. Das ist wirklich das „Worst-Case-Scenario", bei dem von dir höchstwahrscheinlich nichts mehr übrig bleiben wird.

Ich habe eine Patientin mit Leukämie. Ihre Blutwerte werden schlechter, wenn sie Stress mit ihrer Säbelzahntigermama hat. Leider wohnen sie sehr nah beieinander und es fällt meiner Patientin schwer, genug Abstand zu wahren. Je mehr davon, desto besser das Blutbild! Ich muss nicht erwähnen, an was die Frau wirklich arbeitet, und wie sie ohne Stammzellenspende und Chemo ihre Krankheit meistert. Schlechte

Blutwerte oder Mamakontakt – die Entscheidung fällt ihr immer leichter, aber ganz kommt sie der Mutter nicht aus. So etwas nennt man Heilungshindernis! Gleichwohl geht es ihr immer besser, und ich hoffe, dass sie ihre Erkrankung bald überstanden hat. Das „Hin-und-her-Gerissen-Sein“ zwischen Pflichtgefühl den Eltern gegenüber und dem Wunsch nach Gesundheit, Freiheit und einem eigenen Leben treibt meine Patientin oft wieder in die falsche Richtung. Da braucht es dann ihre körperlichen Symptome und ihre schlechten Blutwerte, die sie wieder zum Umkehren nötigen. Es ist schon der Hammer, was die Lebenskraft sich alles einfallen lässt, damit wir ihr irgendwann gehorchen, damit wir anfangen unser Leben ernst zu nehmen. Schließlich haben wir nur ein einziges davon, und das sollte doch so schön wie möglich sein.

Die Mutter war die erste, aber nicht die letzte Klappzahnträgerin im Leben meiner Patientin. Sie hat dies erkannt und angefangen, sich zur Wehr zu setzen. Das tut ihr wirklich gut, auch wenn es sich erst einmal hart und äußerst fremd angefühlt hat. Irgendwann muss das eigene Leben wichtiger sein, als es die Prägung ist, den Anforderungen der Eltern zu genügen, die auf der verzerrten Realitätswahrnehmung eines Klappzahnträgers beruht. Selbst beruflich hatte sie sich eine Klappiumgebung gesucht, deren schädlicher Einfluss sich nun langsam in Wohlgefallen auflöst, weil die Patientin sich verändert und den Mut hat, sich zu wehren.

Ein schlimmes, aber bezeichnendes Beispiel aus ihrem Kollegenkreis war für mich folgende Szene: Als meine Patientin erfuhr, dass ihr Vater gestorben war, sagte eine Kollegin am Tag danach, sie solle doch Ruhe geben und nicht darüber reden, weil es sie als Mitarbeiterin zu sehr belasten würde. Dasselbe gilt für die Leukämie. Auch darüber darf meine Patientin kein Wort verlieren, da es die Kollegen als zu schwierig empfinden, sie es sich selbst allerdings durchaus erlauben, stets wegen ihrer Zipperlein zu jammern. Mitgefühl sieht meines Erachtens anders aus.

Ich wünsche dir den Mut, deinen Weg zu gehen. Falls du nicht zu den „Golden Children" gehörst, die von den Klappieltern auf dem Tablett spazieren getragen werden und selber später zum Säbelzahntiger mutierend dieses Buch nicht lesen werden, dann hast du großes Potenzial in dir. Du hast viel gelernt und reichlich Empathie. Du erkennst dein Leid in anderen Menschen, du weißt, wie man helfen kann und siehst nach der Lektüre dieses Buches das eigene Helfersyndrom hoffentlich mit anderen Augen. Du hast viel Energie, um Gutes zu tun und bestimmt auch Lust, das umzusetzen. Wenn du die Entscheidung dafür triffst, deine Energie in die richtigen Bahnen zu lenken, dann werden dir Menschen begegnen, die dich darin unterstützen. Hab den Mut, „DU" zu sein und deine Gaben respektvoll anzunehmen! Hab den Mut, zu wachsen, denn das ist, was du tun sollst, und nicht der Bonsai zu bleiben, der von seinen Eltern schön beschnitten und klein gehalten wird, damit er nicht größer wächst als sie selbst! Es kann sein, was sein darf – und du darfst sein! Nur Mut!

Elternschmerz – Mein Kind ist ein Säbelzahntiger!

Vor diesem Kapitel hätte ich mich fast gedrückt, weil ich genau weiß, dass ich es mir ab jetzt mit vielen Eltern versch...

Na ja, du weißt sicher, was ich meine!?

Es ist völlig normal, dass ein Kind sich in bestimmten Phasen narzisstisch verhält. Dabei handelt es sich ganz besonders um die Zeiten als Säugling und Kleinkind sowie während der Pubertät. Da steht die Bedürfnisbefriedigung ganz klar an erster Stelle, und das Ich im Zentrum. So weit, so gut!

Dass besonders in diesen Zeiten für den Erhalt der Säbelzahntiger gesorgt wird, liegt meist an ... den Eltern. Puh – nun ist es raus!

Warum?

Wenn ich mein Kind für alles wirklich alles lobe, belohne und in den Himmel hebe, dann brauche ich mich nicht wundern, wenn es von dort aus auf alles und jeden heruntersieht und nur noch fordert, dass man seiner Majestät dient. Die Welt muss ja schließlich auf das Kind vorbereitet werden und nicht umgekehrt. Diesen Klappis wird niemals abverlangt, dass sie sich anstrengen dürfen, um etwas im Leben zu erreichen, dass sie Phantasie und auch manchmal Biss oder Disziplin brauchen, um dem Leben zu begegnen. Jedes kleine Zahnungsweh, jedes kleine Fieberchen, jeder kleine Husten wird sofort und augenblicklich weggedrückt. Mein Kind muss nichts, aber auch überhaupt gar nie nichts aushalten. Es muss nicht alleine schlafen – auch mit elf Jahren nicht – weil es ja so Angst hat vor dem Alleinsein. Ja, auch die Schultasche trägt Mama bis ins Klassenzimmer und ja, mein Kind beherrscht den Zahlenraum bis zehn (in der zweiten Klasse) und gilt damit als hochbegabt, weil die Beurteilung der Leistung so positiv im Zeugnis formuliert werden muss, damit den Eltern vermittelt wird, was ihre Sprösslinge können, ohne gleichzeitig jeglichen Vergleich dafür zu liefern, was sie können sollten.

Mit irgendeiner Unzulänglichkeit darf man heute nicht mehr konfrontiert werden. Das gilt auch für Verbote, Gehorsam, Regeln, Ordnung, sozial verträgliches Benehmen und Disziplin – weder von Seiten der Eltern, denn konsequentes Verhalten ist bekanntlich anstrengend, noch natürlich daraus folgend, der Kinder, die sich nichts abschauen können, da sie selbst Freunde und Partner der Eltern sein sollen.

Ich bin anderer Meinung: Eltern, die ihre Kinder als gleichberechtigte Partner auf Augenhöhe betrachten, sollten sich überlegen, ob sie ihnen nicht ihre Kindheit vorenthalten. Kinder brauchen Sicherheit und Halt. Das gibt es nur in einem Rahmen, der ihnen von außen durch die Erwachsenen angeboten wird.

Ich behandle, berate und lebe nach den fünf Elementen der Chinesischen Medizin und der Philosophie, die dahinter steht. Da gehören Kinder ins Element Holz. Dieses will wachsen und sich entfalten, frei sein und spielen, kreativ das Leben entdecken. Eltern gehören in ihrer Funktion dem Nachwuchs gegenüber zum Element Metall. Das heißt, sie dürfen ihren Kindern eine Art Rankhilfe sein, an der sich die Kinder aufrichten und Halt finden können. Manchmal muss dieses Metall den Wildwuchs der Kinder in ihrem Verhalten jedoch beschneiden, weil es sonst ins Kraut schießen und vielleicht sogar andere schädigen könnte. Das muss jedoch mit Bedacht passieren, ohne aus dem Bäumchen einen Bonsai zurechtzustutzen. In dieser Vorstellung fällt es dem einen oder anderen leichter, den eigenen Job als Vater oder Mutter besser zu verstehen und notwendige Schritte zu tun, die sich erst einmal schwierig anfühlen. Dazu gehört bei den Eltern auch der Mut zu Autorität. Die braucht es einfach dazu. Ich habe beobachtet, dass viele sich scheuen, dieses Wort auch nur in den Mund zu nehmen, weil es viel zu negativ belegt ist. Gepaart mit Weisheit und Liebe zum Menschen ist Autorität etwas Wundervolles, denn sie stellt sich nicht zur Schau, sondern wirkt einfach, wenn und weil sie da ist. Sie ist ein wirklicher Ruhepol, in dem sich ein Kind verankern kann, um eine Basis zu haben, das Leben zu entdecken und zu lernen.

Es ist für mich oft fatal, wenn ich Lehrern so zuhöre – meine ganze Familie und viele meiner Patienten und Freundinnen gehören der Berufsgruppe an –, was in unserem Bildungssystem abläuft. Keiner will sich mehr dem unangenehmen Gefühl stellen, Kinder zu erziehen. Außerdem gibt es kaum noch Möglichkeiten, dem Kind angemessene Konsequenzen aufzuzeigen, wenn es sich schlichtweg falsch verhält. Lehrer werden angegriffen und dürfen sich kaum zur Wehr setzen, wenn so ein kleiner wildgewordener Säbelzahntiger auf sie eindrischt. Bei so manchem Verweis kommen die Eltern oft gleich mit dem Anwalt. Was sollen denn die Kinder damit lernen: Schwarz-weiß, ich habe recht und die anderen nicht? Ich darf tun, was ich will, wann und wie ich möchte, denn meine Eltern stehen bedingungslos hinter mir, völlig unreflektiert in ihrer verzerrten Wahrnehmung verhaftet, dass ihr Kind das Opfer der Nation ist und die anderen schuld an dessen Verhalten sind? Später begegnen wir solchen Kindern als straffällige Jugendliche auf der Anklagebank vor Gericht. Sie haben nicht gelernt, Recht von Unrecht zu unterscheiden, weil sie niemanden hatten, der es ihnen beigebracht hätte.

Warum?

Weil ich selbst als Elternteil den inneren Konflikt nicht aushalten will, dass das Kind mich gerade mal nicht mag, wenn ich ihm Grenzen aufzeige? Weil ich selbst es bin, der oder die nichts aushält und gewohnt ist, sofort alles zu bekommen oder zu lösen? Weil ich selbst sofort zur Schmerztablette greife oder zum Arzt laufe, wenn auch nur der kleinste Hauch einer Unpässlichkeit um meine Schniefnase weht und mich mit unangenehmen Gefühlen konfrontiert? Weil jeder Trieb sofort befriedigt werden muss und die eigene Frustrationstoleranz enorm niedrig ist, denn ich bin es in unserer Zivilisation gewohnt, dass ich alles möglichst gestern schon bekommen kann, wenn ich es will?

Ich komme mir jetzt sehr alt vor, wenn ich sage, dass meine Generation – ich bin Baujahr 1967 – diesbezüglich gefühlt noch anders getickt hat. Leider ist jedoch für mich offensichtlich, dass gerade seit Ende letzten Jahrhunderts immer mehr Säbelzahntiger auf freier Wildbahn zu beobachten sind. Sichtbar an den Spuren von Leid und Schmerz, die sie hinterlassen, sowohl in den Herzen derer, die sie lieben, als auch global mit dem Schaden, den sie wirtschaftlich und sozial in ihrer Maßlosigkeit anrichten.

Gerne kannst du mir jetzt vorwerfen, dass ich, die ich lediglich Stiefmutter war, und das sogar nur acht Jahre lang, von Mama-Sein keine Ahnung habe. Meine Stieftochter war auch noch ein Kind, das wirklich überaus brav – im Nachhinein würde ich sagen überangepasst – und lieb war. Ich hätte mir für sie allerdings oft gewünscht, dass sie mehr Herzenszeit als Reisezeit gehabt hätte, um zu lernen, was Geborgenheit und Ruhe ist, und dass es nicht wichtig ist, was man zu bieten hat, um bei anderen anzukommen, sondern weil man der ist, der man ist. Ich hätte mir gewünscht, dass sie lernt, Gefühle wahrzunehmen und ihnen angemessen Ausdruck zu verleihen, um sagen zu können, warum die Tränen fließen, anstatt lediglich mit einer Portion Scham zu bemerken, dass sie sie nicht abdrehen kann wie einen Wasserhahn, weil sie einfach raus wollen. Sie wurde nun im Gymnasium zur Streitschlichterin in der Schule ausgewählt, und ich bin betroffen darüber, weil ich weiß, woher sie die Erfahrung zu diesem Thema hat, die sie wohl auf ganz natürliche Weise ausstrahlt und für diesen Job kompetent erscheinen lässt. Gleichzeitig schäme ich mich dafür, dass sie so viele Konflikte zwischen mir und meinem Klappzahnträger direkt oder indirekt erleben musste.

Allerdings sind es genau diese Scham und dieses Gefühl der Schuld, die Eltern dazu treibt, ihrem Kind alles auch nur im Ansatz Schwierige aus dem Weg zu räumen. Das gilt insbesondere dann, wenn es Kinder aus gescheiterten Beziehungen sind, die ja eh schon so arg darunter leiden müssen, dass für sonstige negative Gefühle kein Platz mehr zu sein scheint und man ihnen ja was bieten muss, um sie glücklich und zufrieden zu sehen. Da werden die Kinder gerne verhätschelt. Dass solche Eltern damit über mehrere Generationen hinweg Menschen das Leben schwer machen, weil sie möglicherweise bei ihrem Kind ein Paar Klappzähne anlegen, ist ihnen natürlich nicht bewusst. Vielleicht ändert sich das ja nach der Lektüre meines Buches ein wenig, wenn sich der Unmut bezüglich meines für sie inkompetent erscheinenden Blablas gelegt hat.

Sollte dein Klappilein noch klein sein, dann überlege dir als Vater oder Mutter einfach, was du dir wünschst, das es von dir lernen soll! Welche Vorbilder soll es haben, die es nachahmen kann, um sich gut entwickeln zu können?

Soll es ein selbstbewusstes Wesen werden, das andere respektiert, mit und an ihnen wächst oder ein unreflektierter Bioroboter, der andere nur benutzt, um seine Bedürfnisse befriedigt zu bekommen und sich völlig daneben benimmt, wenn das nicht der Fall ist; der sich aggressiv nimmt, was ihm in seiner verzerrten Wahrnehmung zuzustehen scheint; anderen sowohl körperlich als auch seelisch weh tut ohne jegliches Gewissen? Letzteres ist schlimm und kommt gleichwohl immer öfter genauso vor.

Warum?

Weil es kaum mehr wirkliche Idole gibt, weder in der Gesellschaft, noch im familiären Umfeld? Wie viele Eltern beschäftigen sich mehr mit sich und dem Smartphone, als mit ihren Kindern? Wie viele Eltern haben noch Zugang zu ihren Gefühlen und ihren wahren Werten, die jenseits von Konsum und sozialen Medien liegen? Wie viele Eltern können sich vom eigenen Ich zurückziehen, um auf das Du im Kind zuzugehen? Wie oft gleichen sie diesen emotionalen Missstand durch materielle Zuwendung aus? Wie vielen Eltern fehlt die Disziplin, mit ihren Kindern konsequent zu sein und ihnen damit einen Rahmen zu geben, in dem sie Halt und Orientierung finden? Eben diese beiden Punkte, gepaart mit Liebe und der Bereitschaft zur Zuwendung, die eben auch manchmal bedeutet, klare Konsequenzen für bestimmte sozial unangemessene Verhaltensweisen zu ziehen, sind meines Erachtens das A und O.

Bitte denk einfach darüber nach, dass dein Verhalten und Auftreten als Vorbild dient für die Entwicklung deines Kindes! Ändere selbst an dir, was du nicht willst, dass es dein Kind lernt!

Einfaches Beispiel aus meiner Praxis gefällig?

In einer Paartherapie wegen eines Kindes, das scheinbar ADHS hat, und dessen Eltern sich durchaus mittlerweile immer mehr ihrer Vorbildfunktion bewusst sind, erlebte ich bei einer Übung bezüglich gewaltfreier Kommunikation eine wunderbare Anekdote: Der Ehemann ärgerte sich darüber, dass er bestimmte Socken nicht anziehen konnte, weil sie von seiner Frau nicht gewaschen worden waren, obwohl er doch von der Arbeit aus telefonisch explizit darum gebeten hatte. In seiner Sockenschublade waren jedoch laut seiner Ehefrau geschätzt zwanzig weitere Paar Socken, die den gleichen Zweck erfüllt hätten. Sie selbst hatte daraufhin Buntwäsche den Vorzug gegeben, da es sich unter anderem um die Sachen des kleineren Sohnes handelte, der vormittags eingenässt hatte.

In eben dieser Sitzung hatte mir das Paar gleich zu Anfang erzählt, dass es morgens richtigen Stress gab, weil der siebenjährige Sohn unbedingt eine andere Hose anziehen wollte, als die vorgesehene und sich furchtbar darüber aufgeregt hatte, weil gerade diese Hose in der Wäsche war. Dieses Drama am Morgen führte dazu, dass die Stimmung aller Beteiligten total gereizt und gestresst war. Der Bub muss sich wohl wirklich recht aufgeführt haben und war in seiner Art ziemlich ausfallend geworden. Jetzt stellt sich natürlich die Frage: Von wem hat der kleine Mann sich das wohl abgeschaut? ... Ja, genau ... da erübrigt sich jeder weitere Kommentar.

Moral von der Geschichte: Sei einfach achtsam mit dem, was du deinen Kindern vorlebst. Mehr will ich dazu nicht mehr schreiben.

Wenn dein Kind schon in der Pubertät ist und öfter einen ausgewachsenen Klappzahnalarm hinlegt, dann gilt es genauso wie vorher, Grenzen zu setzen und diesem Verhalten Paroli zu bieten. Allerdings ist nun der Sprössling in einem Alter, in dem ihm zugemutet werden kann, Verantwortung für sich selbst, sein Verhalten und seine Wirkung auf sein Umfeld zu übernehmen. Das fühlt sich vielleicht für einen Jugendlichen, der damit aus seiner Watteverpackung herausgerissen wird, ziemlich fremd an, aber jetzt können Eltern hier noch einen guten Richtungswechsel einleiten. Später ist das kaum mehr möglich, sofern sich das Säbelzahntigerverhalten etabliert hat und der Spross sein eigenes Leben lebt.

Ich bin sehr verwundert, wie viele Eltern erst spät entdecken, dass sie einen Klappzahnträger herangezogen haben. Oft ist selbst ein Elternteil Säbelzahntiger oder Sägelzahntigerin. Das Beutetier kommt dann in meine Behandlung und erkennt diese bittere Wahrheit, denn es hat sich und das Kind für die Bedürfnisbefriedigung des erwachsenen Säbelzahnträgers funktionalisieren lassen. Gerade nach Trennungen ist das unglaublich schlimm. Es bedeutet nämlich, dass das eigene Kind die Eltern nur benutzt und alle Register zieht, die es als Klappzahnträger erlernt hat.

Da heißt es auch für eine Mutter oder einen Vater auf Abstand zu gehen und das Kind in die Eigenverantwortung des Säbelzahntigerdaseins zu entlassen, egal ob es zwanzig oder vierzig Jahre alt ist. Die Zeit wird zeigen, was werden kann, wenn aus dem Abstand heraus vielleicht wieder eine Annäherung möglich ist in dem Bewusstsein, dass das Kind ein paar Säbelzähnchen trägt. Es muss davon abgesehen werden, sich weiterhin als Eltern durch die hohen Anforderungen von Seiten Willis oder Willines ausbeuten zu lassen. Das macht nicht nur traurig oder fertig, sondern schlichtweg krank, weil es kränkt.

Die Verbindung zwischen Mutter und Kind wird immer eine innige bleiben, egal wie groß der Abstand auch sein mag. Bei Vätern wirkt sich, meiner Erfahrung nach, so eine Situation etwas anders aus. Diese sehen die Lage oft irgendwie entspannter, obwohl sie genauso verletzt sind durch das Verhalten ihres Kindes, wie die Mütter von Säbelzahntigern.

Ich denke, es ist wichtig für alle Beteiligten, irgendwann wieder ins Gespräch zu kommen, denn es gibt eine Zeit, in der das nicht mehr möglich ist. Das erlebe ich oft im Hospiz bei der Arbeit mit Sterbenden. Da ist vieles unausgesprochen, was das Ende des Weges zum Kampf werden lässt, der lange kein Ende finden will. Man muss sich ja nicht mehr inniglich mögen oder mit vergangenen Vorkommnissen einverstanden sein, aber schon allein der Respekt dem Menschen gegenüber verlangt es, über den Schatten zu springen und wenigstens ein kleines Zeichen zu setzen, dass etwas Geschehenes vielleicht doch irgendwie gut werden kann. Ein ausgewachsener Säbelzahntiger wird sich zu so einer Handlung natürlich nicht herablassen, außer es springt irgendwas für ihn dabei heraus. Da bleibt nur zu hoffen, dass sich liebe Menschen finden, die Trost spenden und durch ihr stilles Dasein begleiten, damit die Seele gehen darf.

Ich denke, dass du nun ein wenig Einblick hast, wie wichtig es als Beute ist, auch zu reflektieren, welche transgenerationalen Auswirkungen es hat, wenn durch das elterliche Verhalten Säbelzahntiger herangezogen werden. Und ich hoffe, das eine oder andere Bewusstsein dafür mit diesem Kapitel geweckt zu haben.

Beruflich umgeben von Säbelzahntigern – Entlarven macht Spaß!

Nach all den vorhergehenden Kapiteln ist dies wirklich ein Thema für sich und würde, glaube ich, ein eigenes Buch füllen. Die Quintessenz ist allerdings, dass für Klappikollegen und -vorgesetzte die gleichen Maßstäbe gelten, wie für jeden Säbelzahntiger in deiner beruflichen oder privaten Umgebung.

Du darfst dich fragen, ob du in dieser unguten Umgebung weiterhin arbeiten willst, oder ob es für dich nicht besser wäre, deine Fähigkeiten einem anderen Arbeitgeber zur Verfügung zu stellen, wenn du erkannt hast, dass du im Beuterudel eines Säbelzahntigers deinen Lebensunterhalt verdienst.

Eines muss dir klar sein: Du wirst den Klappzahnträger in deiner Arbeit, ob er nun Chef- oder Kollegenklappi ist, niemals ändern! Auch die anderen Beutetiere, die er sich als willige Komparsen in seinen Film stellt, werden höchstwahrscheinlich die Lauscher schließen, wenn du mit Inhalten aus meinem Buch kommst. Wie auch du, sind sie es gewohnt, als Beutetier alles, was da an seltsamen Dingen – um es einmal freundlich zu umschreiben – geschieht, zu ertragen aus Pflichtbewusstsein, Gehorsam, Loyalität und schlichtweg der Angst vor dem Verlust des Arbeitsplatzes. Lieber mal nichts ändern und sich auf die Seite des vermeintlich Stärkeren stellen!

Mobbing ist häufig ein Signal, das auf Säbelzahntiger hinweist. Abgrenzung und wirklich nachweisbar korrektes Verhalten und Arbeiten tun hier Not. Alles geschieht in Schriftform und unter Zeugen. Keinesfalls dürfen irgendwelche persönliche Angelegenheiten mit Kollegen geteilt werden, damit keine Fallstricke daraus gespannt werden können, über die der Gemobbte – ein gerade mal willkürlich ausgesuchtes Beutetierchen – in seiner Arglosigkeit stolpert. Das musst nicht unbedingt du selbst sein, aber du kannst ab jetzt so manche innerbetrieblichen Vorkommnisse mit anderen Augen beobachten und Warnungen aussprechen. Falls du jetzt denkst, dass ein entspannter Arbeitsplatz anders aussieht, dann stimme ich dir völlig zu. Gleichwohl ist ein Arbeitsplatz im Rudel von Säbelzahntigern niemals entspannt, wie du sicher schon häufig feststellen konntest, wenn du an einem solchen deinen Lebensunterhalt verdienst.

Im Folgenden möchte ich dir ein paar Tipps geben, wie du dich gegenüber Klappis in der Arbeit verhalten kannst.

Sollte ein Klappzahnträger dein Vorgesetzter oder deine Vorgesetzte sein, dann hast du sicher schon erlebt, dass dir fast der Mund zuklebt vor lauter Honig, der dir vom Chefklappi um selbigen geschmiert wird, wenn er oder sie etwas von dir will. Da bist du plötzlich Mister oder Misses Wonderful. Du wirst gelobt, wertgeschätzt und fühlst dich geschmeichelt. Das geht dann soweit, dass du weitaus mehr machst als in deinem Arbeitsvertrag steht und für die Verantwortung, die du bei deinen Fähigkeiten übernimmst, völlig unterbezahlt bist. Letztendlich machst du immer mehr und deine Chefklappis immer weniger, bis du irgendwann einen Fehler machst, weil du schlichtweg überfordert bist. Dann kommt dein Abschuss! Deine Vernichtung! Da du ja der oder die Schuldige bist, haben deine Säbelzahntiger natürlicherweise gar nichts falsch gemacht. Natürlich weiß jeder, dass sie letztendlich die Verantwortung für den Themenkomplex hatten, für welchen du nun zur Rechenschaft gezogen wirst, aber keiner, wirklich keiner wird sich auf deine Seite stellen. Nein, im Gegenteil, du bist allein: allein gelassen von deinen Kollegen, die noch dabei zuschauen, manchmal sogar genüsslich, weil froh, nicht selbst an deiner Stelle zu sein; allein gelassen vom Betriebsrat, der über dich „bestens" informiert ist und mit den Klappis unter einer Decke steckt. Bitte schüttle jetzt nicht den Kopf, das kommt in der Tat so vor! Klappzahnträger kaufen jeden! Irgendwann haben sie es ja sogar bei dir geschafft.

Solltest du nicht nur im Mobbingopfer- sondern sogar noch im Burnoutmodus landen, dann darf ich hier schon erwähnen, dass du daran einen eigenen großen Anteil trägst: deinen schlechten Selbstwert, deine hohen Anforderungen an dich selbst und auch deine Abhängigkeit von der Wertschätzung durch dein Umfeld. Darum solltest du dich bitte kümmern, denn sonst wanderst du vom Regen in die Traufe und landest immer wieder im selben Arbeitskreislauf. Dein Hang zum Perfektionismus wird genährt und deine Seele verhungert. Spaß geht anders!

Fang an, dich selber wertzuschätzen und zu lieben, dann müssen das andere nicht mehr tun, und du wirst freier in deinen Entscheidungen! Das kann dein Leben ungemein entspannen.

Mir ist schon klar, dass dir diese Aussage jetzt nicht gefällt. Gleichwohl ist es hilfreich, wenn du dich hier ehrlich anschaust und dein Verhalten änderst. Das geschieht sicher nicht von heute auf morgen, aber der Weg ist das Ziel, das du dann sicher in einigen Monaten erreichen wirst. Ein Tagebuch, wie ich es bereits erwähnt habe, ist dabei sehr hilfreich. Gewappnet mit Selbstachtung und Wertschätzung entkommst du nicht nur deinem Klappzahnumfeld, sondern auch noch einem möglichen Burnout.

Wenn du in solch einer belastenden Situation gefangen bist, wie ich sie oben beschrieben habe, dann sieh zu, dass du erst einmal aus der Situation herauskommst und mit Hilfe eines Psychologen, Mediators, Supervisors oder Coaches die Angelegenheit betrachtest und bearbeitest! Das ist extrem wichtig, denn oft folgt eine Krankschreibung, die dir hilft, wieder in deine Energie zu kommen, um dich wehren zu können.

Wenn du in die Arbeit gehst, dann grenze dich gut ab und sorge dafür, dass du alles dokumentierst und offenlegst, damit Klarheit herrscht. Gleichzeitig kannst du dir überlegen, ob dein Arbeitsplatz wirklich noch der ist, an dem du dein Geld verdienen willst. Du musst das nicht aushalten! Lass dich arbeitsrechtlich darüber informieren, welche Möglichkeiten du hast! Das Arbeitsklima ist schon im Eimer und selten wird es wieder gut werden, denn das scheitert schon am Chefklappi, der sicherlich bereits ein neues Beutetierchen an deine Stelle – vielleicht nicht im eigentlichen, so doch im übertragenen Sinne – gesetzt hat, das willig in deine Fußstapfen getreten ist. Wenn das der Fall sein sollte, dann lehne dich zurück und tu einfach deinen Job, bis du etwas Neues gefunden hast. Ob in einem großen Unternehmen oder im Staatsdienst beschäftigt, kannst du dich um Versetzung in einen anderen Bereich bemühen.

Manchmal gibt es einfach Chefklappis, denen du nun schlichtweg nach Lektüre anders begegnen kannst. Schließlich hast du ja nun reichlich Informationen, wie Säbelzahntiger ticken.

Falls sie ausflippen, weil der kleine Willi oder die kleine Willine nicht das bekommen, was sie wollen, so lass sie einfach im Grant stehen. Vielleicht hast du das vorher persönlich genommen und dich um Harmonie bemüht. Das ist nun nicht mehr nötig, weil du erkannt hast, dass dein Verhalten ein Muster ist, das du aus deiner eigenen Konditionierung mitbringst. Es bringt ja nichts, außer dass die Arbeit liegen bleibt. Da Säbelzahntiger berechenbar sind, kannst du nun anfangen, „hellsichtig" zu werden. Auf bestimmte Situationen werden sie immer mit einer vorhersehbaren Reaktion antworten. Entspanne dich und bedenke, dass das vergeht und nicht dein Problem ist, du es aber auch zukünftig unterlassen wirst, es zu deinem zu machen! Mit der Zeit wird es dir eher ein Schmunzeln entlocken, wenn der Tiger immer wieder zum selben Anlass brüllt und sich nicht selten lächerlich macht mit seinem Verhalten.

Genauso ist es mit seinem Herumsäuseln, wenn er auf Schönwetter abzielt. Hab Spaß und nimm auch das nicht persönlich! Die Vorstellung, ihm in Gedanken ein Geschenkpäckchen mit großer Schleife und dem wundervollen Inhalt „Eigenverantwortung" zu überreichen, bringt dich dazu, den Abstand zum Chefklappi zu wahren und nicht über deine eigene Verantwortung hinaus zu agieren. Tu du deinen Job und lass den anderen dem seinen nachgehen!

Natürlich gibt es auch Klappikolleginnen und -kollegen.

Die einen sind mehr damit beschäftigt ihre Fassade zu polieren und sich über ihre Beuteumgebung ein bequemes Leben einzurichten, die anderen schmücken sich reichlich mit fremden Federn und ... tragen auch nicht wirklich etwas zur Produktivität ihres Tätigkeitsbereiches bei. Das dürfen schließlich die anderen machen.

Ihre Anspruchshaltung ist dabei oft kolossal.

Nach dem Buch wirst du das leichter sehen und verwundert den Kopf schütteln, weil du es vorher nicht erkannt hast.

„Was tut der Arbeitgeber für mich? Schließlich ist es doch eine Gnade, dass ich hier meine Grandiosität zur Verfügung stelle. Ich bin doch etwas Besseres!“, mag sich ein Säbelzähnchen denken und macht deswegen auch nichts, weil es ja eh nicht wertgeschätzt wird, was es macht. Von niemandem und nie, und das ist ja so schlimm ... eine große Runde Mitleid! ... Ja, und weil das so ist, ist Klappi immer überarbeitet und braucht ganz viel Pause und Ruhe, um sich ungestört von der vielen Arbeit ausruhen zu können. Ja, und Urlaub ist ganz wichtig! Wenn du schulpflichtige Kinder hast und auf die Ferien angewiesen bist, dann ist es der alleinstehende Soloklappi, der hundertprozentig unbedingt genau zu dieser Zeit gebucht hat und Urlaub braucht. Bekommt er ihn nicht, dann ist er krank. Außerdem ist er ja schon eine Woche vorher und eine Woche nach dem Urlaub malad, denn so ein Urlaub ist immens anstrengend. Beim Kofferpacken bekommt man da schon zuweilen einen Hexenschuss und auch das Auspacken ist echt viel Arbeit, und die depressive Anpassungsstörung, die eintritt, wenn man vom Urlaubs- in den Arbeitsmodus umswitchen soll, muss schon auskuriert werden, denn sonst droht ja das Burnout-Syndrom. Außerdem passiert im Urlaub immer etwas ganz Besonderes mit ganz besonderen Leuten und ganz besonderen Vorkommnissen ... ja, und auch das will verarbeitet werden, damit Klappi dem Arbeitgeber wieder in ganzer Pracht und braungebrutzelter Schönheit zur Verfügung stehen kann. Du wirst das zukünftig mit anderen Ohren hören und an dir vorbeirauschen lassen mit dem Wissen, dass das alles nur Dampfplauderei ist und höchstens die Hälfte, wenn überhaupt, stimmt von dem, was da alles erzählt wird. Grenz dich grinsend ab und denk dir deinen Teil – die Show ist ja bisweilen auch sehr amüsant!

Falls Willi oder Willine in deinem Arbeitsumfeld dir und den anderen Kollegen ihre Arbeit aufbürden, dann wehre dich bitte! Das geht nicht! Auch Klappis haben Arbeitsverträge mit einer bestimmten Anzahl an Urlaubstagen, Pausenzeiten, Rechten und Pflichten, die für sie genauso gelten wie für alle anderen. Lass dich von Säbelzähnchen nicht mehr volljammern und schenke auch ihnen das bereits erwähnte Eigenverantwortungs-Geschenkpackerl!

Solltest du erkennen, dass du in deinem Arbeitsumfeld einen Klappzahnträger hast, dann achte einfach darauf, dass du deine Arbeit transparent und korrekt machst sowie alles dokumentierst, damit er dir nichts anhaben kann!

Du brauchst jetzt keine Angst mehr zu haben vor diesem Wildtier. Im Grunde – wenn berechenbar – ist er nur ein Kind im Anzug eines Erwachsenen, das sich mit Hilfe seiner Säbelzähne aufplustern muss, damit es das bekommt, was es will. Wenn du jetzt weißt, dass sein Verhalten unreif ist, dann reagiere entsprechend! Vergiss jedoch bei allem nicht den Respekt vor dem Menschen zu wahren, der hinter diesem großen Kind steht! Dieser Mensch kann nicht anders, als sich so zu verhalten, du aber sehr wohl. Verliere bitte nicht deine Reife und gute Erziehung! Alles andere ist würdelos und macht das Leben in der Arbeit sicher nicht leichter.

Ich hoffe, dieses Kapitel hat dir die Augen für dein Arbeitsumfeld etwas geöffnet und du kannst für dich – und vielleicht auch für die anderen Beutekollegen – etwas verändern. Nicht indem du verbissen zum fundamentalistischen Säbelzahntigerbuster wirst und nur noch Klappis um dich herum siehst, sondern in jeder Situation gelassen, ruhig, mit Freundlichkeit und Freude deine Arbeit tust. Erlaube dir, dass dir deine Arbeit, in der du so viel Zeit verbringst, Spaß machen darf, egal ob im Revier eines Klappzahnträgers oder nicht! Es ist in Zukunft deine Entscheidung, wie du damit umgehst oder nicht, denn es kann unangenehm sein, mit Säbelzahntigern zusammenzuarbeiten. Ja, das ist richtig und gleichzeitig darf es dich amüsieren, wenn du deren Berechenbarkeit durchschaut hast und dich darauf einstellen kannst. Wenn du begriffen hast, um was es geht, dann bist du niemals länger ein Opfer, das nur reagiert, sondern du kannst frei agieren. Sei ein Vorbild, anstatt ein Imitat der Reaktionsweise deines Umfelds! Du wirst sehen, dass sich langsam Änderungen einstellen, wenn du anfängst, dich zu verändern. Es kann sogar sein, dass ein Klappzahnkollege ein anderes Revier suchen muss, weil er sich in deinem Umfeld richtig gefährdet fühlt und es ihn total nervt, wenn er mit seiner Masche nicht mehr durchkommt. Tja – that's life!

Die Geschenke der Säbelzahntiger – nimm sie an und werde glücklich!

„Jetzt ist sie komplett durch!“ Ja fast, aber nicht so, wie du nun vielleicht denken magst.

Wenn du es bis hierher geschafft hast, dann kann bezüglich deines Lebens mit und dann hoffentlich ohne deinen Säbelzahnträger fast nichts mehr schief gehen, denn du weißt jetzt doch so einiges, was dir

das Leben für den Moment vielleicht schwieriger erscheinen lässt, aber für die Zukunft eine glücklichere Zeit verspricht.

Das geschieht umso eher in der Erkenntnis der Geschenke, welche die Anwesenheit von Klappis in deinem Leben hinterlassen hat. Das kannst du dir höchstwahrscheinlich gerade nun wirklich nicht vorstellen? Ist aber so! Und je schneller du dich damit abfindest, desto besser, denn dann kann deiner glücklichen, erfolgreichen und positiven Zukunft nichts mehr im Wege stehen – außer deinem dummen, gekränkten Ego, das sich bezüglich Lernens ein wenig faul und tiefbegabt verhält und dir das Leben schwer macht. Da kommst du dann vom Regen – ähm Säbelzahntiger – in die innerhirnlich hausgemachte Traufe. Ich vermute doch mal sehr stark, dass du das nicht möchtest. Also schick diesen Kumpel ein Bierchen trinken und lass dich von diesem Seelenanteil mal kurzfristig gern haben!

Als Beutetierchen hast du sehr viel Energie in deine Beziehung gesteckt, egal ob beruflich oder privat. Wie ich bereits im Verlauf des Buches öfter erwähnt habe, hast du diese Energie jetzt zur Verfügung. Dieses schwarze Loch, das alles an Liebe, Zuwendung, Bemühen und Kraft in sich hineingezogen hat, ist nun weg.

Aus meiner eigenen Erfahrung und der mancher meiner Patienten dauert der Regenerationsprozess etwa ein Jahr. Das kommt natürlich darauf an, inwieweit du dich wirklich von deinem Klappi trennen kannst, oder ob gemeinsame Angelegenheiten wie Arbeit, Kinder oder Finanzen dich immer noch irgendwie binden. Das kratzt natürlich weiterhin Wunden auf. Gleichwohl wird auch das immer besser, besonders, wenn du den inneren Abstand wahren kannst und nach der Erkenntnis dessen, was du für ein Gegenüber hast, dieser riesige Kronleuchter aufgeht, der dir Willi oder Willine so dermaßen anstrahlt, dass du dir nur noch denkst: Wie ... konnte ... ich ... nur?

Irgendwann kommt der Punkt, an dem dir dieser Mensch wie ein Fremder erscheint, und du dich gar nicht mehr erinnerst, was du an ihm oder ihr jemals so toll gefunden hast. Du wirst dich dann fragen, warum du die ganze Misere auf dich genommen und ausgehalten hast. Dies wird kommen, und sobald es geschieht, bedanke dich bei Klappi oder dem Universum dafür, dass du so viel über dich selbst gelernt hast und richte deinen Blick in die Zukunft!

Der Teil der Selbsterkenntnis ist nach Überwinden des Exits und des Traumas überaus wichtig, um aus dem Beuteverhalten herauszukommen und nicht in der kläglichen Opferhaltung zu verweilen. Dies ist wirklich in keinster Weise besser, als in der Beziehung zu bleiben. Es lässt dich eher nur in Verbitterung und Trauer erstarren. Das macht krank und ist nicht nur für dich selbst, sondern für dein ganzes Umfeld richtig belastend. Die Menschen, die dich bis hierher begleitet haben, werden, wenn du es nicht schaffst aus dem Jammertal zu finden, irgendwann auch frustriert das Handtuch werfen, weil sie es nicht mehr aushalten, sich immer und immer wieder die gleiche Geschichte der Schuldzuweisung und des Selbstmitleids anzuhören. Dieses Verhalten ist meines Erachtens einfach nur würdelos und im Grunde ein Sieg deines Klappzahnträgers, denn er hat es letztendlich doch noch geschafft, dich zu zerfleischen und halbtot im Staub liegen und langsam emotional verrecken zu lassen. Denk daran, dass er sich über deine Misere freut, denn es ist für ihn Genugtuung und energetisches Superfood. Ich nehme stark an, dass du das niemals, gar nie nicht mehr willst. Stimmt‘s? Also: Raus aus dem Sumpf auf die grüne Wiese! Alles andere ist Lebenszeitverschwendung!

Vielleicht hast du ja meinen Rat befolgt und ein Dankbarkeitstagebuch geschrieben. Das würde die nun folgende Aufgabe sehr unterstützen, denn durch das Schreiben hast du den Fokus schon mal darauf gelenkt, dass es täglich viel Positives in deinem Leben gibt. Dein Gehirn hat gelernt, andere Neuronen anzuknipsen, schneller Anti-Stress-Hormone auszuschütten und dir somit den Kopf klarer werden zu lassen, besonders wenn er beim Herumirren im Tränental vor lauter Weinen total vernebelt war.

Falls du kein Tagebuch geschrieben hast, kann ich dir das spätestens jetzt wärmstens ans Herz legen, damit dieses wieder weit werden darf nach all dem Leid. Ich finde das Gefühl der Offenheit unglaublich kraftvoll und befreiend. Genau dieses offene, liebevolle Herz brauchst du jetzt nämlich für den nächsten Schritt: den zu dir hin!

Es gibt nun viele Fragen zu beantworten, die dir den Weg aus dem Beutetierverhalten weisen und deren Antworten wirklich richtungsweisend sein können für dein weiteres Leben, deine weiteren Beziehungen und letztendlich auch für deine Gesundheit.

Die wichtigste Frage: Wofür war diese Erfahrung gut?

Jetzt magst du mich vielleicht für gänzlich durchgeknallt halten, aber das ist mir relativ egal. Du denkst dir eventuell: Bin froh, dass der Sch... rum ist! Klar, da hast du sicher recht. Wenn du allerdings in diesem Denken bleibst, kommt bald der nächste Säbelzahntiger und nimmt dich glücklich in sein Beuterudel auf. Frieden entsteht dann, wenn wir bereit sind, den anderen „gut-sein-zu-lassen". Auch ein Säbelzahntiger darf glücklich werden in seinem Leben – nur halt ohne dich. Du selbst hast es in der Hand, dass auch du frei und glücklich werden darfst. Es ist immer deine eigene Verantwortung und Entscheidung.

Dass die vergangenen Ereignisse die Macht haben, dir im Nachhinein noch zu schaden, macht keinen Sinn. Du kannst dich sicher manchmal noch ärgern oder traurig sein, aber reduziere bitte die Zeit dafür auf ein Minimum! Gefühle dürfen sein, du darfst ihnen begegnen, denn sie wollen dir etwas sagen und gesehen werden, nicht verdrängt in einer Ecke ihr Schattendasein fristen. Auch wenn sie unangenehm sind, sie gehen wieder vorbei. Das liegt in der Realität allen Seins: Es geht vorbei! Wenn du dich deinen Gefühlen stellst, dann wirst du sehen, dass sie oft nicht nur mit dem Dasein von Klappzahnträgern in deinem Leben in Zusammenhang stehen, sondern auch mit ähnlichen Ereignissen in deiner Vergangenheit.

Viele Menschen haben nicht gelernt, mit ihren Gefühlen angemessen umzugehen. Das hätte in der Kindheit im Laufe einer guten hirnorganischen und psychischen Entwicklung passiert sein sollen. Leider haben sich da häufig in der Erziehung viele „Wechselstaben verbuchselt" und der Mensch ist später nicht fähig, die richtigen Seelenwerkzeuge für bestimmte Ereignisse einzusetzen, insbesondere diejenigen für Konflikte.

Negative Gefühle werden kompensiert durch Wegschauen, Hinnehmen, Runterschlucken und „Zuvielitis" im Außen: zu viel essen, zu viel kaufen, zu viel Social Media, zu viel Sex, zu viele Drogen und dann letztendlich zu viel Säbelzahntiger. Der füllt nämlich durch sein Lovebombing im Laufe der Zeit seines Erscheinens in deinem Leben ein großes Loch. Ja, das ist dein Teil, ob dir das nun gefällt oder nicht!

Welches Loch haben Willi oder Willine gefüllt?

Da tun sich manchmal nicht nur Löcher, sondern ganze Gruben auf, die durchaus für Bergbau herhalten könnten!

Zum einen ist da sicherlich dein Selbstwertgefühl. Jeder will gesehen und anerkannt werden. Jeder will Teil einer Gruppe sein und dazu gehören. Das ist völlig normal. Falls du – aus welchen Gründen auch immer – nicht mit reichlich Zuneigung und Wertschätzung dir selbst gegenüber gesegnet bist, dann hebt dich die Zeit der vollendeten Wertschätzung durch deinen Klappzahnträger in den Himmel. Da willst du bleiben, für immer und ewig! Ganz besonders, wenn er dir eine „Hoch-Zeit" im wahrsten Sinne des Wortes verspricht mit allem, was du dir erträumst. Das gibt deinem Selbstwert einen Kick, und wie ein Drogenabhängiger wirst du alles tun, um dir diesen immer und immer wieder zu verschaffen. Im Nachhinein gehört das, was du mit dir in diesen Beziehungen anstellen hast lassen und selbst angestellt hast, fast schon zu einer Art Beschaffungskriminalität dir selbst gegenüber, denn einem anderen würdest du sicherlich abraten, all das zu tun oder diesen irrsinnig hohen Preis für die Droge zu bezahlen, den du bereitwillig immer und immer wieder bezahlt hast.

Aber: Du bist ja nun raus, du hast es geschafft!

Das, und nur das, sollte dir nun dazu verhelfen, dass du dich selbst stolz anerkennst und dir die Wertschätzung gibst, die du verdienst, und die dir ein anderer niemals geben kann! Fang an, dich zu lieben und anzunehmen, wie du bist! Mit den Worten „Ich will mich lieben, achten und ehren solange ich lebe!" dir selbst das Eheversprechen zu geben mit dem liebsten Menschen, den du hast – und zwar dich selbst – finde ich in dem Zusammenhang überaus sinnvoll. Denn du bist es selbst als einziger Mensch, dem du dich wirklich anvertrauen kannst, der für dich da war, da ist und da sein wird in guten und schlechten Zeiten, in Gesundheit und Krankheit bis zum Ende deiner Tage.

Die Kränkungen, die Entwertungen und Demütigungen, die du in deiner Beziehung durch den Klappzahnträger erfahren hast, sind nur die schwarze Kehrseite der Medaille. Du darfst jetzt erkennen, dass es nicht wahr ist und du anders bist, als es dir vom Säbelzahntiger oder sonst irgendjemandem in deinem Leben, sogar von dir selbst, eingeredet worden ist. Es ist schon manchmal von außen betrachtet – dieses Betrachten lernt man übrigens in der Meditation – furchtbar, was man selber so über sich denkt oder zu sich selbst spricht. Mit einem Gegenüber würde man sicher nicht so reden. Wenn ich mich selber dabei ertappe, dass ich mich abwerte, dann halte ich sofort inne und entschuldige mich bei mir selbst dafür. Das heißt nicht, dass ich nur noch größenwahnsinnig, arrogant und abgehoben, mit mir selbst zufrieden durch die Gegend renne, sondern mir meiner Anteile bewusst werde und mit den inneren Kumpels in Kontakt bin und ihnen auch manchmal auf die Füße trete. Mittlerweile haben wir alle ein gutes Verhältnis, und ich habe sie sehr lieb gewonnen.

Das war eines der Geschenke aus meiner Säbelzahntigerära: Ich habe angefangen, mich selbst zu lieben, und kann das jedem nur zur Nachahmung empfehlen!

Diese Form von Selbstliebe hat rein gar nichts mit der Selbstverliebtheit des Klappzahnträgers zu tun. Diese Liebe ist bedingungslos und kommt aus dem eigenen Herzen. Sie braucht keine Nahrung von außen. Das ist zwar ein Nice-to-have, aber für das eigene Wohlgefühl nicht unbedingt nötig. Diese Liebe macht frei und fähig, sich offen dem eigenen Leben, anderen Menschen und letztendlich allen Wesen zuwenden zu können.

Solltest du das mit dem liebevoll Zuwenden in deine eigene Richtung jetzt ernsthaft in Angriff nehmen, dann wirst du womöglich auf die Ansätze deiner eigenen Säbelzähne stoßen. Diese sind auch bei dir angelegt, nur kamen sie nicht durch – oder nur in geringem Ausmaß. Das ist der Part, der einen beispielsweise in kleinem oder großem Rahmen vor andere hinstellen, und der sich als friedvoller Krieger zielführend für Dinge einsetzen lässt, die Zivilcourage fordern oder wirklich für ein höheres Ziel sinnvoll sind, ohne dabei in fixe Ideologien oder jedwede Form von Fundamentalismus hineinzugleiten. Das ist eher so das Klappzahnding!

Deine Klappzahnansätze wollten übrigens auch die Droge dieser Beziehung mit dem Säbelzahntiger, weil der Säbelzahntigerteil in dir keine negativen Gefühle aushalten mag. Ganz schön blöd, gell?! Du merkst aber nun, dass du wirklich fähig bist, unschöne Gefühle auszuhalten, ohne daran zu sterben, denn du hast die Beziehung überlebt. Das bringt einiges an Gelassenheit bezüglich weiterer schwieriger Situationen in deinem Leben. Wenn wir uns dieser Seiten in uns bewusst werden, dann brauchen wir unsere eigene „Zuvielitis“ nicht mehr: zu viel Helfen, zu viel Aufmerksamkeit schenken, zu viel Grenzenlosigkeit mit den eigenen Energiereserven, zu viel Abhängigkeit von der Wertschätzung durch andere und so weiter und so fort.

Liebe hört auf mit Polarisierung und lässt zwei Seiten zu. Das schafft Frieden – nicht nur in dir selbst, sondern auch auf Erden. Liebe erkennt die hohen Werte und gleicht ab, ob das eigene Verhalten ihnen entspricht oder nicht, damit rechtzeitig gegengesteuert werden kann. Somit ist es egal, was für Mist ich in meinem Leben gebaut habe. Ich kann mich immer dagegen entscheiden, ihn zu wiederholen. Ich darf aufhören, Dinge zu tun, die weder mir noch anderen gegenüber liebevoll und dienlich sind.

Das soll jetzt bitte nicht heißen, dass ich alle Menschen lieb habe und alles so rosa und toll ist. Nein! Absolut nicht! Ich darf mich wehren, ich darf meine Wahrheit angemessen aussprechen, auch wenn es anderen nicht gefallen sollte. Ich darf meine Zeit mit Menschen verbringen, die mir gut tun, und andere aus meinem Leben gehen lassen, damit sie und ich getrennt voneinander glücklich werden dürfen. Da ist kein Groll, keine Herabsetzung, nur ein Grenzen setzen, und das manchmal auch mit Nachdruck. Ich konnte das früher unglaublich gar nicht und habe immer gewartet, dass der andere doch erkennen muss, dass da was ist, was nun überschritten und nicht respektiert wurde.

Das ist ein weiteres Geschenk aus meiner Zeit als Säbelzahntigerbeutetierchen: Ich habe meine Grenzen erkannt und – was noch weitaus wichtiger ist – den Mut entwickelt, Grenzen auch zu setzen. Darauf bin ich persönlich sehr stolz. Ich muss meine Grenzen anerkennen, damit der andere sie sehen kann und aufhört darüber zu wandern wie er gerade lustig ist. Das mag für Menschen, die damit kein Problem haben, sehr fremd klingen, aber es gibt mehr solche „Grenzenlose" wie mich. Das Wort „nein" kommt für unsereins aus einer komplett fremden Sprache, die Menschen wie ich und eventuell auch du erst lernen müssen. Besonders, weil die Reaktion von außen anfangs sehr verständnislos ist – klar, die haben das bei einem Beutetierchen noch nie gehört, im Gegensatz zum „ja", was doch sehr oft zu dessen Antwortrepertoire gehört. Die Angst auszuhalten, abgelehnt zu werden oder auf Widerspruch zu stoßen, hat mich oft zum „Stottern" gebracht, aber mit der Zeit wurde es besser. Besonders als ich lernen durfte, dass diese Angst völlig unbegründet war, und ich durch das Leben mit dem Säbelzahntiger letztlich darauf getrimmt wurde, negative Gefühle auszuhalten. Aus dieser Stärke hat sich eine Klarheit sowohl nach innen als auch nach außen geformt, die nun von anderen gesehen und respektiert wird. Das macht das Leben um einiges einfacher. Wirklich!

Wieder so ein Geschenk des Säbelzahntigers: die Kraft, auszuhalten, was im Grunde nicht auszuhalten ist. Falls dich irgendwie die Befürchtung beschleicht, dass etwas in deinem Leben unerträglich ist oder in dir sehr negative Gefühle hervorruft und du dadurch zu mutlos wirst, etwas zu tun, was dich weiterbringt, dann denke einfach daran, was du ausgehalten hast, als du mit deinem Klappi zusammen warst. Danach kannst du dir zulächeln und dir sagen: „Schlimmer kommt‘s nimmer! Also tu ich, was ich jetzt tun will, egal, was passiert!“ Da kommt Mut auf! Das kann ich dir versprechen! Außerdem tust du ja zukünftig nur noch Dinge für dich, die es wert sind, die dein Leben, das deines Umfelds und deiner Kinder bereichern, diejenigen Dinge, die dich einfach nur erfüllen. Hierbei kann schon mal auf dem Weg zum hohen Ziel ein Schuh drücken. Das hältst du jetzt jedoch locker aus, und was andere sagen, ist erst einmal zweitrangig.

Was dein höchstes Ziel im Leben ist, das zu erkennen und sich dem zu widmen, ist letztendlich die Krönung deines Weges aus der Beutetierhaltung in die Freiheit.

- Warum bist du auf die Welt gekommen?
- Warum stehst du jeden Morgen auf?
- Was für Gaben hast du auf den Lebensweg mitbekommen, und welche hast du dir unterwegs erworben?

Beantworte dir diese wichtigen Fragen! Du darfst auch gerne länger dazu brauchen – aber bitte nicht den Rest deines Lebens, sondern eher ein paar Stunden, Tage und Wochen. Denn, wenn du ein Lebensziel hast und ein Warum im Leben, dann wachsen dir Flügel und du siehst auch schwierige Situationen nur noch als Notwendigkeit, die du hinnehmen musst, um deiner Bestimmung zu folgen.

Unter dem Motto „Mögen meine Gedanken, Worte und Taten dem Wohle aller Wesen dienen – und ich gehöre zu diesem Club dazu!" – möchte ich Lebenspflege betreiben. Ich will Menschen mit meiner Erfahrung, meinem Wissen aus der Zeit als Krankenschwester in der Anästhesie und auf Intensiv, als ehemalige Studioleiterin und Trainerin für Fitness und Aerobic, als Heilpraktikerin mit meinem Fachwissen aus der Homöopathie, TCM, Hypnose und Shiatsu, mit meiner Erfahrung auf meinem spirituellen Weg die beste Unterstützung in körperlicher und seelischer Hinsicht geben, um gesund und glücklich alt zu werden. Ich danke jeden Tag für all die Tools, die ich habe, und die Flexibilität, diese auch jederzeit angemessen einzusetzen, je nachdem, was meinem Gegenüber gut tun könnte und ihn weiterbringt. Mittlerweile lebe ich das, was ich praktiziere wirklich und bin einfach nur unendlich glücklich, dankbar und erfüllt. Ich kann dir nur von Herzen wünschen, dass auch du in diese unglaubliche Quelle deines Glücks findest und diese fleißig sprudeln lässt. Diese Quelle versiegt nicht, keine Angst! Sie füllt sich durch dein Handeln immer und immer wieder neu auf.

Solltest du gerade das Gefühl haben, das wäre eine Nummer zu groß für dich, dann schieb es beiseite. Es ist es nicht! Auch du – ja, genau du! – hast ein Potenzial, eine Quelle, die für dich sprudelt, wenn du sie denn lässt. Solltest du Probleme haben, diese Quelle zu finden oder den Sinn deines Daseins, dein Warum zu erkennen, dann suche dir Menschen, die das schon erreicht haben und lass dich von ihnen inspirieren! Die Welt ist voll von solchen Leuten. Das können Coaches sein, spirituelle Lehrer oder sogar einfach Menschen in deinem Umfeld – besonders ältere Herrschaften mit ihrer Lebensweisheit, entstanden aus der eigenen langen Lebenserfahrung. Solche Menschen sind ein wahrer Schatz, und du solltest ihnen gut zuhören. Sie können dich unterstützen. Ich bin mir sicher, du wirst die Säbelzahntiger unter ihnen erkennen, die sich nur selbst beweihräuchern und mit ihren

Reden nach Claqueuren suchen. Zu diesen Zuschauern gehörst du nicht mehr. Vertraue hier zukünftig deiner inneren Stimme, die nun endlich frei von Hustenbonbons ganz laut sprechen darf und niemals mehr ihr stilles, heiseres Dasein fristen muss!

Bitte hopse auch nicht von Seminar zu Seminar, von Youtube-Video zu Youtube-Video, von Lebenshilfebuch zu Lebenshilfebuch, um nach der Quelle in dir zu suchen. Dies alles ist gut, aber achte bitte darauf, dass du dir immer genug Raum gibst und den „Aus-Knopf" findest, damit die Informationen sacken können! Dieses Suchen kann nämlich zur Sucht werden und wirklich ins geistige Burnout führen, weil es dir irgendwann das Gefühl geben wird, nicht genug zu wissen, nicht genug zu sein und dich mehr anstrengen zu müssen. Du liest dann noch mehr, schaust noch mehr und gehst auf noch mehr Seminare, bis dein Hirn voll und das Konto leer sind. Das geht dann in die gewohnte Richtung deines Beutetierverhaltens und der entsprechenden lieblosen Einstellung dir selbst gegenüber. Das hattest du zu lange Zeit.

Bitte gönn dir die Infos in Maßen und setz die Ideen erst einmal um, eine nach der anderen! Geh einen Schritt nach dem anderen in deine Herzensrichtung! Bleib bei dir und lerne, in deinem eigenen Lebensbuch zu lesen! Schon allein diese Lektüre reicht aus, um dich eine Zeitlang zu beschäftigen, wenn du anfängst zu erkennen, zu beobachten und einiges umzusetzen. Geduld und Langmut, das heißt, Mut auf lange Zeit, zu entwickeln, Dinge umzusetzen, auch wenn sie schwierig erscheinen, sind jetzt eher gefragt als blinder Aktionismus. Der bringt nämlich genau: nix!

Ich wünsche dir von ganzem Herzen diese Ruhe, diese Geduld und das Glück, das nun auf dich wartet, wenn du ihm offen begegnen und es annehmen darfst, weil du aus den vergangenen Ereignissen als Beute eines Säbelzahntigers etwas fürs Leben gelernt hast und das Gelernte umsetzt. Ich verspreche dir: Es wird gut! Wirklich!

SÄBEL-
ZAHN-
TIGER
FREIE
ZUKUNFT

Ein- und Aussichten für eine säbelzahntigerfreie Zukunft

Ich erlaube mir einfach mal zu träumen, von einer Zeit, in der wirklich auch der letzte Säbelzahntiger ausgestorben ist. Nicht, weil man diese Spezies bekämpft und ausgerottet hat, sondern einfach, weil die Menschheit gelernt hat, was Persönlichkeiten zu Säbelzahntigern macht und das einfach nicht mehr tut, und es daher auch Willis und Willinen schlichtweg keinen Spaß mehr macht, auf diesem Planeten ihr tierisches Unwesen zu treiben. Ach, das wäre schön!

Ok – bin wieder wach!

Ich wünsche mir, durch mein Buch einen Beitrag dazu zu leisten, durch den Menschen lernen, wie sich narzisstisch gestörte Persönlichkeiten verhalten und wie man ihnen meiner Erfahrung nach gut begegnen kann. Aufklärung tut nämlich schon not, denn es entstehen im Moment immer mehr Klappzahnträger auf dieser Erde, die immer mehr Beutetiere in ihren Rudeln um sich scharen und immer mehr Schaden hinterlassen, sowohl in Familien als auch in ihrem beruflichen oder politischen Umfeld.

Natürlich habe ich den Fokus durch das Schreiben meines Buches und durch die persönlichen und beruflichen Erfahrungen – insbesondere im Laufe der letzten Jahre – genau auf dieses Tierleben gerichtet. Gleichwohl weiß ich schon noch, dass nicht jeder, der mal ein Klappiverhalten an den Tag legt, gleich ein Säbelzähnchen trägt.

Gesundes und liebevolles Misstrauen, welches den Mitmenschen beobachtet und gut sein lässt, falls er mit Willi oder Williner verwandt sein sollte, ohne sie zu verurteilen oder als Menschen nicht ebenso wertschätzend zu behandeln, würde ich mir für mich und jeden anderen wünschen.

Sehen wir doch einfach erst einmal den Menschen und dann dahinter, als nur durch die Brille erst den Säbelzahntiger, der beweisen muss, dass er keiner ist. Das ist nicht fair und kann jede schöne Beziehung gleich von vornherein im Keim ersticken. Solange ein Beutetier ein solches Verhalten braucht, verweilt es noch in seinem Status. Falls du das bei dir erkennen solltest, dann leg deine Verbitterung, deine Härte und dein Misstrauen beiseite und fang an, Menschen wieder offenen Herzens zu begegnen! Egal was oder wer daherkommt: Du wirst dein Gegenüber erkennen und folgerichtig handeln. Damit beschützt du dich zukünftig und kannst deinen Weg in Kraft und Freiheit gehen.

Mir liegt es wirklich fern, nur noch schwarz-weiß zu sehen und Menschen in Kategorien einzuteilen. Das überlasse ich lieber den Säbelzahntigern und würde jedes Ex-Beutetierchen nach Lektüre meines Buches darum bitten, es mir nachzutun, denn sonst sind wir nicht besser als unsere Peiniger.

Die Welt um uns herum wird nicht schöner, solange sie noch in uns selbst in Trümmern liegt. Unser Globus ist wundervoll, und es ist die Aufgabe jedes reifen Menschen, diese Wunder zu sehen und zu erhalten, damit er voll davon bleibt, um uns weiterhin nähren zu können. Das geht nur, wenn wir unser Potenzial erkennen und es zum Wohle aller Wesen in der uns jeweils eigenen Weise einsetzen. Der mittlere Weg, ein maßvolles Tun und Lassen würde einen erheblichen Anteil zum Gelingen dieses hohen Ziels beitragen: nicht den Säbelzahntiger bekämpfen, sondern ihm Grenzen setzen und Konsequenzen für sein Tun aufzeigen, ihm keine Energie mehr geben. Vielleicht ist ja dann der eine oder andere Klappzahnträger dazu in der Lage, wirklich umzudenken, weil er merkt, dass sein Leben auf seine Art nicht mehr funktioniert. Das soll ja vorkommen und ist es in meiner Praxis auch bereits. Sofern mehr informierte Beutetiere an einem wohlwollenden Strang ziehen, können die Chancen dafür nur besser werden. Das wäre doch spannend, oder?

Aber noch einmal: Ich warne dringend vor Fundamentalismus, vor Hass und Polemik! Das ist niemals zielführend und in der Geschichte niemals zielführend gewesen. Ich fände es schön, wenn der Mensch sich einmal weiterentwickeln würde, anstatt immer und immer wieder die gleichen Fehler, die er in den Geschichtsbüchern liest, zu wiederholen, nur auf mittlerweile hohem technischen Niveau. Auf diese Art wird der Säbelzahntiger nicht aussterben.

Ich hoffe, du hast meine Botschaft verstanden.

Aus dem Beutetierchen ist nun hoffentlich ein großes, imposantes und friedvolles Wesen geworden, das am Beginn seines neuen Lebens steht und daher ende ich mit dem Bild Ganeshas, der alle Neuanfänge behütet.

Mögest du viel Freude auf deinem zukünftigen Lebensweg haben!

Mögest du von liebevollen Menschen begleitet sein!

Möge es dir stets wohlergehen!

Mögest du glücklich sein!

Möge in deinem Herzen Liebe wohnen!

Mögest du friedvoll und gelassen dein Leben erfolgreich und mit Leichtigkeit meistern!

Om shanti
Sabine Hasslbauer

Danksagung

Während ich mein Buch geschrieben habe, sind mir immer wieder meine Begleiter eingefallen, die mich so wundervoll unterstützt haben. Sie waren in meiner Leidenszeit einfach liebevoll und geduldig an meiner Seite und sind es immer noch.

Ich danke meiner Mama und meinen Geschwistern Gabi und Martina. Durch euch habe ich wirklich erfahren, was Familie sein kann: ein wundervoller Ort des Zusammenhalts und der Stärke. So etwas wünsche ich wirklich jedem Menschen.

Ich danke meinen Freundinnen und Freunden Bettina, Kirsten, Diana, Stephan und Konrad. Auch ihr habt mich mit meinen Tränen und meinem Gejammer jahrelang ausgehalten. Ohne eure Unterstützung und vor allem eure Megageduld hätte ich den Exit nie geschafft. Ich wusste immer, dass ich jederzeit bei euch aufschlagen darf und Halt finde.

Außerdem danke ich Carmen. Sie ist nicht nur meine Gesangslehrerin, die mich innen und außen mittlerweile in jeder Stimmung kennt, sondern hat ihre Gabe, Comics zu zeichnen, wieder entdeckt und im Säbelzahntiger umgesetzt. Damit haben wir beide unsere verschütteten, vergessenen und niemals für möglich gehaltenen Talente wohl wieder ausgegraben und gemeinsam ein Werk zum Wohle aller geschaffen. Das empfinde ich als Glück und Segen für unser beider Lebensweg. Dass ich ausgerechnet dich als Zeichnerin gewinnen konnte, war einfach nur genial!

Nicht versäumen möchte ich, mich bei Heinz Pscheidl zu bedanken, der mich als Kollege, Therapeut und Mensch homöopathisch und mit vielen Gesprächen unterstützt hat. Damit ist es ihm gelungen, mich immer wieder aus dem Sumpf zu holen und auf die Beine zu stellen, falls ich gesundheitlich und seelisch mal wieder den absoluten Absturz gemacht hatte.

Ja, und ich möchte es auch nicht versäumen, mich bei meinem Ex-Mann zu bedanken. Er war der Katalysator in meinem Leben, ohne den ich mich sicherlich nicht so rasant hätte entwickeln müssen, um aus seiner Beutetierhaltung herausfinden zu können. Ohne die Lehrzeit unter diesem meisterlichen Säbelzahntiger hätte es dieses Buch niemals gegeben, mit dem ich nun vielleicht anderen Opfern narzisstischen Missbrauchs helfen kann.

Letztendlich danke ich mir selbst, dass ich es bis hierher geschafft habe; dass es mir gelungen ist, mich mit allen meinen Anteilen aushalten und lieben zu lernen, den Mut zu entwickeln, dieses Buch zu schreiben und mein Leben komplett neu auszurichten.

Mögen auch weiterhin meine Gedanken, Worte und Taten dem Wohle aller Wesen dienen, zu denen auch ich selbst gehöre!

Anhang: Notrufnummern

Die wichtigen Nummern für den Notfall (in Deutschland):

Notruf 110

Opfertelefon 11600

Gewalt gegen Frauen 0800-116016

Hilfetelefon für von Gewalt betroffene Männer 0800-1239900

Nummer gegen Kummer für Kinder und Jugendliche 0800-1110333

Telefonseelsorge 0800-1110111 / 0800-1110222

... und aus dem großen Literaturangebot ein paar vielleicht auch für dich interessante Buchtipps:

Die Masken der Niedertracht: Seelische Gewalt im Alltag und wie man sich dagegen wehren kann, Marie-France Hirigoyen, dtv, 2002

Disarming the narcissist: Surviving and Thriving with the Self-Absorbed, Wendy T. Behary, LCSW, 2013

Aus und vorbei: Hilfe bei Scheidung und Trennung, Ruth Bohnenkamp, Stiftung Wahrentest, 2018

Von Psychopathen umgeben: Wie Sie sich erfolgreich gegen schwierige Menschen zur Wehr setzen, Bärbel Mächler, mankau, 2018

Frauen brauchen Männer (und umgekehrt): Couchgeschichten eines Wiener Psychiaters, Raphael M. Bonelli, Kösel, 2018

Männlicher Narzissmus: Das Drama der Liebe, die um sich selbst kreist, Raphael M. Bonelli, Kösel, 2016

Becoming the Narcississt‘s Nightmare: How to Devalue and Discard the Narcissist While Supplying Yourself, Shahida Arabi, Barnes&Noble, 2016

Weiblicher Narzissmus: Der Hunger nach Anerkennung, Dr. Bärbel Wardetzki, 2007

Und das soll Liebe sein? Wie es gelingt, sich aus einer narzisstischen Beziehung zu befreien, Dr. Bärbel Wardetzki, dtv, 2018

Narzissmus, Verführung und Macht: Was Narzissten ausmacht und wie sie verführen, Dr. Bärbel Wardetzki, Goldmann, 2018

Autorenprofil Sabine Hasslbauer

Sabine Hasslbauer, geb. 1967, lebt mit ihrem Hund Raggy in Neuburg an der Donau.

Dort arbeitet sie als Heilpraktikerin und leitet ein Meditationszentrum mit dem Schwerpunkt Lebenspflege.

Illustratorin Carmen Beck

Carmen Beck wurde 1962 in Madrid geboren und wuchs am Starnberger See auf. Sie studierte am Konservatorium in Nürnberg und schloss dort ihre klassische Gesangsausbildung ab.

Nach einigen Jahren Konzert- und Unterrichtstätigkeit lebt sie nun mit Ehemann und fünf Kindern in Neuburg an der Donau, wo sie auch weiterhin Gesang unterrichtet.

Aus dem Verlagsprogramm

www.loewenstern-verlag.de

Renate Wettach
Mobbing für Fortgeschrittene
Wie Sie Ihr Leben wieder in den Griff bekommen

Betroffene finden in diesem Buch Orientierung und Hilfestellung, damit sie nicht im Gefühlschaos versinken. Jeder kann es lernen, sich „am eigenen Schopf“ aus dem „Sumpf“ zu ziehen!

ePUB-Ausgabe: 12,00 Euro
Print-Ausgabe: 19,99 Euro

Maya Satis
Teilzeit Borderliner

Scheinbar harmlose äußere Einflüsse können bei Maya als Auslöser wirken, ihrem Leben ein Ende zu setzen. Wie sie dennoch überlebt, erzählt sie sehr eindrucksvoll und spannend in ihrem Buch.

ePUB-Ausgabe: 10,00 Euro
Kindle-Ausgabe: 10,00 Euro
Print-Softcover: 13,00 Euro
Print-Hardcover: 20,00 Euro

Hinweis: Der „LöwenStern Verlag“ hieß vor 2018 „Pilgerwege Verlag“.